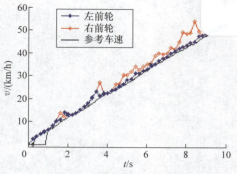

图 5-4 两前轮轮速及参考车速

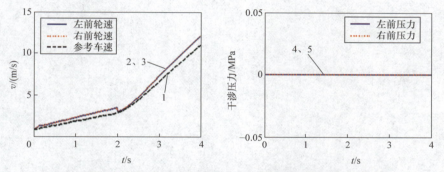

图 5-8 附着系数低→高对接水平路面起步加速电驱动状态（有 TCS 控制）

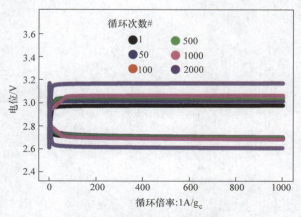

图 7-24 锂空气电池循环特性

新能源汽车关键技术研发系列

# 新能源汽车电驱动-能量传输系统建模、仿真与应用

李 永 宋 健 编著

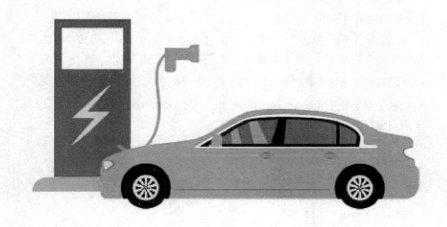

机械工业出版社

本书系统而全面地阐述了新能源汽车电驱动与能量传输新理论及新能源汽车工业应用技术，是新能源汽车电驱动与能量传输方面的一部学术著作。全书共 8 章，前 4 章完整论述了新能源汽车电驱动与能量传输的理论体系，包括建模、计算、匹配；后 4 章介绍了新能源汽车电驱动与能量传输仿真方法、实验方法及工程应用等，以新能源汽车电驱动与能量传输为主线，重点围绕匹配问题，阐述电驱动与能量传输理论在新能源汽车动力学中的应用。本书以作者近年来在新能源汽车电驱动与能量传输方面的系列化研究成果为主要内容，是一部具有较为完整理论体系和实验验证的著作，可以为新能源汽车动力学的仿真和实验提供理论和方法。

本书适合于汽车、交通、力学、机电、宇航等专业的科研、设计人员及工程技术人员阅读参考，并可兼作高等院校相关方向的教师、博士、硕士研究生教学用书，也可作为相关专业本科生的学习参考书和工具书。

## 图书在版编目（CIP）数据

新能源汽车电驱动 - 能量传输系统建模、仿真与应用/李永，宋健编著. —北京：机械工业出版社，2019.3
（新能源汽车关键技术研发系列）
ISBN 978-7-111-62281-9

Ⅰ. ①新… Ⅱ. ①李… ②宋… Ⅲ. ①新能源 - 汽车 - 电力传动 - 系统建模②新能源 - 汽车 - 电力传动 - 系统仿真 Ⅳ. ①U469.703

中国版本图书馆 CIP 数据核字（2019）第 050331 号

机械工业出版社（北京市百万庄大街 22 号　邮政编码 100037）
策划编辑：何士娟　　责任编辑：何士娟
责任校对：李　杉　　封面设计：张　静
责任印制：张　博
北京铭成印刷有限公司印刷
2019 年 6 月第 1 版第 1 次印刷
169mm×239mm・16.25 印张・312 千字
0 001—3 000 册
标准书号：ISBN 978-7-111-62281-9
定价：89.90 元

电话服务　　　　　　　　　　网络服务
客服电话：010 - 88361066　　机　工　官　网：www.cmpbook.com
　　　　　010 - 88379833　　机　工　官　博：weibo.com/cmp1952
　　　　　010 - 68326294　　金　书　网：www.golden - book.com
封底无防伪标均为盗版　　　　机工教育服务网：www.cmpedu.com

# 丛书序

在新能源汽车成为战略新兴产业之一等国家战略的背景下，以纯电动汽车和燃料电池汽车、插电式混合动力汽车为代表的新能源汽车，作为能源网络中用能、储能和回馈能源的终端，成为我国乃至经济新体系中的重要组成部分。我国经过4个五年计划的科技攻关，基本掌握了新能源汽车的整车技术和关键零部件技术，实现了跨越式发展，并逐步实现了产业化。

但是，在世界这个完全开放的市场中，中国新能源汽车核心关键技术尚未彻底突破，技术竞争压力越来越大，加快新能源汽车持续创新，推进中国汽车产业技术转型升级，是中国科技发展的重大战略需求。尽管我们头顶着全球最大新能源汽车市场的光环，但中国的新能源汽车产业正遭遇成长的烦恼：

1. 与国际先进水平和市场需求相比，中国的新能源汽车技术水平及产品性能需要进一步提高。

2. 推广应用区域的市场发展尚不平衡，高寒地区推广应用新能源汽车存在环境适应性等技术问题。

3. 充电基础设施发展相对滞后，已建成充电桩总体使用率较低。

4. 推广政策尚需完善。

本套丛书将聚焦于新能源汽车整车、零部件关键技术，以及与新能源汽车配套的科技体系和产业链，邀请行业内各领域一直从事研究和试验工作的产品第一线技术人员编写，内容系统、科学，极具实用性，希望能够为我国新能源汽车的持续发展提供技术支撑和智力支持。

# 前言

新能源汽车电驱动-能量传输系统是当今世界汽车行业发展的动力,发展新能源汽车电驱动-能量传输关键技术极为迫切。电驱动系统和高效能量系统是新能源汽车替代传统汽车的重要标志。电驱动与能量传输技术是新能源汽车的核心技术之一,高效的电驱动技术与安全的能量传输技术构成了新能源汽车发展的双引擎。

本书是根据作者近年在新能源汽车电驱动与能源技术方面的积累,系统凝练和归纳而撰写成的学术著作。书中既有新能源汽车电驱动与能量传输的新理论、新方法、新技术和新思路等,还充分融入国内外该领域研究的亮点成果。主要内容包括新能源汽车电驱动理论、能量传输系统建模方法、电驱动-电池系统仿真技术和智能网联应用技术等。本书在介绍新能源汽车电驱动系统的基础上,充分阐述电驱动-能量传输系统建模理论、仿真方法和应用技术。在内容上突出工业背景、实用性、新思路、新设计和新颖性,力求对读者有所启迪和帮助。

本书由北京理工大学李永、清华大学宋健编著。

本书得到汽车安全与节能国家重点实验室开放基金和北京理工大学科研项目(GZ2017015105,20160141090,201720141052,201720141103,201720141104)资助,在此表示感谢。

本书中引用的文献、报告等尽可能在参考文献中作了说明,但由于工作量大及作者不详,对没有说明的文献作者表示歉意和感谢。

新能源汽车电驱动与能量传输理论正在蓬勃发展,本书中一些关键技术还处于研究阶段,希望读者能提出建议并发展新技术。

由于作者水平有限,难免有不当和疏漏之处,欢迎读者不吝指正。

编著者

# 目 录

丛书序
前　言

**第1章　绪论** ·················································································· 1
　1.1　汽车发展沿革 ········································································· 1
　1.2　新能源汽车发展概述 ································································ 2
　1.3　新能源汽车技术变革 ································································ 8
　1.4　新能源汽车电驱动技术概述 ······················································· 9
　1.5　新能源汽车技术与应用的总体特征 ············································ 13
　1.6　新能源汽车电驱动技术 ··························································· 18
　1.7　未来新能源汽车智能网联技术 ·················································· 20
　1.8　未来新能源汽车轻量化设计 ····················································· 23

**第2章　电机耦合驱动AMT变速系统的建模-仿真方法** ························ 27
　2.1　电机耦合驱动AMT变速系统 ···················································· 27
　2.2　电机耦合驱动AMT变速系统建模 ·············································· 33
　2.3　AMT换档过程的控制策略 ······················································· 37
　2.4　低附路面变速系统建模 ··························································· 42

**第3章　新能源汽车电驱动耦合转向系统** ··········································· 47
　3.1　电驱动系统电机发展概述 ························································ 47
　3.2　驱动电机的分类 ···································································· 48
　　3.2.1　直流电机 ······································································· 48
　　3.2.2　交流异步电机 ································································ 48
　　3.2.3　开关磁阻电机 ································································ 49
　　3.2.4　永磁电机 ······································································· 50
　3.3　EDS系统建模及驱动电机原理 ·················································· 51
　　3.3.1　EDS系统建模 ································································ 51

3.3.2 三相 PMBLDC 电机 ·············· 51
3.3.3 四相 PMBLDC 电机 ·············· 53
3.4 电机控制器硬件 ························· 55
3.4.1 微控制器 ···························· 55
3.4.2 电机驱动模块与电路设计 ······ 57
3.5 EDS 系统控制器软件开发 ·········· 59
3.5.1 系统底层设计 ···················· 59
3.5.2 电机特性设计 ···················· 60
3.6 EDS 系统控制器程序设计 ·········· 63
3.7 EDS 系统实验 ·························· 66
3.7.1 电机调速模式切换实验 ········ 66
3.7.2 EDS 系统特性实验 ············· 68
3.7.3 EDS 系统跑合实验 ············· 69

# 第 4 章 电驱动线控稳定性系统控制理论 ···· 70
4.1 EDWCS 概述 ···························· 70
4.2 EDWCS 的建模方法 ·················· 74
4.3 EDWCS 执行机构 ····················· 77
4.4 ECU 设计 ································ 79
4.5 基于 EDWCS 的线控稳定性系统控制策略 ·· 83
4.6 基于 EDWCS 的 ABS 控制策略 ··· 89

# 第 5 章 牵引力控制系统的驱动电机建模与仿真 ·· 93
5.1 TCS 驱动力矩耦合控制策略 ······· 94
5.2 TCS 电机控制策略 ···················· 97
5.3 TCS 与 ABS 共享系统的耦合结构分析 ····· 99
5.4 TCS 软硬件匹配参数的正交试验方法 ····· 100

# 第 6 章 新能源汽车电驱动系统空间结构分析与设计方法 ·· 106
6.1 电驱动系统的状态空间分析方法 ············ 107
6.1.1 电驱动系统空间结构的建模与分析 ····· 107
6.1.2 电驱动系统空间弹簧和扭簧的结构分析 ·· 110
6.2 建立基于知识管理的电驱动系统建模-仿真的设计平台 ·· 112
6.2.1 建立电驱动系统的知识库和专家系统 ··· 113
6.2.2 基于知识管理的电驱动系统设计平台关键技术 ·· 114
6.2.3 基于知识管理的电驱动系统设计平台技术路线 ·· 115

# 第 7 章 基于电驱动的新能源汽车能量传输系统建模-仿真 ·· 118
7.1 基于电驱动-能量传输系统的锂电池 ······ 120

## 目 录

7.1.1 锂电池的结构 ……………………………… 122
7.1.2 锂电池正极 ……………………………… 129
7.1.3 锂电池负极 ……………………………… 133
7.2 锂空气电池 ……………………………… 139
7.3 锂硫电池 ……………………………… 140
7.4 复合离子电池 ……………………………… 142
7.5 动力电池衰退的位错动力学 ……………………………… 145
7.6 热电电池 ……………………………… 147
7.7 基于电驱动的质子交换膜燃料电池能量传输理论 ……………………………… 150
 7.7.1 PEMFC 的纳米结构薄膜与界面模型 ……………………………… 153
 7.7.2 Pt 纳米电催化剂的结构设计与纳米能源系统模型 ……………………………… 154
 7.7.3 聚合物复合电解质膜的仿真与纳米通道调控 ……………………………… 155
 7.7.4 离子与电子高效输运纳米电极建模与界面演化机制 ……………………………… 157
 7.7.5 高聚物膜纳米催化结构界面模型与纳米尺度表征 ……………………………… 158
7.8 石墨烯燃料电池 ……………………………… 162
 7.8.1 质子穿越燃料电池石墨烯薄膜的机理 ……………………………… 162
 7.8.2 石墨烯纳米电池能量传输表征方法 ……………………………… 165
 7.8.3 高比能量石墨烯电池的非局部纳米尺度建模-仿真 ……………………………… 167

**第8章 新能源汽车技术与应用** ……………………………… 171
8.1 新能源汽车技术与应用理论 ……………………………… 171
8.2 新能源汽车智能网联技术与应用 ……………………………… 174
8.3 基于 AI 技术的 ICV 区块链技术 ……………………………… 184
8.4 新能源汽车等值-不确定分析与更新应用 ……………………………… 188
8.5 新能源汽车应用的价值分析理论 ……………………………… 192
8.6 新能源汽车应用效果评价方法 ……………………………… 197

**附录** ……………………………… 206
 附录 A 电驱动控制基本术语和概念 ……………………………… 206
 附录 B 电驱动线控系统机械结构 ……………………………… 210
 附录 C 典型电驱动系统软-硬件在环仿真设计 ……………………………… 218
 附录 D 电驱动系统典型结构原理与电路设计 ……………………………… 231
 附录 E 主要符号与缩写系统对照表 ……………………………… 240

**参考文献** ……………………………… 244

# 第 1 章 绪 论

## 1.1 汽车发展沿革

汽车工业是国民经济的支柱产业,它与人们的生活息息相关,已成为现代社会必不可少的组成部分。1886 年,德国工程师卡尔·本茨和戴姆勒分别研制成功世界上第一辆三轮汽车和四轮汽车,这标志着现代意义上的汽车由此诞生。1887 年,世界上第一家汽车制造公司——奔驰汽车公司成立。1910 年,亨利·福特在汽车生产中首次引进了流水线作业方式,这一做法降低了汽车生产成本,扩大了汽车生产规模,从而使汽车成为一种大众化的消费品。随后欧洲的汽车厂商打破了美国采用的单一标准汽车尺寸,利用产品多样化的特色大量进入美国市场。1960 年,日本汽车工业发展带来的质量管理、准时供应等管理理念,被广泛应用于汽车生产。目前汽车工业正在经历着重大变革,即新能源在汽车上的应用与拓展。我国和其他相关国家新能源汽车工业的兴起也再次影响世界汽车工业的发展变革。汽车动力能源系统的沿革,如图 1-1 所示。

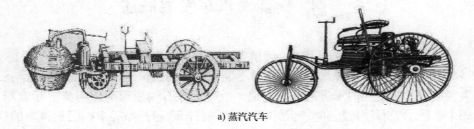

a) 蒸汽汽车

图 1-1 汽车动力能源系统的沿革

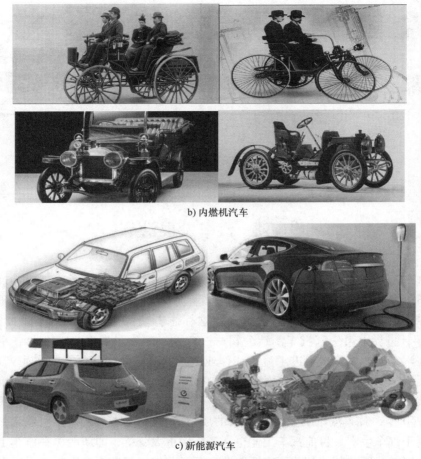

b) 内燃机汽车

c) 新能源汽车

图1-1 汽车动力能源系统的沿革（续）

## 1.2 新能源汽车发展概述

  随着资源与环境双重压力的持续增大，发展新能源汽车已成为未来汽车工业发展的方向。发展新能源汽车是减少对石油依赖、解决快速增长的能源需求与石油资源终将枯竭之间的矛盾的必由之路。汽车工业石油能源消耗与排放示意图，如图1-2所示。石油危机和空气污染问题使得各国政府开始寻求内燃机汽车的替代品，新能源汽车开始崛起。新能源汽车是指采用新型动力系统，完全或主要依靠新型能源驱动的汽车，新能源汽车主要包括纯电动汽车、插电式混合动力汽车及燃料电池汽车。发展新能源汽车是降低汽车燃料消耗量、缓解燃油供求矛盾、减少尾气排放、改善大气环境、促进汽车产业技术进步和优化升级的重要举措。

相比于传统的内燃机汽车,新能源汽车有着可持续的能源来源和智能的能量管理系统等,但是要具有市场竞争能力,新能源汽车还需要更好的成本效益。目前新能源汽车面对的主要问题是技术、成本与性能之间的平衡,其关键技术为动力电池、电驱动系统、电控系统及智能网联技术、轻量化技术等,如图1-3所示。

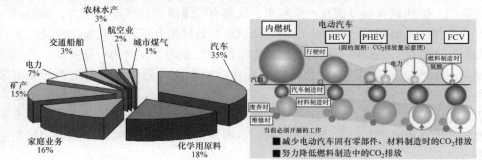

a) 不同工业石油能源消耗对比图　　b) 内燃机和电动汽车排放对比图

图1-2　汽车工业石油能源消耗与排放示意图

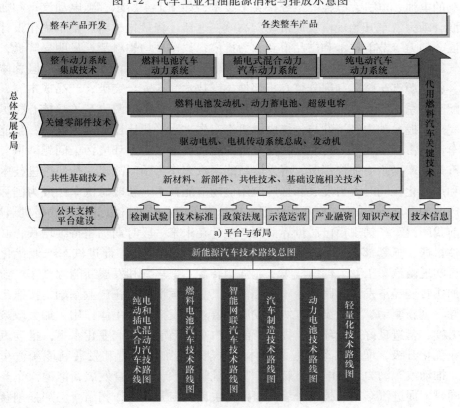

图1-3　新能源汽车关键布局与技术路线总图

**新能源汽车电驱动－能量传输系统**
**建模、仿真与应用**

新能源汽车产业在国民经济和社会发展中发挥着重要作用。目前，新能源汽车产业正处于快速成长期。在这个过程中，新能源汽车相关核心技术有待提升的方面还有很多。随着我国经济持续快速发展和城市化进程加速推进，今后较长一段时期汽车需求量仍将保持增长势头，由此带来的能源紧张和环境污染问题将更加突出。加快培育和发展新能源汽车，既是有效缓解能源和环境压力、推动汽车产业可持续发展的紧迫任务，也是加快汽车产业转型升级、培育新的经济增长点和国际竞争优势的战略举措。新能源汽车催生汽车动力技术的一场革命，并必将带动汽车产业升级，建立新型的国民经济战略产业，是汽车工业发展的必由之路。新能源汽车代表了世界汽车产业的发展方向，是未来世界汽车产业的制高点，是世界各主要国家和汽车制造厂商的共同战略选择。从国家战略的高度来审视，大力发展新能源汽车是新一轮的经济增长点的突破口和实现交通能源转型的根本途径。

新能源汽车经过近年的研究开发和示范运行，具备产业化发展基础，新能源汽车的电池、电机、电控等系统是关键技术，如图1-4所示，纯电动汽车和插电式混合动力汽车开始规模投放市场。高效变速器、轻量化材料、整车优化设计以及混合动力等节能技术和产品得到大力推广，汽车平均燃料消耗量明显降低；天然气等替代燃料汽车技术基本成熟并实现产业化，形成了市场规模。但总体上看，新能源汽车整车和部分核心零部件关键技术尚未完全突破，产品成本高，社会配套体系不完善，产业化和市场化发展受到制约；新能源汽车关键核心技术尚未完全掌握，动力经济性与传统内燃机汽车先进水平相比还有一定差距，新能源汽车市场占有率偏低。为应对日益突出的燃油供求矛盾和环境污染问题，世界主要汽车生产国纷纷加快部署，将发展新能源汽车作为国家战略，加快推进技术研发和产业化，同时大力发展和推广应用电动节能技术。新能源汽车已成为国际汽车产业的发展方向，未来30年将迎来全球汽车产业转型升级的重要战略机遇期。目前我国汽车产销规模已居世界前列，预计在未来一段时期仍将持续增长，必须抓住机遇、抓紧部署，加快培育和发展新能源汽车产业，促进汽车产业优化升级，实现由汽车工业大国向汽车工业强国转变。把培育和发展新能源汽车产业作为加快转变经济发展方式的一项重要任务，立足国情，依托产业基础，按照市场主导、创新驱动、重点突破、协调发展的要求，发挥企业主体作用，加大政策扶持力度，营造良好发展环境，提高新能源汽车创新能力和产业化水平，推动汽车产业优化升级，增强汽车工业的整体竞争能力。加快培育和发展新能源汽车产业，推动汽车动力系统电动化转型。坚持统筹兼顾，在培育发展新能源汽车产业的同时，促进汽车产业技术升级。坚持自主创新与开放合作相结合。加强创新发展，把技术创新作为推动我国新能源汽车产业发展的主要驱动力，加快形成具有自主知识产权的技术、标准和品牌。充分利用全球创新资源，深层次开展国际科技合作与交流,探索合作新模式。

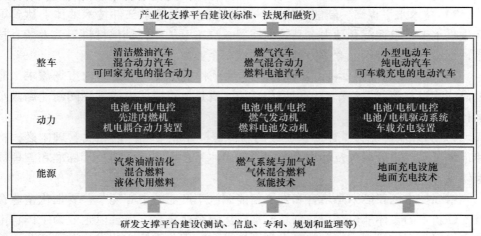

图1-4 新能源汽车关键技术集成

积极发挥规划引导和政策激励作用,聚集科技和产业资源,鼓励新能源汽车的开发生产,引导市场消费。进入产业成熟期后,充分发挥市场对产业发展的驱动作用和配置资源的基础作用,营造良好的市场环境,促进新能源汽车大规模商业化应用。坚持培育产业与加强配套相结合,以整车为龙头,培育并带动动力电池、电机、汽车电子、高效变速器等产业链加快发展。加快充电设施建设,促进充电设施与智能电网、新能源产业协调发展,做好市场营销、售后服务以及电池回收利用,形成完备的产业配套体系,如图1-5所示。以燃料电池、混合动力与纯电驱动为新能源汽车发展和汽车工业转型的主要战略取向,当前重点推进纯电动汽车和插电式混合动力汽车产业化,推广普及非插电式混合动力汽车,提升我国汽车产业整体技术水平。

图1-5 车联网基本框架

1)产业化取得进展。纯电动汽车和插电式混合动力汽车生产能力迅猛发展,燃料电池汽车、车用氢能源产业与国际同步发展。

2）技术水平提高。新能源汽车、动力电池及关键零部件技术整体上达到国际先进水平，掌握混合动力、高效变速器、汽车电子和轻量化材料等关键核心技术，形成一批具有较强竞争力的新能源汽车企业。

3）配套能力增强。关键零部件技术水平和生产规模满足国内市场需求。充电设施建设与新能源汽车产销规模相适应，满足重点区域内或城际间新能源汽车运行需要。

4）管理制度完善。建立起有效的新能源汽车企业和产品相关管理制度，构建市场营销、售后服务及动力电池回收利用体系，形成完备的技术标准和管理规范体系。

增强技术创新能力是培育和发展新能源汽车产业的中心环节，要强化企业在技术创新中的主体地位，引导创新要素向优势企业集聚，完善以企业为主体、市场为导向、产学研用相结合的技术创新体系，突破关键核心技术，提升产业竞争力。加强新能源汽车关键核心技术研究。大力推进动力电池技术创新，重点开展动力电池系统安全性、可靠性研究和轻量化设计，加快研制动力电池正负极、隔膜、电解质等关键材料及其生产、控制与检测等装备，开发新型驱动电机及其与电池组合系统，推进电驱动系统及相关零配件、组合件的标准化和系列化。在动力电池重大基础和前沿技术领域超前部署，重点开展高比能动力电池新体系、新结构、新工艺等研究，集中力量突破一批支撑长远发展的关键共性技术。加强新能源汽车关键零部件研发，重点支持驱动电机系统及核心技术，电动空调、电动转向、电动制动等电动化产品研发。开展燃料电池电堆及关键材料核心技术研究。把握新能源汽车发展动向，对其他类型的新能源汽车技术加大研究力度。加快建立新能源汽车研发体系，引导企业加大新能源汽车研发投入，鼓励建立跨行业的新能源汽车技术发展联盟，加快建设共性技术平台。重点开展纯电动乘用车、插电式混合动力乘用车、混合动力商用车、燃料电池汽车等关键核心技术研发；建立相关行业共享的测试平台、产品开发数据库和专利数据库，实现资源共享；整合现有科技资源，建设若干国家级整车及零部件研究试验基地，构建完善的技术创新基础平台；建设若干具有国际先进水平的工程化平台，发展一批企业主导、科研机构和高等院校积极参与的产业技术创新联盟。推动企业实施商标品牌战略，加强知识产权的创造、运用、保护和管理，构建全产业链的专利体系，提升产业竞争能力。

发展新能源汽车既要利用好现有产业基础，也要充分发挥市场机制作用，加强规划引导，以提高发展效率。统筹发展新能源汽车整车生产能力。根据产业发展的实际需要和产业政策要求，合理发展新能源汽车整车生产能力。现有汽车企业实施改扩建时要统筹考虑建设新能源汽车产能。在产业发展过程中，要注意防止低水平盲目投资和重复建设。重点建设动力电池产业聚集区域，积极推进动力电池规模化生产，加快培育和发展一批具有持续创新能力的动力电池生产企业，力争形成2~3家产销规模超过百亿瓦时、具有关键材料研发生产能力的龙头企业。增强关键零部件研发生产能力。鼓励有关市场主体积极参与、加大投入力度，发展一批符合产业链聚集要求、具有较强技术创新能力的关键零部件企业，在驱动电机、高效变速器等领域分别培育骨干企业，支持发展整车企业参股、具有较强国际竞争力的专业化汽车电子企业。加快推广应用和试点示范。新能源汽车尚处于产业化初期，需要加大政策支持力度，积极开展推广试点示范，加快培育市场，推动技术进步和产业发展。需要综合采用标准约束、财税支持等措施加以推广普及，扎实推进新能源汽车试点示范。在大中型城市扩大公共服务领域新能源汽车示范推广范围，开展私人购买新能源汽车补贴试点，重点在国家确定的试点城市集中开展新能源汽车产品性能验证及生产使用、售后服务、电池回收利用的综合评价。探索具有商业可行性的市场推广模式，协调发展充电设施，形成试点带动技术进步和产业发展的有效机制。探索新能源汽车电池租赁、充换电服务等多种商业模式，形成一批优质的新能源汽车服务企业。继续开展燃料电池汽车运行示范，提高燃料电池系统的可靠性和耐久性，带动氢的制备、储运和加注技术发展。

根据新能源汽车产业化进程，积极推进充电设施建设，将充电设施纳入城市综合交通运输体系规划和城市建设相关行业规划中来，科学确定建设规模和选址分布，适度超前建设，积极试行个人和公共停车位分散慢充等充电技术模式，确定符合区域实际和新能源汽车特点的充电设施发展方向。开展充电设施关键技术研究。加快制定充电设施设计、建设、运行管理规范及相关技术标准，研究开发充电设施接网、监控、计量、计费设备和技术，开展智能网联汽车融合技术研究和应用，探索新能源汽车作为移动式储能单元与电网实现能量和信息双向互动的机制。探索商业运营模式，积极吸引社会资金参与，根据电力供应和土地资源状况，因地制宜建设慢速充电桩、公共快速充换电等设施。鼓励成立独立运营的企业，建立分时段充电定价机制，逐步实现充电设施建设和管理系统化。制定动力电池回收利用管理办法，建立动力电池梯级利用和回收管理体系，明确各相关方的责任、权利和义务。引导动力电池生产企业加强对废旧电池的回收利用，鼓励发展专业化的电池回收利用企业。

根据应用示范和规模化发展需要，加快研究制定新能源汽车以及充电、加注技术和设施的相关标准。引导金融机构建立鼓励新能源汽车产业发展的信贷管理和贷款评审制度，积极推进知识产权质押融资、产业链融资等金融产品创新，加快建立包括财政出资和社会资金投入在内的多层次担保体系，综合运用风险补偿等政策，加大金融支持力度。支持符合条件的新能源汽车及关键零部件企业在境内外上市、发行债务融资工具；支持符合条件的上市公司进行再融资。在新能源汽车关键核心技术领域，培养一批领军人才。加强电化学、轻量化、汽车电子、汽车工程、机电一体化等相关学科建设，培养技术研究、产品开发、经营管理、知识产权和技术应用等人才。鼓励企业、高校和科研机构引进优秀人才。重视发展职业教育和岗位技能提升培训，加大工程技术人员和专业技能人才的培养力度。支持汽车企业、高校和科研机构在新能源汽车基础和前沿技术领域开展合作研究，积极创造条件开展多种形式的技术交流与合作，学习和借鉴先进技术和经验。支持新能源汽车产品、技术和服务出口。加强技术标准、政策法规等方面国际交流与协调，合作探索推广新能源汽车的新型商业化模式。

## 1.3 新能源汽车技术变革

美国、日本、德国等发达国家均对新能源汽车技术高度重视，从汽车技术变革和产业升级的战略出发，制定了优惠的政策措施，积极促进本国新能源汽车工业发展，以期提升本国汽车工业国际竞争力、在全球汽车工业新一轮竞争中占据有利地位。在政策的激励和引导下，全球各主要汽车生产厂家都加快了新能源汽车产业化的步伐。目前，"低排放"的混合动力汽车已进入大规模产业化阶段，在当前新能源汽车市场上占据主导地位，如图1-6所示。中国新能源汽车发展始于20世纪90年代，中科院、清华大学、北京理工大学等把新能源汽车及相关零部件的研发列为重点，对主要技术路线进行研究，取得了成果，并培养了能力较强的研发队伍，为新能源汽车产业的发展打下了良好基础。在北京、天津、上海等城市开展示范应用，为新能源汽车推广提供了技术、产品和运行经验的保障。近年来，随着全球汽车工业重心开始向我国市场转移，新能源汽车的产业化进程明显加快。国内许多企业已开始涉足新能源汽车电池、电机等关键零部件的研制和生产。近年来，我国新能源汽车产量迅速增加，质量快速提升，研发步伐明显加快，具备了实现产业化发展的基本条件。但总体来看，新能源汽车产业仍然处于起步阶段，尚有许多问题亟待解决，在电池系统集成技术、大规模工艺设计、生产质量和成本控制等方面，仍有待提高，特别是在电池、电机、电控等核心技术领域，电驱动系统效率低、电池充电时间长、寿命较低、研发力度不足。要使新能源汽车成为用户满意的产品，无论是整车还是零部件技术，都还有大量的研发工作。

在我国，新能源汽车产业能力建设比较薄弱，没有建立起从科研、设计到设备制造的比较完备的产业体系，产业链建设有待进一步加强，特别是消费者所必需的充电站等配套基础设施建设严重滞后，新能源汽车有关测试和试验的技术规

第 1 章 绪 论

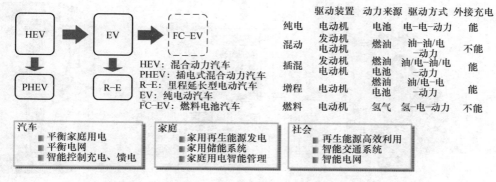

图 1-6 新能源汽车产业化布局

范不健全,产品认证体系亟待加强,标准化工作滞后,阻碍新能源汽车产业的发展。各类要素和资源需要进一步整合。目前,新能源汽车企业大多分头研制,行业协会和研究机构的作用得不到充分发挥,缺乏必要的资源整合与统筹协调,低水平重复建设较多,资源浪费比较普遍。如何充分发挥市场配置资源的作用,有效整合发展新能源汽车的各类要素和资源,在生产者和消费者之间建立起对新能源汽车的良好预期,是发展新能源汽车需要解决的一个重要任务。

## 1.4 新能源汽车电驱动技术概述

20 世纪,新能源汽车像刚出生的婴儿,技术上相当不成熟,普及率极低。21 世纪,新能源汽车工业飞速发展,技术创新和突破层出不穷,它们影响并决定了新能源汽车工业演变的方向,其中主要有两方面:新能源汽车电机——将电机引入新能源汽车,实现了电驱动系统舒适驾驶;一体化车架——传统车架重量大、灵活性差,同时车壳与底盘之间的空隙对行车舒适性、抑噪及吸振也有一定的影响,一体化车架减轻了车身重量,提高了新能源汽车使用的便利性和安全可靠性。纯电动汽车是以电池或燃料电池为动力、用电机驱动的,目前质子交换膜燃料电池以氢为燃料,通过电子运动产生电能,储存并使用。锂电池已成为电动汽车用动力电池的主流,是近几年锂需求中增长速度最快的行业。目前产业化发展较好的是混合动力汽车,如图 1-7 所示。

目前,新能源汽车电驱动技术领域的追求目标是节能、清洁、安全、智能。

(1) 节能

众所周知,当今世界正面临着前所未有的能源短缺和危机。因此,如何有效地利用能源,并尽量地节约能源是新能源汽车电驱动技术的发展趋势:开发采用各种新能源汽车,如氢燃料电池汽车、甲醇燃料电池汽车、锂电池汽车等;设计

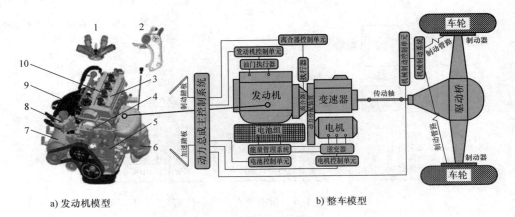

a) 发动机模型　　　　　　　　　　　b) 整车模型

图 1-7　混合动力汽车结构模型

1—4 气门　2—静音链传动　3—镁合金气门室罩盖　4—进气 VVT　5—镁合金链条室罩盖
6—不锈钢排气歧管和紧耦合三元催化器　7—动力起动发电机　8—电子节气门体
9—塑料进气歧管　10—棒型点火线圈

出更合理的车体外形，以减少阻力、提高能源经济性；使用新材料，如陶瓷、聚合物、铝合金等，生产较为纤巧的悬架系统和较小的电驱动系统等。

（2）清洁

汽车行驶排放的大量废气造成城市环境污染，注重环保，我国制定了相关政策和措施，限制汽车尾气污染，鼓励发展清洁新能源汽车：发展氢能、太阳能等清洁能源；提升汽车能量回收技术；控制驱动电机等噪声污染。

（3）安全

保证驾驶安全是新能源汽车着力于研究的方向：采用复合材料、特殊铝材以增强新能源汽车的抗撞击能力；运用雷达与摄像警报系统确定车与车之间的相对位置，保证行车安全，提醒并避免驾驶人进入半睡眠状态；使用大数据和云计算技术，研制车联网系统，检测并监督汽车在电驱动与能量传输时等的动态性能变化。

（4）智能

智能电子设备和通信技术的应用是新能源汽车拥有智能化的特征：传感器和卫星导向装置使汽车在进入陌生地域时，得到当时交通道路状况下的最佳行驶路线；多种专用芯片的组合使新能源汽车具备人工智能功能，如自动识别道路、自动驾驶、自动检测汽车空调以及遥控各种人机交换信息的电气设备。

一辆新能源汽车是由许多不同作用的零部件组成的，而这些零部件的结构形式是多种多样的，其安装位置也不相同。但新能源汽车的总体构造及主要部件的结构都有其共性，其作用原理也相似。对新能源汽车总体构造影响较大的是选用的电驱动系统的类型。新能源汽车主要由电驱动系统、底盘系统、车身系统、电气设备四部分组成,如图1-8所示。

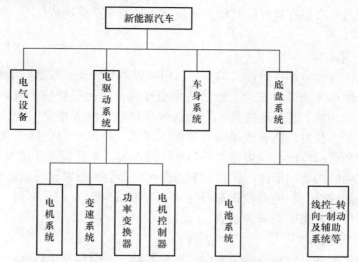

电气设备——由电机耦合系统以及新能源汽车照明/信号/雷达/传感用电设备等组成
车身系统——用以安置驾驶人、乘客或货物
底盘系统——包含电池/转向/电控/制动系统,接收电机的动力,驱动新能源汽车,使汽车正常行驶
电机系统——新能源汽车的心脏,它使供入其中的电能发出动力,通过底盘系统驱动新能源汽车行驶
变速系统——将电机动力传递给驱动车轮,它包括变速器、离合器等
电池系统——将新能源汽车各电池组、电池管理系统、辅助部件连接成整体,起到支持全车并保证动力的作用
转向系统——保证新能源汽车能按驾驶人选定方向行驶,它由带转向盘的转向器和转向传动机构组成
制动系统——用以减速和停车,或在新能源汽车下坡时保持车速稳定

图1-8 新能源汽车的基本构成

(1) 电驱动系统

将电机动力传递给驱动轮和其他需要电机动力的部分。实现起步、降速增矩、变速变矩、差速、倒驶等功能。电驱动系统是新能源汽车的动力模式,其作用是使电动机产生动力,再通过线控系统驱动汽车行驶。当电能被转换成机械能时,电机表现出电动机的工作特性。当机械能被转换成电能时,某些电机还会表现出发电机的工作特性。大部分电动汽车在制动状态下,机械能将被转化成电能,通过发电机来给电池回馈充电。

(2) 底盘系统

底盘是新能源汽车的结构基础,在其上装有电池组、车身、电气、辅助设备等。底盘接受电机动力,使汽车产生运动,并保证汽车正常行驶,电池组为汽车提供动力。线控转向系统用来控制汽车行驶方向，保证汽车能按照选定方向行驶。新能源汽车必须有良好的制动系统，使行驶的汽车减速或停车，同时，实现制动能量回收。

（3）车身系统

车身包括驾驶室和各种形式的车厢，用以容纳驾驶人、乘客和装载货物。车身应为全体乘车人员提供安全、舒适的乘坐环境，因此车身应具有隔声、减振、保温、安全的功能。车身还应具有合理的外部形状，应考虑空气动力学的要求，在新能源汽车行驶时，能有效地引导周围的气流，以减少空气阻力和能量消耗。车身的造型和色彩应能起到美化生活和环境的作用。车身是一件精致的综合艺术品，应以其明晰的雕塑形体、优雅的装饰件和内部装饰材料以及赏心悦目的色彩使人获得美的感受。新能源汽车车身主要由车身壳体、车门、车窗、车钣制件、车内外装饰件、座椅、空调等组成。

（4）电气设备

新能源汽车的电气设备是用来保证电机起动、照明和发出灯光信号，监视电机及其他机构的技术状态，保障空调和其他一些电子控制装置正常工作的。新能源汽车电气设备较多，随着电子技术的发展，耗电装置也越来越多。电气设备包括电机起动设备、照明与信号设备（如前照灯、转向信号灯、制动信号灯、车内照明灯和电喇叭等）和各类仪表（如里程速度表、电动转速表、电压指示表、电流指示表、档位指示灯及警告灯等）。其他耗电设备还有刮水器、电动风窗玻璃升降器、空调、防盗报警器等。

新能源汽车主要性能指标包括动力性、能源经济性、制动性、操纵稳定性、平顺性、通过性等。

（1）动力性

新能源汽车的动力性可用三个指标来评定，即新能源汽车的最高车速、加速能力和爬坡能力。汽车的最高车速是在平坦良好的路面（沥青铺设路面）所能达到的最高行驶速度。汽车的加速能力是指汽车在行驶中迅速增加行驶速度的能力。新能源汽车的加速能力常用汽车原地起步的加速性和超车加速性来评价，超车加速的时间越短越好。新能源汽车的爬坡能力是指汽车额定负载时，在良好的路面上以最低前进位所能爬行的最大坡度。

（2）能源经济性

新能源汽车在一定的使用条件下，以最小的能源消耗量完成单位运输工作的能力称为其能源经济性。

（3）制动性

新能源汽车的制动性主要从制动效能、制动抗热衰退性和制动时的方向稳定性这三个方面来评价：

1)新能源汽车制动效能。即汽车迅速降低行驶速度直至停车的能力。制动效能是制动性最基本的评价指标,它是由一定初速度下的制动时间、制动距离和制动减速度来评定的。由于制动距离与行车安全有直接关系,交通管理部门常按制动距离来制定安全法规。

2)新能源汽车制动抗热衰退性。即汽车高速制动、短时间内多次重复制动或下长坡连续制动时制动效能的热稳定性。

3)新能源汽车制动时的方向稳定性。即汽车在制动时,按指定轨迹行驶的能力,即不发生跑偏、侧滑或甩尾失去转向能力。

(4)操纵稳定性

新能源汽车的操纵稳定性包含着互相联系两部分内容,一是操纵性,二是线控稳定性。操纵性是指汽车能及时准确地按驾驶人的转向指令转向等;线控稳定性则是指汽车受到外界干扰后,能由线控系统控制自行恢复正常行驶的方向,而不发生侧滑、倾覆、失控等。

(5)平顺性

新能源汽车行驶时,对路面不平度的隔振特性,称为新能源汽车的行驶平顺性。汽车行驶时,路面的不平会激起汽车的振动,振动达到一定程度时,会使乘客感到不舒适和疲劳,或使货物损坏,还会缩短汽车的使用寿命。同时,新能源汽车能控制驱动电机的振动和噪声,使其有良好的工作状态。

(6)通过性

新能源汽车的通过性是指汽车在一定的载货质量下能以足够的平均经济车速,顺利地通过坏路或无路区域,并能克服各种障碍物且具有一定的寿命。新能源汽车的用途不同,对通过性的要求也不一样。行驶在城市铺设路面的新能源汽车,对通过性要求并不突出,但对越野新能源汽车,就要求有良好的通过性,因为这类汽车所行驶的路面条件复杂且较恶劣。

## 1.5 新能源汽车技术与应用的总体特征

我国新能源汽车技术如何适应新能源汽车工业发展的需要?国内新能源汽车技术的竞争力究竟如何?分析我国新能源汽车技术与应用面临的形势,把握国内外新能源汽车技术与应用的发展特点及趋势;在与世界先进技术进行比较的基础上,分析国内新能源汽车技术与应用的现状和问题;对国内新能源汽车零部件的竞争力进行分析;根据不同零部件产品中技术含量、劳动力成本比重、开发能力的影响程度不同,确定以技术、成本、质量、生产效率、价格等为影响竞争力的主要因素,选择已为大批量生产的轿车配套的各种新能源汽车关键零部件为对象，进行竞争力定量分析。按竞争力不同，大体可分为三类：一是有竞争优势的零部件产品；二是有发展潜力、通过努力可以形成优势的产品；三是目前竞争力较弱的产品，提出分类指导意见。根据对新能源汽车关键零部件按在国内生产竞争力较强、竞争力与国外产品接近和竞争力较弱进行的分类，提出发展对策。使国内新能源汽车技术能发挥比较优势，扩大国际合作，争取在经济全球化进程中有一个较快发展。国际零部件企业"强强"联合已成为主流。近年来，世界新能源汽车工业的格局发生了重大变化，各大跨国新能源汽车公司的兼并和重组愈演愈烈。在新能源汽车集团"强强联合"的推动下，国际新能源汽车企业也开始了新一轮的联合兼并，进行优势互补。"强强联合"使跨国的新能源汽车企业更具竞争力。全球采购、系统设计、模块化供货成为潮流。为降低成本，提高产品竞争力，新能源汽车企业以产品性能、质量、价格、供货等条件进行全球性的择优采购，加快了全球化步伐。新能源汽车零部件建模－仿真、产品模块化供货－应用是国际新能源汽车工业的发展趋势之一。新能源汽车零部件工业在新能源汽车工业中的作用更加明显。国际新能源汽车工业技术进步加快。新能源汽车零部件通过采用大量电子技术，解决了新能源汽车工业的许多难题，使整车的安全性、排放性、经济性、舒适性得到很大提高。新能源汽车电子技术发展将进一步加快，特别是系统的控制、行驶控制、行车导航系统、撞击传感技术等方面。国内新能源汽车市场进一步开放，长期受到国内高关税和进口许可证、配额等政策保护的新能源汽车工业将受到极大冲击。执行与货物贸易有关的投资协议可能影响国产化政策，从而进一步对国内新能源汽车技术形成冲击。受开发能力、质量及价格因素的影响，国内汽车工业将受到挑战。

　　我国新能源汽车零部件工业已形成一定基础，国际著名的新能源汽车企业几乎都在国内建立了合资或独资企业，通过引进、消化、吸收国外先进的产品设计与制造技术，实施技术改造，汽车工业整体水平有了明显提高，部分企业的装备和技术已经达到了国际同类水平。我国新能源汽车工业存在的问题主要是生产规模小、企业自主开发能力不足等。由于新能源汽车工业长期受到条块分割以及多方引进国外车型的影响，使零部件配套体系各自独立，难以形成规模经济，产品开发投入不足，零部件企业与主机厂的同步产品开发能力还未形成，不适应新车型开发时间缩短的要求。

　　新能源汽车工业与国民经济存在着十分密切的关系。首先，新能源汽车的消费和普及受到国民经济发展水平的制约。当国民经济处于较低发展水平时，人们对新能源汽车这样的奢侈品没有足够的消费能力，新能源汽车市场需求难以形成很大的规模，因此新能源汽车普及率低，新能源汽车工业也往往难有较大起色。其次，新能源汽车工业又能极大地促进和推动国民经济的发展。由于新能源汽车本身的单位价值高、价格不菲且生产批量大，同时新能源汽车又是一个综合性工

# 第1章 绪论

业,不仅工业波及范围广,而且对相关工业带动性极强,故新能源汽车工业是一个能创造出巨大价值的行业,许多工业化国家均把它列为支柱产业。事实上,美国、德国和日本的主要工业也都离不开新能源汽车工业的发展。

新能源汽车工业属于资本密集型行业。众所周知,新能源汽车生产的前期投入经费是相当巨大的,其中包括厂房建设、设备安装和调试、产品研发以及人员培训等。以上海的美国特斯拉准备合资生产基地为例,其初期设计规模为年产能10万辆,初期投资金额约20亿美元,总投资金额约50亿美元,总设计规模为年产能50万辆。从这就可以看出新能源汽车工业的投入经费相当可观。

新能源汽车工业是技术密集型行业,建立并拥有强大的研发力量为新能源汽车制造企业提供了持续发展的竞争优势。目前,新能源汽车的研发须历经市场调研、概念设计、原型开发、产品制造、样车测试、成品总装和售后服务七大环节,每一环节都十分复杂,要求相当强的专业性。此外,由于新能源汽车工业是一个综合性与跨学科的行业,很多零部件系统科技附加值含量很高,技术繁难且复杂。因此,新能源汽车是众多高新技术的结合体,各种新电机、新设备、新化学技术、新材料和新型配套产品在新能源汽车上的使用数量和质量,明显地反映出新能源汽车技术的迅猛发展水平。

新能源汽车工业的规模经济明显。新能源汽车工业是资本密集型行业,其固定成本和新技术投入在总成本中所占的比重较大,因此,当新能源汽车生产达到相当的产量时,固定成本和新技术的摊销会令平均总成本明显下降,从而形成了资产专用性规模经济,结合大数据、云计算及智能网联技术,助推新能源汽车工业的迅速发展。

高品质的新能源汽车工业的进入门槛较高。高品质新能源汽车生产需要大量的资金注入,同时规模经济使得已有的新能源汽车生产商占据了一定的成本优势,电机、电池、电控等技术科技附加值含量很高,需要多年的研发积累和产品经验。因此,新能源汽车工业就具有了较高的进入门槛。

由于新能源汽车工业自身的特点,在其发展过程中不仅会涉及众多的相关工业,而且新能源汽车工业对这些相关工业影响和带动作用是十分巨大的。例如,目前全世界约55%的锂产量及7%的铝产量用于新能源汽车工业,电池产品应用成本已达到新能源汽车总成本的50%,从而极大地推动了原材料工业的发展。再如,随着电机、芯片、单片机、电磁阀等科技产品在新能源汽车上的广泛应用,新能源汽车工业对电池、电机、芯片行业的拉动作用非常显著。高速公路快速充电桩与太阳能充电公路等高新技术作为基础设施,也是为了满足新能源汽车的发展需求。根据估算,新能源汽车工业与相关工业的相关度为2.5,即新能源汽车工业产值每增加一个单位,就可带动2.5个单位相关工业产值,对工业的拉动效应显著。近年来,世界新能源汽车产量和销量一直保持稳定增长的趋势,全球新能源汽车的销量和产量分布情况，如图1-9所示。

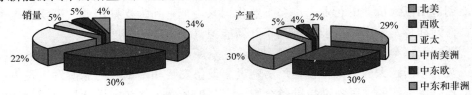

a) 近年来混合动力汽车销量及产量

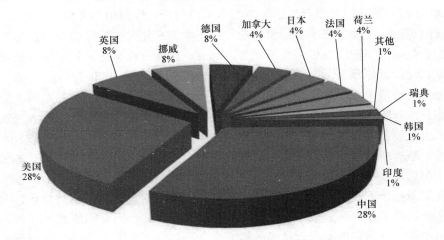

b) 近年来纯电动汽车保有量

图1-9 近年来全球新能源汽车销量及产量分布

　　新兴工业化国家和部分发展中国家正在成功地通过有效的政策扶持及合理的发展战略，利用后发优势实现新能源汽车工业的赶超。预计今后几年，新能源汽车制造业由欧美发达国家向新兴工业化国家和发展中国家转移的趋势会更加明显。北美、西欧和日本是世界上汽车产销量和新能源汽车保有量最大的三个地区，是众所周知的三大新能源汽车消费市场。近年来，随着新能源汽车工业逐渐步入成长期，三大传统市场汽车需求量增长明显放缓，出现日趋饱和的趋势；北美、西欧和日本市场机制完善，新能源汽车工业成熟，联合重组频繁，因此，三大传统汽车市场之间相互渗透现象日益突出；网络化、智能化、清洁化新能源汽车刺激三大传统汽车市场形成新的消费热点。以我国为中心的亚太地区、南美地区以及东欧地区由于经济的复苏和持续发展成为新兴的新能源汽车市场。三个地区中，国内新能源汽车工业仍处于成长期，新能源汽车普及率较低，因此存在着巨大的发展潜力和增长空间。例如，2018年国内的新能源汽车产量增长在10%以上，大大高于传统汽车市场的增长率。

　　随着发展中国家和地区新能源汽车工业的崛起，世界新能源汽车市场将呈现

# 第1章 绪论

多元化竞争的格局。一方面,短期内,美国、日本、德国等新能源汽车工业发达国家在国际新能源汽车工业中的领军地位仍难以撼动。新兴新能源汽车市场国家新能源汽车产量增速较快,尤其是其具有成本优势的中低价新能源汽车品种在国际新能源汽车市场上的竞争力已经越来越强。伴随着世界新能源汽车市场供需结构的变化,发展中国家新能源汽车的普及率逐步提高,新能源汽车制造业将陆续从发达国家向发展中国家转移。

新能源汽车零部件生产和采购是新能源汽车制造过程中重要的组成部分,质优价廉且持续不断的零部件供应不仅能确保整车生产的连续性,而且可以降低生产成本,提高整车质量,从而增加产品竞争力。随着新能源汽车零部件通用化程度的提高,除了一些专用性较强、技术含量较高的零部件,如电机、变速器等基本在新能源汽车企业内部生产,其他诸如空调器、泵类、灯具、摩擦片、电子元器件等外协采购的趋势越来越明显,如图1-10所示。一方面,世界著名的新能源汽车制造企业通过合资、合作等形式在发展中国家和地区建立零部件生产基地,利用当地相对廉价资源降低新能源汽车整车成本,例如,福特新能源汽车公司在墨西哥设有零部件工厂,生产包括空调器、散热器、电子组件、控制器、塑料件、汽车玻璃、灯具、音响等各种新能源汽车零件;另一方面,独立的综合性新能源汽车零部件厂商纷纷崛起,它们通过联合兼并等方式扩大规模,增强实力,期待以更专业化的服务与新能源汽车制造集团争取更高的市场份额。这些著名的零部件企业有德国博世公司、美国伊顿公司及目前世界最大新能源汽车公司特斯拉和零部件巨头德尔福公司等。网络技术日益成熟且被广泛地应用于新能源汽车制造行业包括采购、生产、销售的各个环节,大大提高了新能源汽车生产商、供应商和新能源汽车消费者的效率。就拿采购环节来说,新能源汽车制造商通过网上采购电子平台对供应商进行网上竞标,极大地简化了招标程序,节省了成本。另外,供应商也可以通过电子采购平台查看生产商的生产计划,更好地安排零部件的生产。在销售环节,对于消费者而言,随着网上购物的不断普及,网上购车已成为一种新的时尚,消费者可以从新能源汽车网站上得到翔实的新能源汽车信息,从而享受购车的便利;对于生产者而言,网络平台令其改进和更新了生产方式。新能源汽车产业的技术革新没有穷尽,它仍然是各个工业化国内经济增长和技术创新的一种非常重要的动力来源。新能源汽车工业的技术创新从来就没有停止过。进入信息化时代以来,新能源汽车产业的最新发展趋势便是机械化与信息化的整合,从而出现了技术含量更高、附加值也随之大幅增加的智能型新能源汽车。我国绝对不能错过发展新能源汽车工业的大好时机而丧失一次实现经济快速增长的历史性机遇。我国适合新能源汽车工业的发展,这是因为新能源汽车工业的规模经济决定了它最适宜在人口数量众多、市场规模极大的我国生存和发展。我国发展新能源汽车工业的经济基础与技术基础也已准备完毕,供给能力与消费能力都已基本形成。

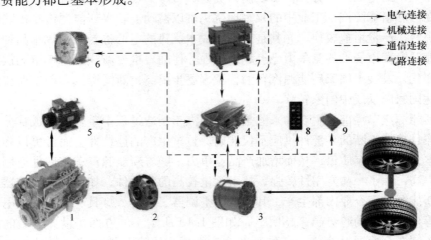

图1-10 混合动力汽车的电驱动系统集成模型
1—发动机 2—自动离合器 3—驱动电机 4—驱动控制器 5—发机
6—转向总成 7—储能装置 8—智能面板 9—整车控制器

## 1.6 新能源汽车电驱动技术

随着科学技术不断进步，新型驱动技术在工业领域中得以不断发展，形成了全新的现代驱动技术。这对新能源汽车从业人员提出了新要求——不仅要掌握传统电机技术，更要掌握现代电驱动技术。只有这样，才能适应现代科技发展需要。现代驱动技术中，以原有的电磁驱动技术为基础，进行部分改进，获得了新结构或机理变化形式。汽车高速电驱动电机现在已达2万r/min以上，电机包括本体结构及控制系统等。低速电机则可达到10r/min以下。转子电机结构包括实心转子、外转子、双转子、盘式、杯式、锥形等。除了电磁电机外，还有更多的是在传统上进一步发展的新型电机，如直线电机、无刷直流电机、开关磁阻电机、永磁电机等。直线电机是将电能直接转换成直线运动机械能而不需通过中间任何转换装置的新颖电机，它具有系统结构简单、磨损少、噪声低、组合性强、维护方便等优点。无刷直流电机集有刷直流电机和交流异步电机的优点于一体，效率高、调速方便、结构简单，在电驱动、交流伺服驱动及光机电一体化技术快速发展的现代，它将进一步促进无刷直流电机的更快、更广泛发展。开关磁阻电机结构简单、性能优越、可靠性高，作为驱动应用呈现了低的成本，在许多需要调速和高效的场合，开关磁阻电机应用得到更大拓展。永磁电机本身所具有的特点及我国稀土原料在世界上所占有绝对优势的特点，使得永磁电机成为专门种类

# 第1章 绪论

而被业内人士所重视,其应用不断扩大。

当前我国已经具备满足新能源汽车要求的驱动电机和电机控制器的研发能力。例如,在驱动电机方面,功率密度、效率这些指标,国内和国外目前水平基本相当。电机控制器主要指功率器件、芯片、封装材料及工艺集成等技术,如图1-11所示。

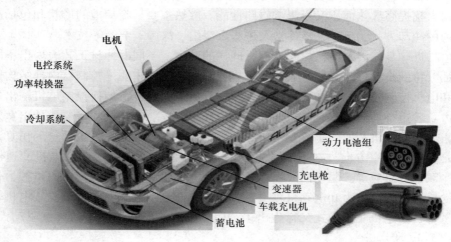

图1-11 电动汽车驱动电机与电池的空间结构布置

为了推动驱动电机产业的发展,对电机的功率密度也提出了要求。对电机控制器来说,功率密度是一个外在指标的体现,与功率模块及封装形式都密切关联。针对新能源汽车,交流异步电机转子一定要励磁,这样就会损失一部分能量;永磁电机高效率区更宽,永磁电机因为转子永磁体本身可产生磁场,使得效率占优。开关磁阻电机转子上没有永磁体,不需要感应,完全靠磁阻变化,因此效率比永磁电机低。从电机本体控制性能看,交流异步电机和永磁电机基本相当。在电动汽车上还用到永磁无刷直流电机,由于结构特点,使得其在调速性、功率密度和效率方面,与永磁同步电机的性能相当。

由于汽车驱动电机应用不光要考虑功率、转矩、效率,还要考虑电机发热、振动及噪声,在这些应用特性下进行电机设计时,要考虑多领域集成、多层面优化和多端口匹配,多领域集成就是考虑机、电、热、磁等不同领域,多层面优化是从概念设计、场路耦合仿真到系统集成仿真的不同角度评估,多端口匹配是指机械端口、电端口以及热端口的匹配。电机的设计目标是不断地降低电机的体积和重量,不断地提高电机的转矩品质。要做到这些,需要在电机磁路设计时,重点加强转子形状设计及磁阻转矩利用率。以永磁电机设计为例,永磁电机转矩分为两部分:一部分永磁转矩通过永磁体得到,另外一部分磁阻转矩通过设计得到。磁阻转矩是在永磁体相对固定的前提下,通过设计可以得到更大的转矩输出。同时,要让电机运行安静,控制噪声性能要求很高,这是最近整车企业对驱动电机企业提出的重要指标。电机热性能和工艺关联,要把电机做小做轻,并提升功率和转矩,主要途径是提升电机热性能,包括生热、导热和散热三个过程设计。生热就是降低电机损耗,包括铜耗、铁耗。降低铜耗需要在绕组结构形式上有所创新,包括高密度绕组、扁导线技术等。导热关键在于结构及导热槽设计,如何大幅提高导热面积又不影响磁路性能。散热主要是冷却道的形状和包括液冷在内的冷却方式,例如,液冷涉及绝缘、绕组、漆膜、兼容等技术。

再进一步就涉及电机材料技术,同样的硅钢,不同的冲材工艺表现出不同的特征,特别是铁耗差异非常大。在电机控制器方面,主要是控制器内部结构做集成和电机控制技术。例如,电压利用率提升,电池电压下如何控制电机输出最大能力。转矩补偿涉及整车舒适性,电机设计不仅仅要求电机本身要设计出宽效率区,还要求电机高效区是整车常用的区域,因此需要对电机系统做全局仿真,这也是重要的研究方向。在电驱动系统的总成方面,动力系统包括电机变速器总成、双电机总成等。驱动汽车前行的是机械力,驱动混合动力汽车的机械力包括发动机输出的机械力和电动机输出的机械力,而电动汽车的能量来源于电机输出能量,目前电机驱动模式又衍生出多种驱动模式。新能源汽车的典型驱动模式,如图1-12所示。

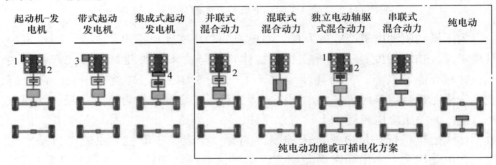

图1-12 新能源汽车的典型驱动模式

1—发电机 2—起动机 3—皮带式起动/发电机 4—集成式起动发电机

## 1.7 未来新能源汽车智能网联技术

智能结构目前有两类:一类是对各种刺激强度(如应力、应变、热、光、电、磁、化学和辐射等)具有感知的结构,用它可做成各种传感器;另一类是对外界环境条件（或内部状态）的变化，做出响应或驱动的结构，可做成各种驱动（或执行）器。智能结构是利用上述原理做成传感器和驱动器，借助现代信息技术对感知的信息进行网联处理并把指令反馈给驱动器，从而做出灵敏、恰当的反应，甚至当外部刺激消除后又能迅速恢复到原始状态等。这种集传感器、驱动器、控制器及车联网于一体的总体结构，体现了未来新能源汽车的发展方向，即智能网联汽车。智能网联汽车的提出是有理论基础的。高技术的要求促进了智能网联汽车的研制，原因如下：

1）材料科技已为智能网联汽车的诞生奠定了基础，先进复合材料（层合板、三维及多维编织）的出现，使传感器、驱动器和微电子控制器等可复合或集成。

2）对传感特性的探索（机－电－热－力－电－磁耦合特性等）及微电子和计算机技术的飞速发展，为智能网联汽车所涉及信息处理和控制打下基础。

3）工业界的人工智能功能和执行功能介入，使智能网联汽车更具挑战性、竞争性，使它成为一个高技术、多学科综合交叉的研究亮点，而且也加速了它的实用化进程，如图1-13所示。

通过对智能网联汽车的研究和考察，其应具有以下功能：

1）反馈功能，能通过传感神经网络，对系统输入和输出信息比较，并将结果提供给控制系统。

2）有信息积累和识别功能，能积累信息，能识别和区分传感网络得到的各种信息，并分析和解释。

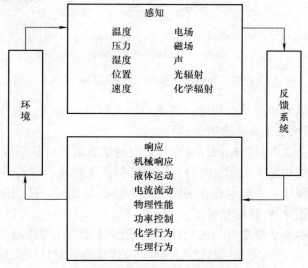

a) 基本感知与响应功能

图1-13 智能网联汽车的功能与系统

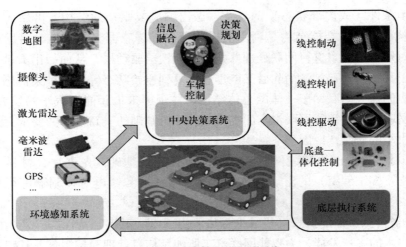

b）基于功能实现的智能网联系统

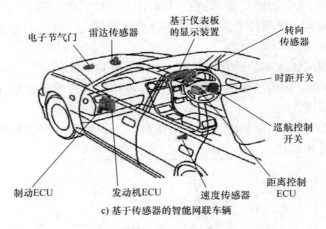

c）基于传感器的智能网联车辆

图 1-13 智能网联汽车的功能与系统（续）

3）有学习能力和预见性功能，能通过过去经验的收集，对外部刺激做出适当反应，并可预见未来并采取适当的行动。

4）有响应性功能，能根据环境变化适时地动态调节自身并做出反应。

5）有自修复功能，能通过复合等再生机制，来修补某些局部损伤。

6）有自诊断功能，能对现在情况和过去情况做比较，从而能对诸如故障及判断失误等问题进行自诊断和校正。

7）有自动动态平衡及自适应功能，能根据动态的外部环境条件不断自动调整自身的内部结构，从而改变自己的行为，以优化方式对环境变化做出响应。

智能系统的存在和发展取决于它们的动态自我发展能力，这些能力包括自诊断、自修复、自调整等，这些能力的产生是为了更好适应环境变化，使智能系统自身得到更好的发展。这些能力形成了智能网联汽车中的"S 特性",即自诊断(self – diagnosis)、自调整(self – tuning)、自适应(self – adaptive)、自恢复(self – recovery)和自修复(self – repairing)等。当前国际上智能网联技术研究集中在智能化集成技术与模型、智能系统仿真及应用等方面,但智能网联基础理论却研究很少,基础研究滞后已制约了智能网联领域的纵深发展,以下方面将成为今后研究重点:

1) 智能网联模型理论。
2) 智能网联内禀特性及评价体系。
3) 智能网联的耗能理论。
4) 智能网联复合集成原理。
5) 智能网联非线性理论。
6) 人工智能的网联控制理论。

智能网联汽车重要性体现在两个方面:一方面,由于智能网联汽车是多学科交叉的一门科学,与物理、化学、力学、电子学、人工智能、信息技术、材料、控制论等诸多前沿科学及高技术领域紧密相关,一旦有所突破将推动或带动许多方面的巨大技术进步;另一方面,智能网联汽车有着巨大的潜在应用背景,例如,智能网联器件集成化更易实现结构微型化,由于能在线"感觉",并可通过预警、自适应调整、自修复等方式,预报以至消除交通危害,从而提高汽车的安全性和可靠性,避免灾害事故的发生。

## 1.8 未来新能源汽车轻量化设计

作为新能源汽车产业的重要发展方向之一,国内外各大汽车企业从未停止过对轻量化技术的开发和应用。由于通过超级轻量化技术平台打造的"全铝空间架构 + 全复合材料外覆盖件",使整车重量比传统车减少,在当前碳纤维复合材料成本居高不下的情况下,这为给我国新能源汽车轻量化的发展开辟了新的途径。目前,国内外在轻量化材料、整车设计、制造工艺等方面的研究和应用已取得突破性进展。然而,轻量化技术颠覆了传统汽车的制造工艺,带来整个产业的变革,使行业的发展仍面临一系列新问题,如轻量化评价及测试标准尚未完善、产业间缺乏融合、新型材料成本较高、固有开发模式尚未突破等。因此,亟须企业调整思路,面临行业变革所带来的挑战。

实现新能源汽车轻量化的主要途径有三种:一是使用轻量化材料;二是优化结构设计;三是采用先进的制造工艺。国内外车企纷纷从这几方面入手,推动新能源汽车轻量化发展,并取得了一定成绩。

(1) 应用碳纤维复合材料减重显著

高强度钢和铝合金都可实现车身减重,而汽车用工程塑料和复合材料则对车体的减重明显,由此成为汽车轻量化的首选用材。发达国家已将汽车用塑料量的多少作为衡量汽车设计和制造水平的一个重要标志。复合材料具有重量轻、强度高、加工成型方便、弹性优良、耐化学腐蚀和耐候性好等特点。在复合材料中,碳纤维复合材料的应用一直备受瞩目。选用碳纤维增强复合材料制作结构件、覆盖件,可减轻质量达30%左右,对于比燃油车更需要轻量化的新能源汽车,碳纤维增强复合材料有更大的应用潜力,在新能源汽车轻量化中将会起到举足轻重的作用。

(2) 全新制造工艺减少零部件数量

碳纤维的应用将会带来一场革命,其原因在于碳纤维在汽车上的应用改变了传统汽车的设计思想、开发流程及制造工艺。碳纤维材料是可设计的,其零件工艺是多样化的,未来碳纤维应用于汽车没有标准化的材料,整个车和零件的开发过程就是材料开发过程,也是工艺开发过程。铝型材的三维弯曲、钢铝焊接以及碳纤维零件的成型是目前面临的全新工艺。采用新工艺可大大减少零部件使用数量,实现轻量化目标。其中,碳纤维总成的方式已取得突破性进展。

(3) 结构优化提高材料利用率

汽车车身结构轻量化采用结构优化设计方法,可以在保证车身结构性能要求的前提下,提高材料的利用率,减少冗余的材料,而达到车身结构轻量化的目的,结构优化主要包括尺寸优化、形状优化、形貌优化和拓扑优化。拓扑优化作为结构优化的一种,不同于汽车构件的尺寸优化和形状优化,是对布局和节点连接关系进行优化,使结构的某种性能指标达到最优化。拓扑优化能够在给定设计空间、给定设计重量、设计性能的约束下,迅速得到一个布局和节点连接基本判断,为设计人员提供结构质量最轻、性能最优的传递路径方案。拓扑优化的方法已在新能源汽车全铝车身的轻量化上已经实现了成功的探索。利用拓扑优化的方法通过五轮迭代,将电池包的结构和整车结构结合在一起,可将电池直接装在车体本身。新能源汽车的轻量化不能仅仅追求材料、制造工艺或结构设计的某一方面,而是需要三者互相结合、互相制约,需要根据实际情况平衡各方面的关系,以便最大程度的实现汽车的轻量化。在产品设计上,采用了更加适应新能源汽车的全新的架构设计、平台化的整车及系统设计以及高安全性设计。生产工艺及制造方面将传统的汽车工艺过程简化为焊接和总装并大量采用了线下分装和模块化供货,缩短了流水线的长度,可采用全铝骨架车身共享理念,如图1-14所示。

我国轻量化技术发展起步较晚,缺乏技术经验,发展新能源汽车轻量化仍面临挑战。

目前,我国还没有完整的汽车轻量化部件技术和产品标准,包括技术方面的

图 1-14 全铝骨架车身共享设计理念示意图

测试标准以及轻量化技术的完整评价系统尚未完善,需要经过大量的数据积累来形成指导行业的统一标准。轻量化技术需要运用多学科交叉融合所形成的综合性、系统性知识,实现跨产业协同,但我国汽车企业与材料企业的融合仍缺乏。加快建立起涉及"先进材料研发-原材料生产-零部件制造-整车集成应用-回收再利用"等全产业链需求迫在眉睫。目前车用轻量化新材料的成本普遍偏高,让很多中低端车型在碳纤维的使用上望而却步。此外,材料的加工成本控制难度大,特别是碳纤维复合材料,加工效率低,导致成本进一步增加。对于企业来说,采用新型轻量化材料意味着传统生产设备的改造,四大工艺中冲压、焊接、涂装生产线基本都需要面临着大幅改造或者重建,需要投入大量人力及财力,增加了轻量化设计的推广难度。汽车轻量化给国内汽车企业带来四大方面的挑战:产品结构创新、新材料应用、新工艺创新以及整个开发流程的变革。轻量化要求更多的创新思维,轻量化技术的发展特别需要既懂材料又懂汽车的跨学科人才,目前缺乏跨学科人才,材料工艺与整车厂之间交流不充分,厂商与科研团队之间沟通不畅,产学研结合不够紧密,轻量化基础研究和技术研发有机衔接不够。

目前,对新能源汽车轻量化设计的建议如下:

1) 建立标准体系。零部件生产技术及产品标准的缺失会导致企业没有明确的研发、生产目标及规范,不利于行业持久健康的发展。目前应尽快建立我国自身的材料认证体系,进行材料的性能检测、应用验证、技术稳定性与安全可靠性评价等。

2) 加强各领域结合,尽快建立产业链。轻量化技术的发展应是各相关领域相互协调、相互配合,要鼓励产业链上下游合作,组建产业联盟,支持汽车工业与国内相关行业之间深入交流,实现强强联合,让部分性能稳定、品质过硬的产品优先进入汽车产业链。

3) 调整固有模式,广泛利用资源。汽车电动化颠覆了传统内燃机,而轻量化则又颠覆了整车结构,由此带来设计、工艺、装备的变革,原有的技术存量将逐渐被淘汰。企业当前应直面科技革命和产业重构带来的影响,调整生产平台及开发模式,利用广泛的国际资源来实现目标,建立新兴组织结构模式。原料供应商将变成部件供应商,随之而来的还有动力电池回收再利用和梯次利用的问题,以及零部件成本降低带来的整车厂建设投资等一系列的改变。

4) 培养跨学科人才,提高创新意识。目前我国汽车轻量化领域跨学科人才缺乏,导致研发能力相对薄弱,应加强跨学科人才的培养,储备跨学科人才。研发人员需突破旧的思维模式和研发思路,提高创新意识,以适应新能源汽车产业变革的需要。

# 第 2 章

# 电机耦合驱动 AMT 变速系统的建模 - 仿真方法

随着石油资源短缺、地球变暖、环境污染等问题的日益严重,国内外开始制定更加严格的法规来限制燃油消耗和排放。新能源汽车的优势逐渐体现,并受到了全球大企业和消费者的广泛关注。相比传统内燃机汽车,新能源汽车具有清洁化、电动化、智能化与网联化等特色。但是,要具有市场竞争力,新能源汽车还需更好的综合效益。根据车速、路面附着和智能驾驶意图等对汽车动态性能识别,在新能源汽车上采用机械自动变速器(Automatic Mechanical Transmission,AMT)可提高能量效率、动力持久性和可靠性等。本章建立新能源汽车电驱动系统 AMT 的动力学模型,将变速过程中及变速结束后一定时间内的冲击度、离合器和制动器的滑摩功等作为评价指标,根据变速器换档特点确定最优控制策略,提出变速器换档控制方法,将繁难的换档计算问题转化为建模 - 仿真技术,提升控制实时性、可靠性。基于驱动电机综合性能,提升效率。新能源乘用车采用 AMT 变速系统,动力性好、电耗低、性能稳定,目前发展迅猛。

## 2.1 电机耦合驱动 AMT 变速系统

新能源汽车的电驱动系统变速器,早期多采用固定速比减速器,目前开始采用多档自动变速器。在新能源汽车上采用多档自动变速器,可提高驱动电机的工作点效率、降低驱动电机成本、改善汽车动力性和经济性。通过仿真模型与样机试验提出新能源汽车的 AMT,并结合行星齿轮系统的 AMT 变速系统不仅解决了动力顿挫的问题,且具有传动效率高、结构紧凑的优点,尺寸和重量更小。本节针对新能源汽车的电驱动系统,提出基于行星齿轮系统的电机耦合驱动 AMT。将行星齿轮系统、离合器和制动器相结合,建立新能源汽车电机耦合驱动 AMT 的变速系统模型,结合硬件在环仿真模型,进行动力学分析,将变速器放在台架上实时仿真和试验,测试和验证各种参数,满足设计要求。以实现动力不顿挫的高效动力变速系统为基本目标,研发新能源汽车的电机耦合驱动 AMT 变速系统,

# 新能源汽车电驱动－能量传输系统建模、仿真与应用

匹配行星齿轮系统、离合器及制动器等，旨在解决换档过程中的动力顿挫问题。在 MATLAB/Simulink 环境下，建立仿真模型，提高新能源汽车的动力性和经济性，改善驱动电机的综合效率。

电机耦合驱动 AMT 变速系统具有结构简单、运行可靠、重量小、成本低等特点，其模型如图 2-1 所示，该电机耦合驱动 AMT 模型，匹配行星齿轮系统、膜片弹簧离合器、制动器、变速器（包含减速器和差速器），便于整车布置，内有变速器输入轴与输出轴、主减速器的中间轴和差速器，其中变速器输入轴与新能源汽车的驱动电机相连，变速器输出轴上安装有主减速器的输入齿轮，通过中间轴上的第一中间齿轮和第二中间齿轮将动力传递给差速器。该模型的行星齿轮

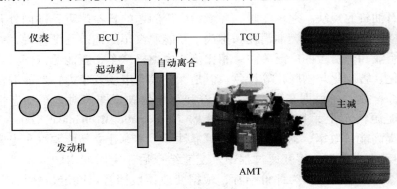

a) 整车结构

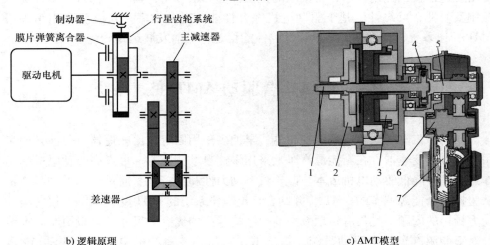

b) 逻辑原理　　　　　　　　　c) AMT模型

图 2-1　电机耦合驱动 AMT 的结构模型
1—变速器输入轴　2—膜片弹簧离合器　3—制动器　4—行星齿轮系统
5—变速器输出轴　6—主减速器中间轴　7—差速器

# 第 2 章
电机耦合驱动 AMT 变速系统的建模 - 仿真方法

系统,包括齿圈、行星轮、行星架和太阳轮,其中太阳轮与变速器的输入轴相对固定,行星架与变速器的输出轴相对固定。变速器可以在多个档位之间切换,一档主要用于汽车的起步、中低速行驶,二档主要用于汽车的高速行驶。电机耦合驱动 AMT 的工作过程分为三个阶段:一档在档、二档在档和换档过程。变速器位于一档时,离合器处于未接合状态,制动器处于接合状态,变速器外壳与齿圈互连。此时驱动电机的动力经过动力输入轴传递到太阳轮,太阳轮与行星架之间形成一个确定的传动比,并且该传动比值大于1。从太阳轮输入的动力,经行星架传递至变速器的输出轴,然后传递到汽车驱动轴,从而驱动汽车前轮。变速器位于二档时,离合器处于接合状态,制动器处于松开状态,输入轴与齿圈互连,此时驱动电机的动力经过变速器输入轴传递到太阳轮和齿圈。因为变速器输入轴与太阳轮相对固定,使得行星齿轮系统整体以一个相同的转速同步旋转,相当于直接档(太阳轮与行星架之间的传动比为1),电机的动力经行星架输出,传递至动力输出轴,然后传递到汽车驱动轴,从而驱动汽车的驱动前轮。变速器从一档切换至二档时,离合器逐渐接合,制动器逐渐分离。相反,变速器从二档切换至一档时,制动器逐渐接合,离合器逐渐分离,从而实现换档过程中的动力保持。

行星齿轮系统动力保持计算公式如下:

$$\begin{cases} r_r\omega_r = r_p\omega_p + r_c\omega_c \\ r_r = r_p + r_c \end{cases} \quad (2\text{-}1)$$

$$\begin{cases} r_c\omega_c = r_p\omega_p + r_s\omega_s \\ r_c = r_p + r_s \end{cases} \quad (2\text{-}2)$$

式中,$r_s$、$r_r$、$r_p$ 和 $r_c$ 分别为行星齿轮系统中太阳轮、齿圈、行星轮和行星架的半径;$\omega_s$、$\omega_r$、$\omega_p$ 和 $\omega_c$ 分别为太阳轮、齿圈、行星轮和行星架的转速。

该类行星齿轮系统运动学方程为

$$\omega_s = (1 - i_{sp}i_{pr})\omega_c + i_{sp}i_{pr}\omega_r \quad (2\text{-}3)$$

式中,$i_{sp}$ 为行星轮和太阳轮的齿数比(齿轮副外啮合为负值);$i_{pr}$ 为齿圈和行星轮的齿数比(齿轮副内啮合为正值)。

为方便计算,将行星齿轮系统的齿圈半径 $r_r$ 与太阳轮半径 $r_s$ 的比值作为行星齿轮系统的传动比系数 $k_g$,$i_{sp}$、$i_{pr}$ 和 $k_g$ 方程为

$$\begin{cases} i_{sp} = -\dfrac{r_p}{r_s} \\ i_{pr} = \dfrac{r_r}{r_p} \\ k_g = \dfrac{r_r}{r_s} \end{cases} \quad (2\text{-}4)$$

根据行星齿轮系统的运动学方程式,变速器的速比在运行过程中的方程

如下：

变速器位于一档（$\omega_r = 0$，$\omega_s \neq 0$）：

$$i_g = i_1 = \frac{\omega_s}{\omega_c} = 1 + k_g \tag{2-5}$$

变速器位于二档（$\omega_r = \omega_s = \omega_c$）：

$$i_g = i_2 = \frac{\omega_s}{\omega_c} = 1 \tag{2-6}$$

如 $\omega_r \neq \omega_s$ 且 $\omega_r \neq 0$，则变速器在换档过程中有

$$i_2 = 1 < i_g < i_1 = 1 + k_g \tag{2-7}$$

基于 AMT 的驱动电机实验系统（包含检测系统）如图 2-2 所示。考虑变速器的输入轴和输出轴为弹簧阻尼系统，其余连接部件简化为刚性系统，如图 2-3 所示，$T_m$、$\omega_m$ 分别为驱动电机转矩和转速；$k_{ti}$、$k_{to}$ 分别为变速器输入轴和输出轴弹簧刚度；$c_{ti}$、$c_{to}$ 分别为变速器输入轴和输出轴阻尼系数；$T_{ti}$、$T_{to}$ 为变速器输入和输出轴转矩；$\omega_{ti}$、$\omega_{to}$ 分别为变速器输入轴和输出轴转速；$\omega_{fd}$ 为主减速器输入轴转速；$i_g$、$i_0$ 分别为变速器和主减速器的速比；$T_{wind}$、$T_{roll}$、$T_{slope}$ 分别为新能源汽车受到的风阻力矩、滚动阻力矩和坡度阻力矩。

图 2-2 驱动电机与检测系统

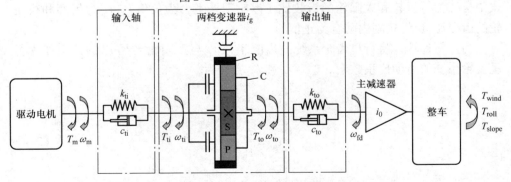

图 2-3 新能源汽车电驱动耦合两档变速系统模型
C—行星架　P—行星轮　R—齿圈　S—太阳轮

采用拉格朗日方程对变速器内部的行星齿轮系统进行动力学分析,整理后得到新能源汽车动力变速系统的动力学方程可表达为

$$\begin{cases} \dot{\omega}_m = (T_m - T_{ti})/J_m \\ T_{ti} = k_{ti}(\theta_m - \theta_{ti}) + c_{ti}(\omega_m - \omega_{ti}) \\ T_{ti} + T_{br} - T_{to} = I_1\dot{\omega}_r + I_2\dot{\omega}_c \\ T_{ti} - \dfrac{1}{k_g}T_{br} - \dfrac{k_g+1}{k_g}T_{cl} = I_3\dot{\omega}_r + I_4\dot{\omega}_c \\ \dot{\omega}_w = (T_{to}i_0 - T_{load})/J_{ew} \\ T_{to} = k_{to}(\theta_{to} - \theta_{fd}) + c_{to}(\omega_{to} - \omega_{fd}) \end{cases} \quad (2\text{-}8)$$

式(2-8)中,$I_1 \sim I_4$ 为

$$\begin{cases} I_1 = I_s(-r_r/r_s) + I_r \\ I_2 = I_s(1 + r_r/r_s) + I_c + n_p m_p(r_s + r_p)^2 \\ I_3 = I_s(-r_r/r_s) + I_r(-r_s/r_r) + n_p I_p(r_r/r_p)(-r_s/r_p) \\ I_4 = I_s(1 + r_r/r_s) + n_p I_p(r_r/r_p)(r_s/r_p) \end{cases} \quad (2\text{-}9)$$

式中,$J_m$ 为驱动电机转动惯量;$J_{ew}$ 为新能源汽车归于驱动车轮轴的等效转动惯量;$\theta_m - \theta_{ti}$ 为变速器输入轴扭转角度;$\theta_{to} - \theta_{fd}$ 为变速器输出轴扭转角;$T_{br}$ 为制动器制动力矩;$T_{cl}$ 为离合器接合力矩;$T_{load}$ 为作用在所有驱动车轮轴上的负载力矩;$I_s$、$I_c$、$I_r$ 和 $I_p$ 分别为变速器的太阳轮、行星架、齿圈和行星轮(单个)的转动惯量;$I_1$、$I_2$、$I_3$、$I_4$ 为 $I_s$、$I_c$、$I_r$、$I_p$ 简化后的转动惯量;$m_p$ 为单个行星轮质量;$n_p$ 为变速器行星轮数。

式(2-8)中 $T_{br}$、$T_{cl}$、$T_{load}$ 表达为

$$\begin{cases} T_{cl} = \text{sign}(\omega_s - \omega_r)\mu_p F_N R_c \\ T_{br} = (p_a + p'_a)\dfrac{\mu r_{dr}^2 w_{sh}}{\sin\phi_a}(\cos\phi_1 - \cos\phi_2) \\ T_{load} = T_{wind} + T_{roll} + T_{slope} + T_j \end{cases} \quad (2\text{-}10)$$

式中,$\mu_p$、$\mu$ 分别为离合器和制动器的动摩擦系数;$R_c$、$F_N$ 分别为离合器的摩擦片等效半径和膜片弹簧正压力;$p_a$、$p'_a$ 分别为作用在制动器的领蹄和从蹄摩擦片的最大压力;$r_{dr}$ 为制动器的制动鼓半径;$w_{sh}$ 为制动器的摩擦片宽度;$\phi_a$、$\phi_1$、$\phi_2$ 分别为制动器的领蹄各夹角参数,$\phi_a = \angle ZOA$、$\phi_1 = \angle ZOO_1$、$\phi_2 = \angle ZOO_2$(其中,$O$ 为制动器的鼓圆心,$Z$ 为支撑销,$O_1$ 和 $O_2$ 分别为摩擦片弧上开始点与结束点);$T_j$ 为新能源汽车的变速力矩。

本节建立基于电机耦合驱动的 AMT 的硬件在环仿真平台(Hardware-in-the-loop Simulation Platform,HIL 仿真平台),该平台采用 MATLAB/Simulink 环境,测试台架由上位机与下位机组成实时控制系统,如图2-4所示。基于上位机

MATLAB/Simulink 环境，考虑非实时汽车整车模型，设计模块参数和采样周期等，下载到下位机实时测试。该仿真系统具有参数调整方便、可视性好和开发周期短等优点。整车模型包括 HIL 输入信号模型、控制单元模型、驱动电机模型、电池模型、电机耦合驱动 AMT 模型等。其中，HIL 输入信号模型可以跟随目标车速或采用各种汽车循环工况来控制车速。电机耦合驱动 AMT 模型采用 SimDriveline 工具仿真，将软硬件连接形成仿真台架，如图 2-4a 所示，变速器在台架上的布置如图 2-4b 所示。采用两台三相异步交流电机作为驱动电机和加载电机，仿真汽车实际工况，对变速器实时实验。在测量中，信号从 CAN 通信转换成 RS232 串口通信，将相应的调节指令发给电机变频器，控制驱动电机的转速和负载电机的转矩。

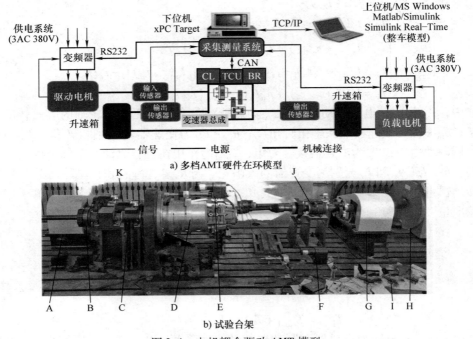

a) 多档AMT硬件在环模型

b) 试验台架

图 2-4 电机耦合驱动 AMT 模型

CL—离合器执行机构　BR—制动器执行机构　TCU—换挡控制器　A、G—升速箱
B—联轴器（接驱动电机）　C—输入转速扭矩传感器　D—变速器总成　E、F—离合器与制动器
的执行机构　H—负载电机　I—TCU　J、K—输出转矩扭矩传感器

在电动汽车整车仿真平台上，把电机耦合驱动 AMT 模型与采用固定速比减速器的模型进行对比，如图 2-5a～f 所示。仿真过程中，汽车加速踏板从松开到踩到底、制动踏板到 180s 踩到底，当汽车加速达到 55km/h 时，AMT 模型进行从一档升到二档，固定速比减速器的总速比为 6.5。可看出，采用电机耦合驱动 AMT 的车型比固定速比减速器车型得到更好的动力性和驱动电机的工作点效率。

# 第 2 章
电机耦合驱动 AMT 变速系统的建模 - 仿真方法

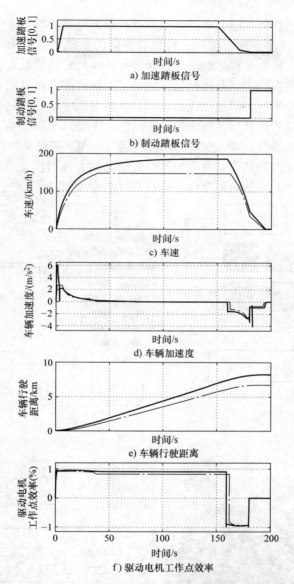

图 2-5　纯电动汽车用电机耦合驱动 AMT 与固定速比减速器仿真结果对比
——— 多档 AMT 的传动系统　– – – 固定速比的传动系统

## 2.2　电机耦合驱动 AMT 变速系统建模

目前新能源汽车面对的主要挑战是成本与性能之间的平衡，涉及的关键技术为电池性能和管理优化、电驱动系统效率提升及充电设备网络布置等。在新能源汽车上采用 AMT 变速系统，理论上可提高整体能量效率，但由于机械结构和工作原理固有限制，换档过程中的动力顿挫会导致换档舒适性低。本节建立变速系统动力学模型，将换档中以及换档结束后一定时间内的冲击度、离合器滑摩功等作为待优化的评价指标，根据变速器换档过程特点确定最优控制的约束，提炼换档过程中对控制量的计算量，增强控制实时性。电动汽车耦合电驱动系统模型由驾驶人模型、电池及管理系统、驱动电机模型、AMT 和整车纵向动力学模型等构成，图 2-6 显示的是从驱动电机到整车之间的动力传动模型结构图，考虑变速器输入轴和输出轴为弹簧阻尼系统，连接部件为刚性系统。

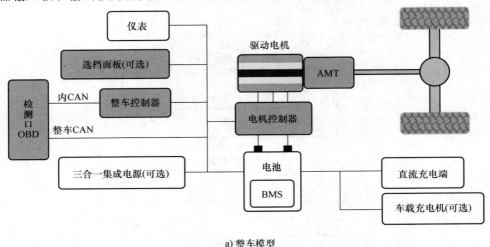

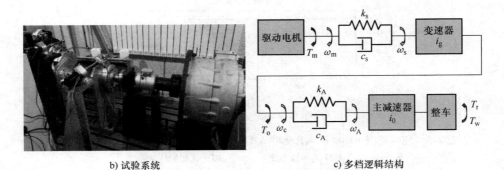

图 2-6 从驱动电机到整车之间的动力传动模型结构

采用的变速系统为电机耦合驱动多档 AMT，由行星齿轮系统、离合器、制动器等组成，如图 2-7 所示。行星齿轮系统中的太阳轮作为输入端，行星架作为输出端，因此太阳轮与行星架转速的比值即为变速器的速比。基于行星齿轮系统的两个自由度，分别接合离合器和制动带可以产生两个不同的速比，通过控制离合器与制动器的滑动摩擦过程可以实现动力不顿挫的档位切换。

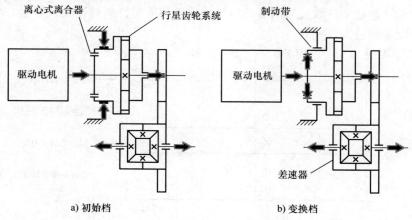

a) 初始档　　　　　　　　　b) 变换档

图 2-7　电机耦合驱动多档 AMT 模型

该类行星齿轮系统的运动学方程为

$$\omega_s = (1 - i_s i_p)\omega_c + i_s i_p \omega_r \tag{2-11}$$

式中，$\omega_s$、$\omega_c$ 和 $\omega_r$ 分别为行星齿轮系统中太阳轮、行星架和齿圈的转速；$i_s$ 为行星轮和太阳轮的齿数比（齿轮副外啮合为负值）；$i_p$ 为齿圈和行星轮的齿数比（齿轮副内啮合为正值）。

变速器的工作过程可以分为三个阶段，分别是一档在档、二档在档和换档过程。变速器位于一档时，如图 2-7a 所示，离合器未结合，制动带处于接合状态，此时齿圈与变速器外壳相连接，齿圈的转速 $\omega_r = 0$，根据行星齿轮系统的运动学方程可以得到变速系统的一档速比的表达式：

$$i_1 = \frac{\omega_s}{\omega_c} = 1 - i_s i_p \tag{2-12}$$

图 2-7b 中变速器位于二档，此时离合器已接合，制动带则处于松开状态，离合器将齿圈与太阳轮相连接，这样行星齿轮系统的各个部分，包括齿圈、行星架以及太阳轮，均以一个统一的转速转动，此时可以得到变速系统的二档速比 $i_2 = 1$。变速器升档和降档过程可分为转矩相和惯性相两个部分，如图 2-8 所示，以一档升二档过程为例，当变速器得到指令开始升档时，离心式离合器的离心力克服了弹簧的回复力，离合器蹄与离合器鼓开始接触并产生摩擦，离合器接合力矩从零开始逐渐上升，此时升档过程进入转矩相。随着离合器接合力矩的增大，处于接合状态的制动带的静摩擦力矩相应减小，变速器输出转矩也逐渐减小，此阶段齿圈仍处于静止状态，变速器的速比仍为一档速比。当制动带的静摩擦力矩减小到零时，转矩相结束，升档过程进入惯性相。此时，变速器的输出转矩与输入转矩的比值近似为二档速比，但输入轴与输出轴的转速比值则仍为一档速比。

进入惯性相后,在离合器摩擦力矩的作用下,齿圈开始转动,而且其转速逐渐与太阳轮的转速趋于一致,当两者的转速差减小到零时,离合器完成接合,惯性相结束,变速器进入二档。

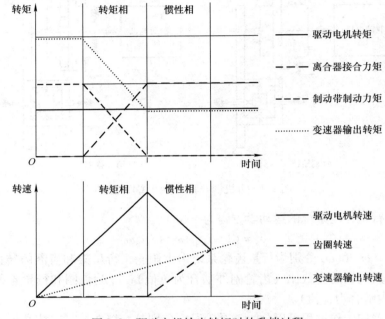

图 2-8 驱动电机输出转矩时的升档过程

为了便于变速器换档控制器的设计,建立新能源汽车变速系统动力学模型时考虑以下假设:变速器的输入轴和输出轴均用弹簧阻尼系统表示,其余连接部件则简化为刚性系统。新能源汽车动力变速系统的动力学方程可表示为

$$\begin{cases} T_m = k_s(\theta_m - \theta_s) + c_s(\omega_m - \omega_s) \\ T_m - T_o + T_b = J_1\dot{\omega}_r + J_2\dot{\omega}_c \\ T_m + \dfrac{T_c + T_b}{1 - i_g} = J_3\dot{\omega}_r + J_4\dot{\omega}_c \\ T_o = k_A(\theta_c - \theta_A) + c_A(\omega_c - \omega_A) \\ T_o - T_w - T_r = \delta m \dot{v} \dfrac{r_w}{i_0} \\ v = \omega_A \dfrac{r_w}{i_0} \end{cases} \tag{2-13}$$

式中,$T_m = f_m(\alpha_P, \omega_m)$;$T_b = f_b(T_B, \omega_r)$;$T_c = f_c(\omega_c^2, \omega_r, \cos\alpha_s)$;$T_w = \dfrac{r_w}{i_0}\dfrac{C_D A}{21.15}v^2$;$T_r = -\dfrac{r_w}{i_0}mg(f_r\cos\alpha + \sin\alpha)$;$J_1 = (J_m + J_s)i_s i_p + J_r$;

# 第 2 章
电机耦合驱动 AMT 变速系统的建模-仿真方法

$$J_2 = (J_m + J_s)(1 - i_s i_p) + nm_p \Delta R^2 + J_c; J_3 = (J_m + J_s) i_s i_p + n J_p \frac{i_p}{i_s} + J_r \frac{1}{i_s i_p};$$

$$J_4 = (J_m + J_s)(1 - i_s i_p) - n J_p \frac{i_p}{i_s}; T_m$$ 为驱动电机转矩;$\alpha_P$ 为加速踏板开度;$\omega_m$ 为电机转速;$k_s$ 为变速器输入轴弹簧刚度;$c_s$ 为变速器输入轴阻尼系数;$\omega_s$ 为变速器输入轴(太阳轮)转速;$\theta_m - \theta_s$ 为变速器输入轴扭转角度;$T_o$ 为变速器输出轴转矩;$T_b$ 为制动带制动力矩;$T_B$ 为制动带控制电机转矩;$T_c$ 为离合器接合力矩;$\alpha_s$ 为离合器蹄回位弹簧旋转角度;$k_A$ 为变速器输出轴弹簧刚度;$c_A$ 为变速器输出轴阻尼系数;$\omega_A$ 为变速器输出轴转速;$\theta_c - \theta_A$ 为变速器输出轴扭转角度;$i_g$ 为变速器速比;$i_0$ 为主减速器速比;$r_w$ 为轮胎旋转半径;$C_D$ 为空气阻力系数;$A$ 为汽车迎风面积;$f_r$ 为滚动阻力系数;$\alpha$ 为道路坡度;$\delta$ 为汽车旋转质量换算系数;$v$ 为汽车行驶速度;$J_m$ 为驱动电机转动惯量;$J_s$ 为变速器太阳轮转动惯量;$J_r$ 为变速器齿圈转动惯量;$n$ 为变速器行星轮数量;$m_p$ 为单个行星轮质量;$\Delta R$ 为太阳轮与行星轮节圆半径之差;$J_c$ 为变速器行星架转动惯量;$J_p$ 为单个行星轮转动惯量。

联立式(2-13)中的各个等式,消除 $\omega_s$、$T_o$ 等项,整理公式之后,得到系统状态方程:

$$\begin{pmatrix} J_1 & J_2 & 0 \\ 0 & 0 & \delta m\left(\frac{r_w}{i_0}\right)^2 \\ J_3 & J_4 & 0 \end{pmatrix} \times \begin{pmatrix} \dot{\omega}_r \\ \dot{\omega}_c \\ \dot{\omega}_A \end{pmatrix} = \begin{pmatrix} 1 & 1 & 0 & 0 & 0 & -c_A & c_A & -k_A \\ 0 & 0 & 0 & -f_w\left(\frac{r_w}{i_0}\right)^3 & 1 & c_A & -c_A & k_A \\ 1 & \frac{1}{1-i_g} & \frac{1}{1-i_g} & 0 & 0 & 0 & 0 & 0 \end{pmatrix} \times \begin{pmatrix} T_m \\ T_b \\ T_c \\ \omega_A^2 \\ T_r \\ \omega_c \\ \omega_A \\ \theta_c - \theta_A \end{pmatrix}$$

(2-14)

该系统实时控制电机转矩、制动带制动力矩、离合器接合力矩,实现对变速器各部分转速的控制。在转矩相中,变速器输入轴和输出轴的速比是定值,该系统有一个自由度,而在惯性相中,该系统有两个自由度,对变速器换挡过程的控制主要应用于惯性相。

## 2.3 AMT 换挡过程的控制策略

AMT 换挡过程中,其状态空间方程的状态变量 $x$ 和控制变量 $u$ 分别为

$$\boldsymbol{x} = \begin{Bmatrix} x_1 \\ x_2 \\ x_3 \\ x_4 \\ x_5 \\ x_6 \\ x_7 \end{Bmatrix} \begin{Bmatrix} \omega_r \\ \omega_c \\ \omega_A \\ \theta_c - \theta_A \\ \theta_m - \theta_s \\ a \\ a_1 \end{Bmatrix} \tag{2-15}$$

$$\boldsymbol{u} = \begin{Bmatrix} \beta \\ T_b \\ T_c \end{Bmatrix} \tag{2-16}$$

式中，$\beta$ 为驱动电机控制参数，则电机驱动力矩方程变更为

$$T_m = f_m(\alpha_P, \omega_m)(1+\beta) \tag{2-17}$$

根据前述的动力学方程可以得到非线性的状态空间方程为

$$\dot{\boldsymbol{x}}(t) = \boldsymbol{f}(\boldsymbol{x}(t), \boldsymbol{u}(t)) \tag{2-18}$$

为方便控制器的设计，需要将非线性的状态空间方程进行线性化和离散化处理，在换挡控制起始点 $\boldsymbol{x}_0$ 处线性化得到的线性状态空间方程为

$$\dot{\boldsymbol{x}}(t) = \boldsymbol{A}\boldsymbol{x}(t) + \boldsymbol{B}\boldsymbol{u}(t) + \boldsymbol{e}(t) \tag{2-19}$$

式中，$\boldsymbol{A}(\boldsymbol{x}_0(t), \boldsymbol{u}_0(t)) = \frac{\partial \boldsymbol{f}}{\partial \boldsymbol{x}}\Big|_0$；$\boldsymbol{B}(\boldsymbol{x}_0(t), \boldsymbol{u}_0(t)) = \frac{\partial \boldsymbol{f}}{\partial \boldsymbol{u}}\Big|_0$；$\boldsymbol{e}(t) = \dot{\boldsymbol{x}}_0(t) - [\boldsymbol{A}\boldsymbol{x}_0(t) + \boldsymbol{B}\boldsymbol{u}_0(t)]$。

以 $\Delta t$ 为步长对线性状态空间方程进行离散化，得到用于控制器设计的线性离散化状态空间方程：

$$\boldsymbol{x}_{k+1} = \boldsymbol{A}_k \boldsymbol{x}_k + \boldsymbol{B}_k \boldsymbol{u}_k + \boldsymbol{e}_k \tag{2-20}$$

式中，$\boldsymbol{A}_k = \boldsymbol{I} + \Delta t \boldsymbol{A}(k\Delta t)$；$\boldsymbol{B}_k = \Delta t \boldsymbol{B}(k\Delta t)$；$\boldsymbol{e}_k = [\boldsymbol{x}_k + \Delta t \dot{\boldsymbol{x}}_0(k\Delta t)] - (\boldsymbol{A}_k \boldsymbol{x}_k + \boldsymbol{B}_k \boldsymbol{u}_k)$。

可得到系统状态矩阵 $\boldsymbol{A}_k$、系统控制矩阵 $\boldsymbol{B}_k$ 及系统偏差 $\boldsymbol{e}_k$ 表达式为

$$\boldsymbol{A}_k = \begin{bmatrix} 1 & k_{16}\Delta t & 2\omega_{A0}k_{14}\Delta t + k_{17}\Delta t & k_{18}\Delta t & 0 & 0 & 0 \\ 0 & 1+k_{26}\Delta t & 2\omega_{A0}k_{24}\Delta t + k_{27}\Delta t & k_{28}\Delta t & 0 & 0 & 0 \\ 0 & k_{36}\Delta t & 1+2\omega_{A0}k_{34}\Delta t + k_{37}\Delta t & k_{38}\Delta t & 0 & 0 & 0 \\ 0 & \Delta t & -\Delta t & 1 & 0 & 0 & 0 \\ 0 & 0 & 0 & 0 & 1-k_s\Delta t/c_s & 0 & 0 \\ 0 & \dfrac{c_A i_0}{r_w \delta m} & -\dfrac{c_A i_0/r_w + 2f_w \omega_{A0}(r_w/i_0)^2}{\delta m} & \dfrac{k_A i_0}{r_w \delta m} & 0 & 0 & 0 \\ 0 & 0 & 0 & 0 & 0 & 1 & 0 \end{bmatrix}$$

$$\tag{2-21}$$

## 第 2 章
### 电机耦合驱动 AMT 变速系统的建模 – 仿真方法

$$\boldsymbol{B}_k = \begin{cases} T_{m0}k_{11}\Delta t & k_{12}\Delta t & k_{13}\Delta t \\ T_{m0}k_{21}\Delta t & k_{22}\Delta t & k_{23}\Delta t \\ T_{m0}k_{31}\Delta t & k_{32}\Delta t & k_{33}\Delta t \\ 0 & 0 & 0 \\ T_{m0}\Delta t/c_s & 0 & 0 \\ 0 & 0 & 0 \\ 0 & 0 & 0 \end{cases} \tag{2-22}$$

$$\boldsymbol{e}_k = \begin{cases} -\omega_{A0}^2 k_{14}\Delta t + T_r k_{15}\Delta t + T_{m0}k_{11}\Delta t \\ -\omega_{A0}^2 k_{24}\Delta t + T_r k_{25}\Delta t + T_{m0}k_{21}\Delta t \\ -\omega_{A0}^2 k_{34}\Delta t + T_r k_{35}\Delta t + T_{m0}k_{31}\Delta t \\ 0 \\ T_{m0}\Delta t/c_s \\ [f_w \omega_{A0}^2 (r_w/i_0)^2 + T_r i_0/r_w]/\delta m \\ 0 \end{cases} \tag{2-23}$$

式中,

$$\begin{pmatrix} k_{11} & \cdots & k_{18} \\ k_{21} & \cdots & k_{28} \\ k_{31} & \cdots & k_{38} \end{pmatrix} = \begin{pmatrix} J_1 & J_2 & 0 \\ 0 & 0 & \frac{\delta m r_w^2}{i_0^2} \\ J_3 & J_4 & 0 \end{pmatrix}^{-1} \times \begin{pmatrix} 1 & 1 & 0 & 0 & 0 & -c_A & c_A & -k_A \\ 0 & 0 & 0 & -f_w\left(\frac{r_w}{i_0}\right)^3 & 1 & c_A & -c_A & k_A \\ 1 & \frac{1}{1-i_g} & \frac{1}{1-i_g} & 0 & 0 & 0 & 0 & 0 \end{pmatrix}$$

为了提高驾驶人的换档舒适性,同时减少换档过程中离合器和制动器的摩擦损失,变速器的换档控制需要确定一系列最优控制 $\{\boldsymbol{u}_0, \boldsymbol{u}_1, \cdots, \boldsymbol{u}_{N-1}\}$,使得评价指标达到最小值。最优控制的评价指标表示为

$$J = J_p + \lambda_f J_f + \lambda_e J_e \tag{2-24}$$

式中,$J_p = f_p(\boldsymbol{x}_k, \boldsymbol{u}_k) = \sum_{k=0}^{N-1}[(\boldsymbol{c}_j^T \boldsymbol{x}_{k+1})^2 + \boldsymbol{u}_k^T \boldsymbol{R}_k \boldsymbol{u}_k]$;$J_f = f_f(\boldsymbol{x}_k, \boldsymbol{u}_k) = \sum_{k=0}^{N-1}[(\boldsymbol{c}_x^T \boldsymbol{x}_{k+1})(\boldsymbol{c}_u^T \boldsymbol{u}_k)\Delta t]$;$J_e = f_e(\boldsymbol{x}_k, \boldsymbol{u}_k) = \sum_{k=N}^{N+M}(\boldsymbol{c}_j^T \boldsymbol{x}_k)^2$。

评价指标 $J_p$ 用于评价换档过程的惯性相内新能源汽车的冲击度,$J_f$ 负责评价此过程中的摩擦损失,$J_e$ 则是用于对换档结束后一段时间内新能源汽车的冲击度进行评价。$\lambda_f$ 和 $\lambda_e$ 分别为评价指标 $J_f$ 和 $J_e$ 的权重系数,其大小需要根据评价指标内三个部分之间的相对重要程度进行设定。可以看出,评价指标 $J$ 与换档过程中每一步的状态量 $\boldsymbol{x}_k$ 和控制量 $\boldsymbol{u}_k$ 相关,在换档过程中随着状态量 $\boldsymbol{x}_k$ 的不断改变,需要反复在线求解最优控制量,这种方式计算量较大,不适用于变速器换档

这种系统动态变化较快的情况。因此考虑结合动态规划与最优控制,将评价指标 $J$ 与换档控制起始点 $x_0$ 相关联,评价指标表达式为

$$\begin{aligned} x_k &= A_{k-1}x_{k-1} + B_{k-1}u_{k-1} + e_{k-1} \\ &= \Big(\prod_{i=0}^{k-1} A_i\Big) x_0 + \sum_{j=0}^{k-1} \Big[\Big(\prod_{i=j+1}^{k-1} A_i\Big) B_j u_j\Big] \\ &\quad + \sum_{j=0}^{k-2} \Big[\Big(\prod_{i=j+1}^{k-1} A_i\Big) e_j\Big] + e_{k-1} \end{aligned} \quad (2\text{-}25)$$

$$\begin{aligned} J &= U_N^\mathrm{T} H(x_0) U_N + F^\mathrm{T}(x_0) U_N \\ &\quad + J(x_0, e_0, e_1, \cdots, e_{k-1}) \end{aligned} \quad (2\text{-}26)$$

式中,$U_N = \begin{bmatrix} u_0 \\ u_1 \\ \vdots \\ u_{N-2} \\ u_{N-1} \end{bmatrix}$。

换档过程最优控制的约束条件包括等式约束和不等式约束,其中控制量的起点约束和终点约束可以用等式约束来表示,考虑仅在换档控制过程内对电机转矩进行主动控制,其余时刻电机转矩仅与驾驶人对加速踏板的控制相关,因此升档过程的控制量起点和终点分别为 $u_0(x_0) = \begin{bmatrix} 0 \\ 0 \\ T_{c,0}(x_0) \end{bmatrix}$ 和 $u_{N-1}(x_0) = \begin{bmatrix} 0 \\ 0 \\ T_{c,N-1}(x_0) \end{bmatrix}$。类似地,降档过程的控制量起点和终点分别为 $u_0(x_0) = \begin{bmatrix} 0 \\ T_{b,0}(x_0) \\ 0 \end{bmatrix}$ 和 $u_{N-1}(x_0) = \begin{bmatrix} 0 \\ T_{b,N-1}(x_0) \\ 0 \end{bmatrix}$。

状态量的终点约束也为等式约束,升档控制过程的终点约束条件为 $x_N(1) - x_N(2) = 0$,降档控制过程的终点约束条件为 $x_N(1) = 0$。对于换档过程中状态量以及控制量的约束可以综合为一个不等式,可以对状态量 $x_k$ 和控制量 $u_k$ 的变化范围、变化快慢进行约束,考虑到最优控制的性能指标 $J$ 是 $x_0$ 与 $U_N$ 的函数,该不等式约束同样也用 $x_0$ 与 $U_N$ 表示。此外,等式约束也可以用两个不等式约束来表示。因此最优控制的约束用 $x_0$ 与 $U_N$ 表示为

$$Ex_0 + LU_N \leq M \quad (2\text{-}27)$$

换档过程最优控制指标为

$$\begin{cases} \text{minimize } \boldsymbol{U}_N^T \boldsymbol{H}(\boldsymbol{x}_0) \boldsymbol{U}_N + \boldsymbol{F}^T(\boldsymbol{x}_0) \boldsymbol{U}_N \\ \text{subject to } \boldsymbol{E}\boldsymbol{x}_0 + \boldsymbol{L}\boldsymbol{U}_N \leq \boldsymbol{M} \end{cases} \quad (2\text{-}28)$$

最优控制量 $\boldsymbol{U}_N^*(\boldsymbol{x}_0)$ 随着 $\boldsymbol{x}_0$ 值的改变而变化，换档过程开始后，在转矩相时即可对 $\boldsymbol{x}_0$ 值进行预测并对最优控制量进行求解计算，从而使惯性相时在线使用最优控制方法得以实现。本节针对某型号新能源汽车进行了电机耦合驱动 AMT 升档控制和降档控制仿真。图 2-9 为电机耦合驱动 AMT 换档控制的程序流程图。

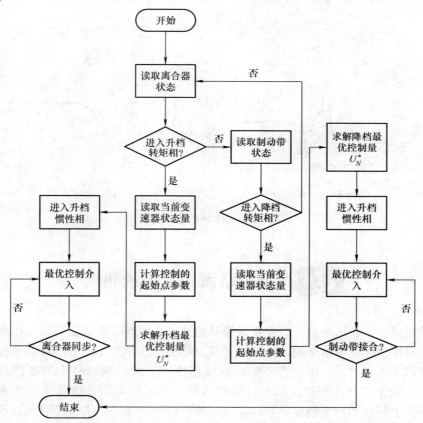

图 2-9 变速系统换档控制程序流程

图 2-10 为新能源汽车一档升二档的仿真结果，对分段控制与最优控制下的新能源汽车加速度、冲击度、驱动电机的工作点效率以及离合器的滑摩功进行了对比。两种控制方法均是从升档过程的惯性相开始介入，大约为图中 0.3s 处。其中分段控制是指在升档过程的惯性相中，不主动控制电机转矩，仅对离心式离合器的回复弹簧旋转角度进行分段控制。从图中可以看出，最优控制方法下的冲击度比分段控制方法的冲击度小，而且对比二者的新能源汽车加速度可以看出，

最优控制方法能够在保证新能源汽车加速度值整体不下降的情况下，改善换档过程的冲击度。对比二者的电机工作点效率，最优控制情况下效率稍微高一些，而离合器的滑摩功则明显降低。

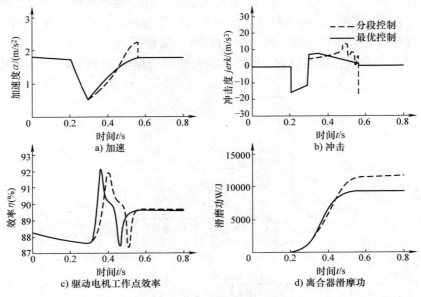

图 2-10　AMT 换档结果对比

## 2.4 低附路面变速系统建模

冰雪路面、积水路面、泥泞路面等都比常规路面附着系数低很多，行驶会出现轮胎打滑情况，滑移率越高，地面附着力越小，这导致在冰雪路面上新能源汽车很难起步。同时，打滑后汽车的操纵稳定性也受到影响。AMT 的换档控制中需要根据轮速来计算车速，而一旦轮胎打滑，轮速就无法反映真正的车速，因此，路面上行驶的汽车经常会导致错误的换档，给驾驶人带来很多麻烦，甚至会出现安全问题。建立低附路面变速系统模型，分析路面系统特征，建立新能源汽车的低附路面变速系统模型，如图 2-11 所示。

若轮胎与地面之间没有打滑，则满足方程：

$$\begin{cases} \dfrac{\eta T_c i_{gn} i_0}{r_w} - F_w - F_f - F_i = \delta_n m \dfrac{\mathrm{d}v}{\mathrm{d}t} \\ \delta_n = 1 + \dfrac{\sum J_w}{m r_w^2} \end{cases} \tag{2-29}$$

# 第 2 章
## 电机耦合驱动 AMT 变速系统的建模 - 仿真方法

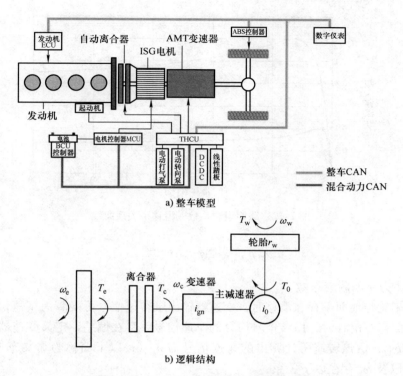

图 2-11 新能源汽车低附路面变速系统模型

$$\omega_c = i_{gn} i_0 \frac{1}{r_w} v \tag{2-30}$$

图 2-11 中和式（2-29）、式（2-30）中，$\omega_e$、$\omega_c$ 分别为发动机转速和离合器从动盘转速；$T_e$ 为发动机转矩；$v$ 为车速；$T_c$ 为离合器传递力矩；$i_{gn}$ 为各档速比；$i_0$ 为主减速比；$T_0$ 为传动轴转矩；$r_w$ 为轮胎半径；$T_w$ 为车轮驱动转矩；$\omega_w$ 为车轮转速；$F_f$ 为滚动阻力；$F_i$ 为坡道阻力；$F_w$ 为空气阻力；$\eta$ 为变速器效率；$\delta_n$ 为各档旋转质量系数；$J_w$ 为车轮旋转惯量；$m$ 为整车质量。

该系统的附着系数 - 滑移率关系曲线，如图 2-12 所示。当滑移率超过临界点时，滑移率越大，附着系数越小。

路面特性分两种情况：第一种为离合器接合工况，驱动力大于路面附着力，车轮驱动打滑情况；第二种为离合器分离工况，由于路面附着力，使打滑的车轮趋向于停止打滑状态。

对于新能源汽车低附路面，变速系统动力学方程为

$$\frac{T_w}{T_w} - F_w - F_f - F_i = m\left(1 + \frac{J_w}{mr_w^2}\right)\frac{dv}{dt} \tag{2-31}$$

$$T_w = F_z \varphi \tag{2-32}$$

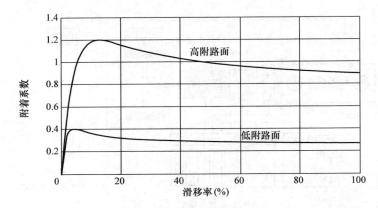

图 2-12 路面附着系数 - 滑移率关系曲线

$$\eta T_c i_{gn} i_0 - T_w = J_w \frac{d\omega_w}{dt} \quad (2\text{-}33)$$

式中，$\varphi$ 为路面附着系数。

当车轮与地面不存在滑移时，变速器输出轴转速信号可换算为车速信号；车轮与地面存在滑移时，由该信号换算的车速信号就存在偏差。定义变速器输出轴转速为 $\omega_{t0}$，由该转速所计算出的车速信号为 $v_x$（$v_x$ 以下简称为名义车速），则 $\omega_{t0}$、$v_x$ 以及 $\omega_w$ 存在以下关系：

$$v_x = \frac{\omega_{to} r_w}{i_0} \quad (2\text{-}34)$$

$$\omega_{to} = \omega_{w1} i_0 \quad (2\text{-}35)$$

当车轮打滑时，轮速加速度就与滚动阻力、加速阻力、坡道阻力等没有关系了，而取决于变速系统的转矩以及路面附着力两个车轮同时等速打滑情况下的变速系统动力学方程。由这几个公式得到该工况路面附着系数：

$$\varphi = \frac{\eta T_c i_{gn} i_0}{F_z} - \frac{J_w}{F_z i_0} \frac{d\omega_{to}}{dt} \quad (2\text{-}36)$$

若车轮已经开始打滑，要停止离合器打滑，需要降低驱动力，即降低离合器传递的力矩。降低离合器力矩可以通过两种方式：降低发动机转矩和分离离合器。分离离合器能够更快地切断动力源。离合器快速分离，即 $T_c = 0$，两车轮等速打滑工况下路面附着系数为

$$\varphi = -\frac{J_w}{F_z i_0} \frac{d\omega_{to}}{dt} \quad (2\text{-}37)$$

要控制 AMT 变速系统，需能够识别路面附着系数。新能源汽车防抱死系统（Anti - lock Braking System，ABS）采用轮速加速度来判断路面附着系数；牵引力系统（Traction Control System，TCS）采集驱动轮和非驱动轮的轮速，通过轮速差

# 第 2 章
电机耦合驱动 AMT 变速系统的建模 - 仿真方法

来计算滑移率；目前部分汽车的 ABS 和 AMT 变速系统之间没有数据交互，AMT 变速系统无法获取各个车轮的轮速信号。针对新能源汽车，结合驱动轮与地面附着系数、轮速等，对驱动状态的附着系数识别。定义汽车合理加速度 $a_{Rmax}$ 为不出现轮胎打滑，汽车的加速度为

$$a_{Rmax} = \frac{\eta T_c i_{gn} i_0 / r_w - F_w - F_f - F_i}{\delta_n m} \tag{2-38}$$

AMT 控制器低附路面控制策略如图 2-13 所示。在检测到车轮滑转时，通过对变速器、离合器、发动机的综合控制实现汽车的稳定。在车轮滑转时，变速器换档采用的重要参数轮速已经失真，因此此时计算出的档位并非正确档位，必须禁止换档；轮胎滑转时，为减小车轮的滑转，需要降低车轮上的驱动力，在 AMT 中采取快速断开离合器以降低驱动力；离合器断开可能会导致电机转速加快，因此，需降低电机转矩避免电机转速过高。

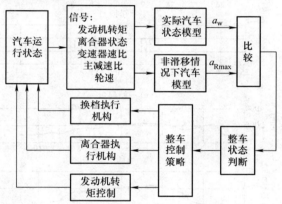

图 2-13　AMT 控制器低附路面控制策略

在路面上，为避免起步时打滑，应选择合适的起步档位；在出现打滑时，应有正确的应对机制，及时消除打滑以保证汽车的稳定性。在相同附着系数的路面上时，一档起步明显比二档起步更容易使轮胎滑转。在路面上，在一档时，很小的节气门开度就会导致车轮滑转。这主要是因为二档的速比小于一档，同样发动机转矩在车轮上产生的驱动力也较小。试验汽车采用一档和二档在结冰路面上试验效果如图 2-14 所示。

对比可知，一档起步时车轮发生了剧烈的滑转和循环换档，二档起步时车速稳步上升，汽车稳定性明显好于一档。因此，在路面上应采用二档起步。由于采用的是有五个前进档的变速器试验，最高起步档位只能选二档。若采用更多档位变速器，可采用三档起步，效果更好。

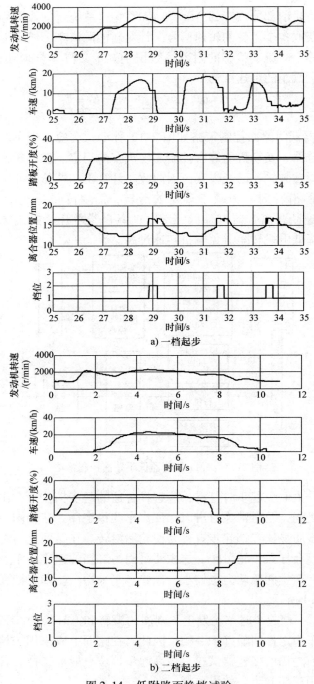

图 2-14 低附路面换档试验

# 第 3 章

# 新能源汽车电驱动耦合转向系统

随着新能源汽车的电机与车轴载荷变化，转向系统出现了"轻"与"灵"的矛盾。为使驾驶轻便转向，出现电驱动耦合转向系统，并结合辅助动力系统助力完成驾驶转向动作。新能源汽车电驱动耦合转向系统目前部分采用线控转向系统，线控转向系统采用转向电机作为执行器，将转向盘输入作为转向角输入信号给控制器，控制器控制转向电机带动转向机构完成转向动作。由于没有车轮到转向盘的机械连接，需增加路感反馈电机，用来模拟当前的路面情况，反馈路面信息。转向控制器结合汽车动力学模型，自动对于驾驶转角输入进行修正，得到最优转向性能和操纵稳定性。因为不存在转向柱管，所以其碰撞安全性较高。目前，随着智能化发展，汽车线控转向系统结合线控制动系统、主动悬架系统等，构成线控底盘系统，配合整车动力学稳定性系统，提升了整车电动化和智能化水平。但是，由于取消了机械连接，线控转向系统在复杂路况环境下的可靠性，仍面临挑战，需要提出新模型和新思路。

## 3.1 电驱动系统电机发展概述

新能源汽车主要由电机驱动系统、电池系统和电控系统等构成。其中，电机驱动系统将电能转换为机械能，决定汽车动力特性，对新能源汽车的驱动电机的发展沿革和评价设计尤为重要。新能源汽车电机系统发展沿革如图 3-1 所示。

对于新能源汽车电驱动系统电机的评价，主要是考虑以下三个指标：
1) 最大续驶里程 (km)：汽车在电池充满电后的最大行驶里程。
2) 加速能力 (s)：汽车从静止加速到一定的时速所需要的最少时间。
3) 最高时速 (km/h)：汽车所能达到的最高时速。

新能源汽车驱动电机可频繁起动/停车、加速/减速，转矩控制的动态性能要求高；在低速或爬坡时，电机可提供高转矩；要求调速范围尽量大，在整个调速范围内需保持较高运行效率；尽量采用小体积高速电机，减少汽车重量；具有再

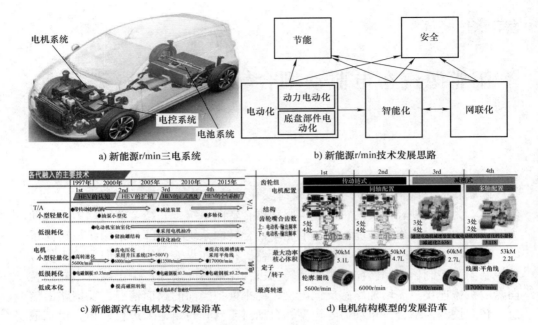

图 3-1 新能源汽车电机系统发展沿革

生制动能量回收功能;电机需有可靠性和环境适应性;成本不能过高。

## 3.2 驱动电机的分类

### 3.2.1 直流电机

在新能源汽车发展早期,大部分采用直流电机作为驱动电机。直流电机的结构如图 3-2 所示。直流电机控制方式容易,调速性能优良。但是直流电机结构比较复杂,例如,包含电刷和机械换向器等,导致瞬时过载能力和电机转速提高受到限制,在长时间工作情况下,电机会产生机械损耗,提高了维护成本。此外,直流电机运转时电刷升温使转子发热,浪费能量,散热困难,会造成高频电磁干扰,影响整车性能。

### 3.2.2 交流异步电机

交流异步电机的特点是定子和转子铁心由硅钢片叠压而成,两端封装,定子与转子之间没有相互接触的机械部件,如图 3-3 所示。交流异步电机结构简单,

# 第 3 章
## 新能源汽车电驱动耦合转向系统

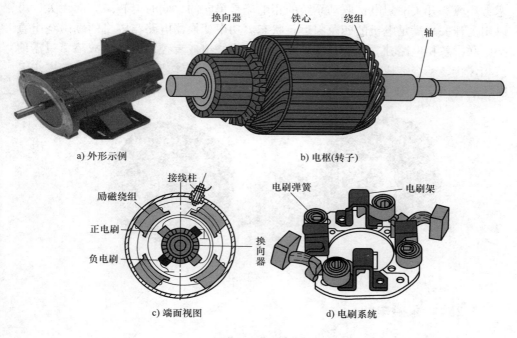

图 3-2 直流电机

运行可靠耐用，维修方便。交流异步电机与同功率的直流电机相比，效率高、重量轻。若采用电机矢量控制技术，可获得与直流电机相媲美的可控性和较宽的调速范围。由于交流异步电机有效率高、比功率较大、转速高等优点，目前已应用于新能源汽车。但交流异步电机在高速运转下电机的转子发热严重，工作时要保证电机散热冷却。同时，异步电机的驱动-控制系统复杂，电机本体成本也偏高，相比永磁电机和开关磁阻电机，异步电机的效率和功率密度较低，不利于提高新能源汽车的最大续航里程。

图 3-3 交流异步电机

### 3.2.3 开关磁阻电机

开关磁阻电机（图 3-4）相比其他类型的驱动电机而言，结构简单，定子和转子均为硅钢片叠压而成的双凸极结构，转子上没有绕组，定子装有简单的集中绕组，具有结构简单坚固、可靠性高、重量轻、成本低、效率高、温升低、易于维修等诸多优点。而且它具有直流调速系统的可控性好的优良特性，同时适用于

49

恶劣环境。开关磁阻电机驱动系统的相电流是单向的，同时与转矩方向无关，可以用主开关来满足电机的四象限运行状态。功率变换器电路与电机的励磁绕组直接串联，各相电路独立供电，即使电机的某相绕组或者控制器发生故障，只需使该相停止，不会造成严重的影响。因此，无论电机本体还是功率变换器都安全可靠，适合用于恶劣环境。

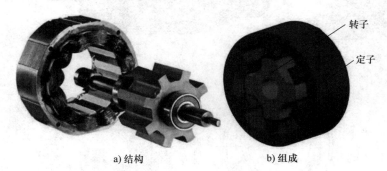

a) 结构　　　　　　　　b) 组成

图 3-4　开关磁阻电机

### 3.2.4　永磁电机

永磁电机（图 3-5）根据供给定子绕组的电流波形的不同可分为两种类型：一种是无刷直流永磁电机，它通入矩形脉冲波电流；另一种是永磁同步电机，它通入正弦波电流。这两种电机在结构和工作原理上大体相同，转子都是永磁体，减少了励磁所带来的损耗，定子上安装有绕组通过交流电来产生转矩。由于这类电机不需安装电刷和机械换向结构，工作时不产生换向火花，运行安全可靠、维修方便、能量利用率高。永磁电机的控制系统相比于交流异步电机的控制系统来说更简单。但由于受到永磁工艺的限制，使得永磁电机功率范围较小，同时，转子上的永磁材料在高温、振动和过电流的情况下，会产生磁性衰退，严重时会失磁。

图 3-5　永磁电机

典型电机的性能对比见表 3-1。

表 3-1　典型电机的性能对比表

| 性能及类型 | 直流电机 | 交流异步电机 | 永磁电机 | 开关磁阻电机 |
| --- | --- | --- | --- | --- |
| 转速范围/(r/min) | 4000~6000 | 12000~20000 | 4000~15000 | 15000~20000 |
| 功率密度 | 低 | 中 | 高 | 较高 |

（续）

| 性能及类型 | 直流电机 | 交流异步电机 | 永磁电机 | 开关磁阻电机 |
| --- | --- | --- | --- | --- |
| 重量 | 重 | 中 | 轻 | 轻 |
| 体积 | 大 | 中 | 小 | 小 |
| 可靠性 | 差 | 好 | 好 | 好 |
| 结构坚固性 | 差 | 好 | 好 | 好 |
| 控制器成本 | 低 | 高 | 高 | 中 |

## 3.3 EDS 系统建模及驱动电机原理

### 3.3.1 EDS 系统建模

随着人类社会的发展进步及人们节能意识的提升，人们对于汽车节能性提出了越来越高的要求，这也促进着汽车技术的进步。电驱动转向（Electric Drive Steering，EDS）系统相比液压助力转向系统可以大幅节能，同时可以保持优良的路感，得到了较为广泛的应用，其工作原理与特性如图 3-6a 所示。本节对电机工作原理、控制策略深入探讨，在此基础上开发了相应系统控制器，包括系统硬件和软件。为了得到良好的 EDS 系统的动态响应，本节设计了电机的参数优化的模糊 PI 控制器，从而保证电机具备良好的动态响应。为了验证设计的软硬件系统，借助 EDS 系统性能试验台进行了系统测试，包括系统空载工作特性测试、系统带载能力测试、系统性能试验和系统跑合试验等。试验证明，本节开发的系统控制器软硬件能够保证系统功能性和可靠性；提出的电机调速模式切换策略可以保证电机在不同载荷下平稳实现模式切换；模糊 PI 控制器可以提升系统的闭环调速性能，得到更好的动态性能。本节的 EDS 系统模型如图 3-6b 所示，其主要组成部分有转向盘、转角传感器、转向柱管、转向器、电机、控制器和其他附件等。在系统工作时，控制器从整车得到车速信号，从转向盘转角传感器得到转角信号（有些增加了转矩传感器），实时计算此时合适的助力大小，并控制电机达到目标转速。由于 EDS 系统油泵由电机直接驱动，其助力特性可以得到更好的优化，同时，可根据转角角速度判断设计附加助力力矩。通过电机得到目标转速，EDS 系统中电机控制是一个重要部分，本节对 EDS 电机深入论述。

### 3.3.2 三相 PMBLDC 电机

永磁无刷直流电机（Permanent Magnet Brushless Direct Current Motor，PM-

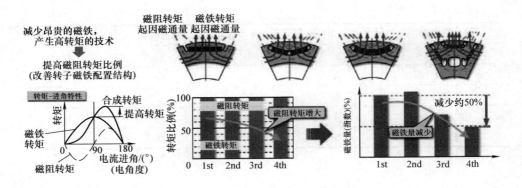

a) EDS电机工作原理与特性分析

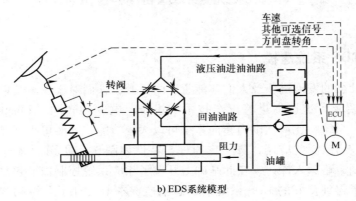

b) EDS系统模型

图 3-6  EDS 系统示意图

BLDC 电机），PMBLDC 电机的物理特性为永磁和无刷直流，即用永磁体产生转子磁场，用定子绕组通过交流电产生旋转磁场，带动转子永磁体磁场旋转，进而实现电机旋转。PMBLDC 电机没有传统有刷电机的机械电刷和集电环，它利用电子元器件组成换向电路逆变器。由于没有电刷，PMBLDC 电机换向时需要根据其转子的位置，相应导通不同的功率开关，进而产生旋转的定子磁场。为了检测电机转子位置，使用霍尔位置传感器、光电编码器或旋转变压器。霍尔传感器内置处理电路，输出开关信号。光电编码器是用光电效应，进行非接触式测量，安装在电机转轴上。

三相 PMBLDC 电机具有三组相绕组，反电动势波形为梯形波。典型的三相无刷直流电机及控制器的电气结构连接图如图 3-7a 所示，六个功率开关管 $Q_0 \sim Q_5$ 组成全桥电路，每个桥臂连接一相电机绕组，同一相桥臂的上桥臂和下桥臂不能同时导通。三相 PMBLDC 电机的控制方法为六步换向法，六步换向法也可以分为每相导通 120°和导通 180°，常用的每绕组导通 120°，其工作原理如图 3-7b 所示。以单极永磁体举例说明电机的转动过程,实线为机械参考位置,内圈为单极永磁体,外圈分为六个部分,对应电机的三相绕组 A - A′、B - B′和 C - C′。图中的磁场及定转子位置均表示电机即将换向的时刻的位置。以电机顺时针转动为例,0°区间内导通的开关管为 $Q_1$ 和 $Q_2$,电机电流从 A 相绕组流向 B 相绕组,定子磁场带动转子运转到图中位置,并在此时进行换向,开始导通 $Q_5$ 和 $Q_2$,电机电流从 C 相绕组流向 B 相绕组,定子磁场带动转子运转到 60°位置,此时电机转子转过 60°。接下来导通 $Q_5$ 和 $Q_0$,电机电流从 C 相绕组流向 A 相绕组,定子磁场带动转子运转到 120°位置,电机转过 120°。接下来绕组依次导通,每次换向只改变一个开关管的开关状态,每相通 120°电角度。

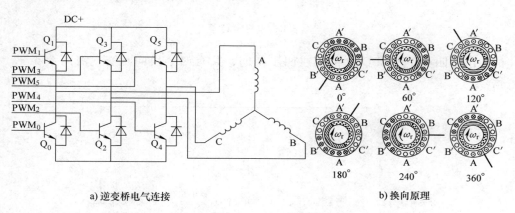

a) 逆变桥电气连接　　　　　　　　　　b) 换向原理

图 3-7　三相 PMBLDC

### 3.3.3　四相 PMBLDC 电机

EDS 系统的四相无刷直流电机为内定子外转子结构,其中转子有 7 个极、定子有 12 个槽,如图 3-8a 所示,其电气绕线如图 3-8b 所示,绕线结构为双线并绕结构,如 A 和 B 两相绕组一起绕线,四相绕组共 8 个端子,在绕线时,绕组分别从 A + 和 B - 两个端子开始绕,最终到达另一侧的 A - 和 B + 端子,两相绕组一起占用 6 个齿槽。四相 PMBLDC 电机的控制器需要 4 个开关管,双线并绕的绕线方式使得在一相断电瞬间,能量通过耦合的另一相回馈到电源。

四相 PMBLDC 电机的半桥结构如图 3-9 所示,由四相 PMBLDC 电机的特殊的半桥结构可知,当一相开关管打开时,在相应的绕组中产生电流,进而形成磁场。当依次导通 4 个开关管时,就可以形成旋转磁场,从而带动转子旋转。因此其控制方法为四步换向,如图 3-10 所示。$F_s$ 定子旋转磁场的方向,当依次导通 D - B - C - A 相时,电机产生顺时针的旋转磁场,进而带动转子旋转,依次出现图 3-10a ~ d 四个位置。四相 PMBLDC 电机也是由霍尔位置传感器检测转子位置

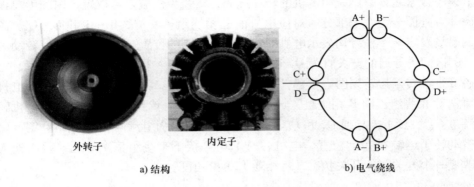

图 3-8 电机定转子

的。由于四相 PMBLDC 电机存在四步换向,共有四个换向状态,需两个霍尔信号。

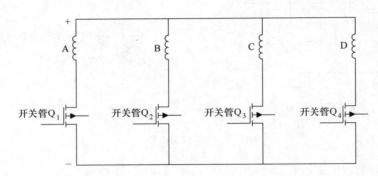

图 3-9 四相 PMBLDC 电机的半桥结构

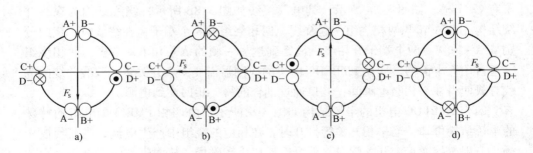

图 3-10 四相 PMBLDC 电机的换向过程

## 3.4 电机控制器硬件

电机系统控制器的硬件设计是整个系统的基础，其设计原则有功能完备性、可靠性、抗干扰性和稳定性等。在系统控制器硬件设计中，先应进行系统功能需求分析，然后根据系统功能进行方案设计，进行关键部件选型匹配，完成系统原理图设计并进行 PCB 设计制作，进行系统验证。按照模块化的思路，可分为单片机最小系统模块、电源管理模块、电机驱动模块、电流采样、信号调理模块、通信模块和保护电路等。EDS 系统是解决驾驶人转向沉重和转向灵敏矛盾的有效方案。在 EDS 工作过程中，系统根据转向盘转角力矩传感器信号和从整车 CAN 网络得到的车速信号，计算此时合适的助力大小和目标电机转速，并控制执行电机达到目标转速，带动助力油泵实现一定大小的助力流量，从而实现对驾驶人的转向助力。此外，系统控制器应该具备整车点火使能的功能，避免控制器因为长期处于供电状态而造成能源浪费，在驾驶人打开点火开关时，应该自动使能控制器。另外，为了保障系统的工作安全性，其还应该具备故障保护功能，在系统出现故障时，及时进行干预并处理，保护系统不受到进一步的损坏。据此，电驱动系统与架构如图 3-11 所示。

### 3.4.1 微控制器

微控制单元（Microcontroller unit，MCU）也称为单片微型计算机（Single Chip Microcomputer），是系统控制器的核心，集成了中央处理器、内存单元和一些周边接口，形成芯片级的计算机。在选择 MCU 型号时主要考虑以下几点：

1）片上资源是否满足系统功能性需求，如通信接口、A – D 转换单元等。
2）运算速度，如是否具备单指令周期乘法、主频和总线宽度等。
3）开发环境是否友好和方便。
4）是否为汽车级芯片。
5）可靠性和维护性等。

在计算能力方面，英飞凌 MCU 具有五级流水线高性能 16 位 CPU 和 MAC 单元，支持单时钟周期的指令执行，并且支持单周期的 16×16 乘法运算和 4+17 周期的除法运算，执行效率较高、执行速度较快，选择英飞凌 MCU 作为 EDS 系统的控制器。

控制器电源管理模块的目的是为控制器 MCU 提供可靠稳定的工作电压，根据实际需求为系统必需的传感器提供工作电压。此外，根据控制器的功能需求，还可以拓展开发其他功能，如本节设计的点火使能电路。系统控制器的电源管理

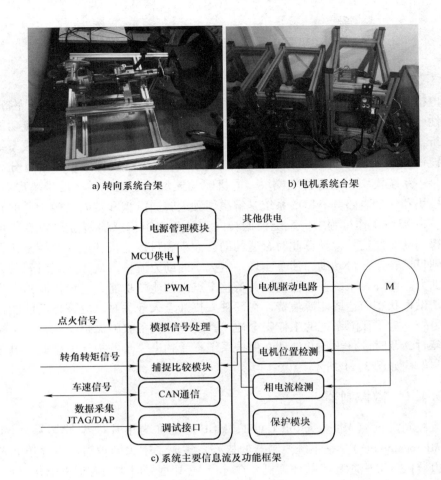

a) 转向系统台架　　　　b) 电机系统台架

c) 系统主要信息流及功能框架

图 3-11　电驱动系统与架构

模块是为了给单片机和外围电子元器件提供稳定的满足使用需求的电压。英飞凌 XC2364B 芯片的电源系统分为四个电源域：DMP_A、DMP_B、DMP_1 和 DMP_M。其中，I/O 部分包括两个电源域：DMP_A 和 DMP_B。DMP_A 包括与 ADC 相关的所有 I/O；DMP_B 包括其余的系统和通信相关的 I/O。片上逻辑的主要部分位于一个独立的内核电源域 DMP_1；另一个电源域 DMP_M 控制着芯片重要的底层和一个备用 RAM（SBRAM）。其中，I/O 部分的两个电源域是需要外接电压供电的，两个内核电源域是由片上调压器产生供电电压。根据芯片数据手册，XC2364B 的外接供电电压范围为 3~5.5V，但是在不同供电电压下，其电气特性不同。另外，较宽的电压适用范围不意味着芯片供电电压可以在较大范围波动，在芯片工作过程中，一旦选定工作供电电压，那么供电电压要保证在选定工

作电压的 ±10% 范围内。因为本节设计的 EDS 控制器的传感器中，没有工作电压为 3.3V 的元器件，所以选定芯片供电电压 5V 为电源域 DMP_A 和 DMP_B 供电，则 $V_{DDPA}$ 和 $V_{DDPB}$ 为 5V 电压。内核电压域的电压 $V_{DDIM}$ 和 $V_{DDI1}$ 为 1.5V 左右。当系统外部供电电压正常、单片机没有故障时，内核电压会自动调节，可以作为鉴定单片机工作是否正常的一个方法。为了给单片机供电，选择英飞凌 TLE4271-2G 作为电源芯片。该芯片为 5V 低压差集成电压调节器，最大输入电压为 42V，短时过电压保护阈值为 65V（小于 400ms），输出电压误差在 ±2% 以内。同时，内部集成了过热保护、反接保护、短路保护等保护功能，因此使用该芯片可以使得外围电路更为简洁。此外，它还具有一个禁止输出端口和内置的可编程的看门狗模块。开发人员可以根据功能需要选择使用禁止模式，禁止模块 5V 输出。当需要禁止输出时，只需将 INH 端口拉低至 0V 即可，而当芯片正常输出 5V 电压时，为了维持正常工作，必须保证端口 INH 的电压额定不低于 2V。因此在芯片正常工作时，可以将 INH 拉至高电平。

### 3.4.2 电机驱动模块与电路设计

在无刷直流电机工作过程中，由于需要使用逆变桥电路将直流电逆变为交流电，也就是代替电刷的作用。而在电机工作过程中，电机相电流较大，本节所述的 EDS 电机的最大工作电流可达 85A，因此对功率开关器件提出了较高要求。目前电机常用的功率开关器件主要有功率场效应晶体管（MOSFET）、绝缘栅双极型晶体管（IGBT）和智能功率模块（IPM）。MOSFET 是电压控制型器件，只需要较小的电压即可以实现 MOSFET 的导通，并且其导通电阻较小，且导通频率可以很高，可以达到 30kHz～1MHz 的范围。但是，MOSFET 不能应用在太高的电压场合下，适合于较小功率电机的应用场合。IGBT 也是一种三端器件，它和 MOSFET 有同样理想的门控特性，但与 MOSFET 不同的是，IGBT 能够允许较高的电压和较大的电流，其多用在大功率电机的应用场合。但是其开关频率要低于 MOSFET，考虑到开关损耗和电磁干扰，一般不会使其开关频率超过 20kHz。与 MOSFET 和 IGBT 均不同的是，IPM 不再是单独的开关器件，而是一个集成了功率开关器件和驱动电路的模块化器件。除此之外，IPM 还具备过电流保护、过热保护、过电压保护等保护功能，在工作过程中，可以向微控制器发送必要的状态信号，起到很好的故障检测和保护作用。

在电机的控制过程中，相电流是很重要的参数，使用电机相电流可以用来做电机的闭环电流控制，同时也可以用来进行控制器过电流保护。当电机相电流超出正常值时，可以认为此时电机运转出现了故障。长时间出现电流过大，会导致控制器 MOSFET 烧坏，甚至对其他电子元器件造成损坏，对电机控制器带来损坏性的破坏，还会导致电机温升过高等问题。电流的采样方式主要有两种：一种是采用霍尔电流传感器采样；一种是使用低成本电流感测电阻采样。霍尔电流传感器利用霍尔效应对通过的电流进行测量，测量精度较高、范围较宽，线性度和动态响应都比较好。不过在 EDS 系统控制器中，其安装尺寸相对较大，空间布置不方便，此外价格也偏高。而电流感测电阻采样则是一种低成本的解决方案，其利用电流感测电阻的分压原理，当大小不同的电流流过电阻时，电阻两端电压的高低会不同，可以通过 MOSFET 检测通过电流的大小，比较适合低成本、小空间的应用场合。

XC2364B 这个型号的单片机提供了两种启动模式：一种为不支持在线调试的基本启动模式；另一种为支持在线调试的启动模式。因为在设计过程中，不可避免地需要对软件进行调试，所以选择支持在线调试的启动模式。支持在线调试的启动模式分为内部 flash 启动和外部 flash 启动。本次设计主要考虑内部 flash 启动模式，该模式有 JTAG 接口和 DAP 接口：JTAG 接口有三个不同引脚分配，分别为 JTAG pos. A、JTAG pos. B 和 JTAG pos. C；DAP 的接口有两个不同的引脚分配，分别为 DAP pos. 1 和 DAP pos. 2。为了能够对启动模式进行配置，在设计中加入了对于配置引脚的拨码开关电路，如图 3-12 所示。通过配置 I/O 端口 P10 的前三个引脚，可以设置从 JTAG pos. B 或者 DAP pos. 1 启动。由于 JTAG 接口需要较多引脚，且其插接件较大，故优先选择使用 DAP 接口进行调试和烧录程序。

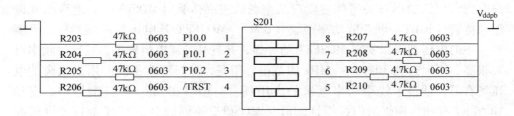

图 3-12　启动模式配置拨码开关电路

EDS 工作时需要接收来自整车 CAN 网络的车速信号，在调试中也需要向上位机发送数据，用来监测系统工作情况，因此 CAN 通信是必需的。本节选择飞利浦 TJA1050 作为 CAN 收发器，原理图如图 3-13 所示。TJA1050 使用方式十分简单，按照数据手册设计即可。为了直观看到 CAN 的工作状态，在单片机 CAN_R 引脚设置了 LED。系统控制器在工作过程中环境比较恶劣，作为通信元件，CAN 收发器的重要性不言而喻。因此为了避免极端情况如雷击、强静电等浪涌电压对 CAN 收发器造成不可逆的损坏，在 CAN 高和 CAN 低电路上分别加装瞬态电压抑制二极管。由于整车 CAN 网络有很多 CAN 节点，终端电阻可以不单独设置，不过在做数据采集时，在相应采集插接器上需要设置 120Ω 终端电阻。

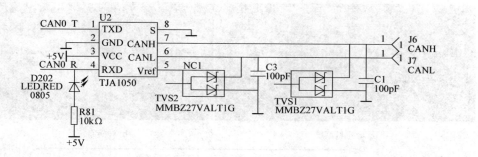

图 3-13　CAN 收发器原理图

## 3.5　EDS 系统控制器软件开发

为了缩短产品开发周期，英飞凌为其 XC2000 系列单片机提供了专门的开发软件，用来实现底层的功能选择、寄存器配置和代码生成等功能。在本课题设计开发过程中，使用 Dave 和 Keil 来开发系统控制器软件代码。根据 EDS 系统的根本功能需求为完成对驾驶人的助力，其核心为 PMBLDC 电机的电机转速控制，本节主要工作将围绕电机转速控制展开。

### 3.5.1　系统底层设计

根据不同的应用层级，系统底层分为三个层次：硬件底层，该层面是直接与硬件配置相关的部分；中间服务层，该层次是利用硬件底层代码实现一定的系统功能，并服务于应用层；应用层，该层级为最高层级软件代码，与硬件无关，调用中间服务层实现特定系统功能。根据系统开发的软硬件需求划分层级，如图 3-14c 所示。

系统硬件底层主要包括直接与单片机外设相关的底层配置硬件和使用软件，如电机驱动需要的 PWM（Pulse Width Modulation）模块、数字量检测处理的捕捉模块（Capture/Compare）、模拟量处理需要用到的 A-D（Analog-Digital）模块和通信需要的 CAN 通信和异步串行通信接口（ASC）等模块的使用。中间服务层调用硬件底层，直接对其操作，完成一定的系统模块化功能，并服务于上层调用，如使用 A-D 模块进行电压、电流检测，使用 CC 模块进行电机位置检测和转速计算；使用 PWM 模块和一些 I/O 实现电机的驱动等。上层软件指系统层面的功能实现，如闭环的电机调速系统和助力策略等。

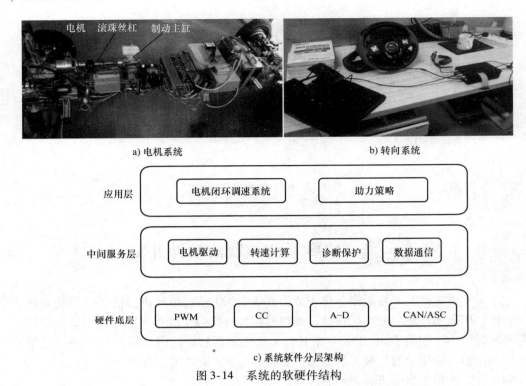

图 3-14 系统的软硬件结构

## 3.5.2 电机特性设计

在 EDS 系统工作过程中，控制电机的转速是重要部分，因此对于电机转速的准确计算是必要的。电机内部的霍尔位置传感器可以用来检测电机转子位置，进而可以用来计算电机转速。根据电机的物理结构，在电机转子旋转 1 周范围内，会出现 7 个电周期，因此捕捉到每个霍尔传感器信号的跳变沿时刻，即可计算得到此时的电机转速。XC2364B 提供了两个模块（共 16 通道）的捕捉比较模块（CC 模块），同时还提供了两个专用定时器 T7 和 T8，每个 CC 通道可以选择使用其中任意一个定时器，当定时器溢出时，可以产生溢出中断。CC 通道有两种工作模式：比较输出模式和捕捉模式。在比较输出模式下，可以用来产生 PWM 信号；在捕捉模式下，又可以细分为上升沿捕捉、下降沿捕捉和跳变沿捕捉，捕捉事件可以触发中断，进行其他工作。图 3-15 为电机调速逻辑框架图，图 3-16 为霍尔信号示意图。

因为在霍尔信号的任意一个跳变沿时刻，电机需要完成换向操作，所以选择 CC 通道工作在捕捉任意跳变沿模式下，本章使用 CC 模块的 CC18 通道作为其中一个霍尔信号 HALL1 的处理通道，CC19 作为另一个霍尔信号 HALL2 的处理通道。当 CC18 通道的捕捉事件发生时，捕捉中断会被触发，在中断进程中取此时

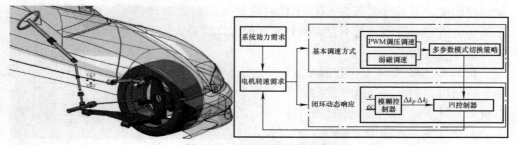

图 3-15　电机调速逻辑框架

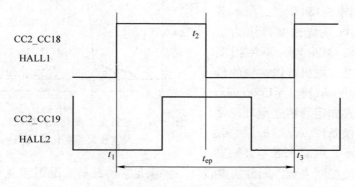

图 3-16　霍尔信号触发中断序列

定时器的计数值，该值会默认储存在 CC2_CC18 寄存器中，该计数值可以换算为 1 个时刻值。CC19 通道类似。本节两个捕捉通道均使用 T7 定时器，如果在计数过程中发生 T7 周期溢出，溢出计数值加 1。在起动阶段，电周期时间长度序列没有填满，此时加和得到的时间会小于实际时间，计算得到的速度会远远大于实际的转速。为了避免这种问题的发生，在时间序列未存满之前，将采取未滤波的算法，即采用每一个电

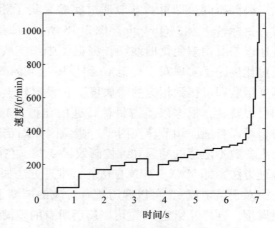

图 3-17　电机起动过程中速度变化图

周期的时间进行计算速度。但是这仍然会带来一个问题，如图 3-17 所示，在前 7 个转速更新时，由于采用的单次电周期时间计算转速，故电机转速不受前面序列值影响，从第 7 个值开始，由于将会受到前 6 个时间长度值影响，又因为当前处于加速过程，所以得到的滤波后的转速值会出现下降，如图 3-17 中的突然下降

的转速凹坑。但是考虑到在 EDS 工作时电机可以设置怠速转速，这种情况只会出现在电机起动阶段，并不会影响到实际的工作需要，因此，综合来看该转速计算方法是可行的。

在 EDS 系统实际工作过程中，由于转向阻力矩不同，故导致助力电机负载不同。在不同载荷条件下，实验发现，在驱动 PWM 占空比保持 100% 时，电机能达到的转速不同。如图 3-18 所示，在本节所研究的 EDS 系统出油口压力从 0MPa 增加到 4MPa 时，不使用弱磁调速模式时，电机可以达到的最高转速从 2141r/min 降低至 1556r/min。如果继续设置固定的转速滞环，将不能满足切换条件，保持按照空载时设置的滞环，可能永远不会触发

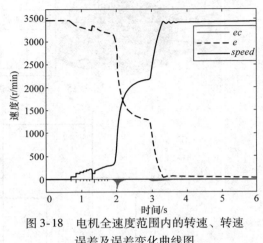

图 3-18　电机全速度范围内的转速、转速误差及误差变化曲线图

切换条件，使控制失败。因此需要设计一种满足多种载荷工况下实现平滑切换控制模式的策略。在电机调速过程中，如果调节电压即可使转速满足使用需求，则只需要调压调速即可。本节通过实验采集了相关数据。该实验条件为电机空载时，目标转速为 3460r/min。图 3-18 所示为该工况下系统全速度范围内的转速、转速误差及误差变化曲线图，根据图中细实线可以来确定 $ec$ 的物理论域，进而通过比例因子实现对于任意 $ec$ 到模糊论域的映射，得到相应的模糊量，根据隶属度函数即可得到相应的隶属度。在设置转速误差的转换因子 $k_e$ 时，考虑目前的目标转速，根据误差占目标转速的比值进行分段设置。这样在目标转速变化时，可以自适应调节转换因子，避免因为固定转换因子导致在不同转速目标下，出现参数不敏感的问题导致控制效果变差。在做模糊推理时，本节采用 Mamdani 推理方法，即 MAX – MIN 方法。其推理方法如图 3-19 所示。

对于给定值 $e$，可以遍历所有对应的模糊子集 $E$，得到对应 7 个模糊子集的隶属度。同样，给定 $ec$ 也可以遍历所有的模糊子集 $EC$，得到对应 7 个模糊子集的隶属度。根据 Mamdani 推理规则，取两个前件中隶属度较小的前件隶属度作为该对应后件的隶属度。如图中，对于 $e_0$ 和 $ec_0$，可以根据其相应的隶属度函数得到两者的隶属度，因为此时模糊子集 $E_1$ 对应的隶属度小于此时的 $EC_1$ 的隶属度，所以取较小值作为该满足该条件下的后件隶属度，即图中灰色区域。以隶属度作为加权值计算两个域元素的加权值 $x_{avr}$，作为最后的清晰值，得到的最后清晰值变化曲面如图 3-20 所示。

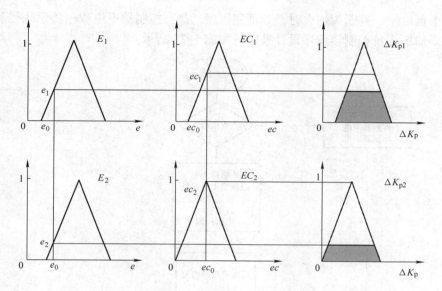

图 3-19 模糊推理方法示意图

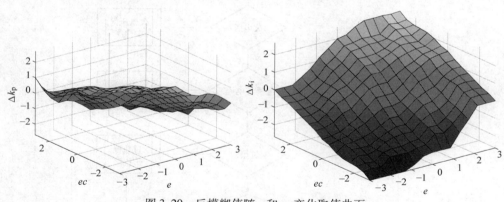

图 3-20 反模糊值随 $e$ 和 $ec$ 变化取值曲面

## 3.6 EDS 系统控制器程序设计

由于系统控制器具备点火信号使能功能，首先检测点火信号是否存在，当检测到点火信号之后，使传感器供电，调用控制器上电保持功能。同时，进行系统自检，检测电机相电流、系统温度和供电电压等信号。如果出现故障，将调用相应的故障处理子程序。如果系统状态正常，将判断当前是否为电机起动阶段，如果系统处于起动阶段，将调用电机软起动子程序。如果不是起动阶段，将进入正常工作模式，计算电机转速需求并进入电机转速闭环调速子程序。当检测到点火信号为低电平,判断为熄火时,处理完程序,执行控制器下电程序将系统控制器断电。EDS 系统控制器程序设计框图,如图 3-21 所示。

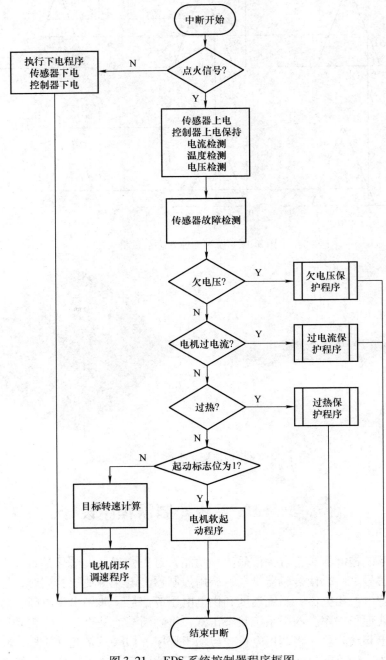

图 3-21　EDS 系统控制器程序框图

在该实验中，EDS 电机将从静止状态起动，其目标转速依次设置为 500r/min、1000r/min、1500r/min 和 2000r/min，之后逐渐降速至 1500r/min 和 1000r/min。在使用普通 PI 控制器和模糊 PI 控制器时的控制效果对比如图 3-22 所示。为了清楚地表达在目标转速发生变化时的两者控制效果的差异，绘制图 3-22a～d 四个局部放大图。

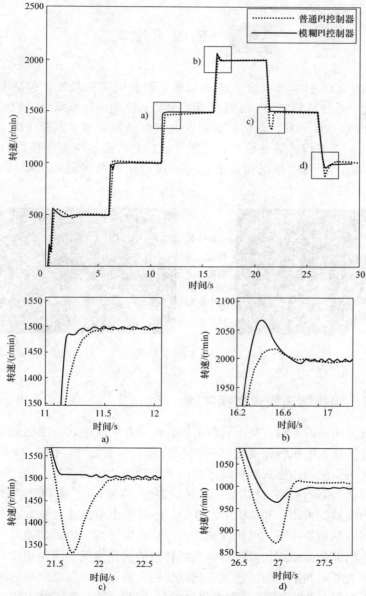

图 3-22　阶梯加速时普通 PI 控制器和模糊 PI 控制器效果对比图

从图 3-22 中可以显然看出，采用模糊 PI 控制器时，可以显著减小系统的超调量，加快系统达到稳态的速度，尤其在电机从高转速向低转速切换时，可以大大减小转速的反向超调，提升系统的控制效果。虽然图 3-22b 中的超调反而有一些增加，但是整体来看，模糊 PI 控制器可以显著提升系统的闭环调速性能，从而得到更好的 EDS 系统性能。

## 3.7　EDS 系统实验

本节建立 EDS 性能实验台，研发 EDS 系统相关实验系统，包括电机调速模式切换实验、系统特性实验、系统性能实验和系统跑合实验系统。EDS 实验系统如图 3-23 所示，将 EDS、系统控制器、电机和油泵集成，匹配 EDS 系统安装，将 EDS 系统放置在设计的平台上，并把系统控制器通过线束连接到与 EDS 系统集成的驱动板上，对电机进行控制，实验过程中的数据通过 CAN 数据采集卡 Kvaser 进行采集。

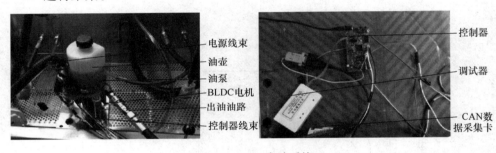

图 3-23　EDS 实验系统

### 3.7.1　电机调速模式切换实验

由于前文所述的原因，在不同载荷下，电机在调压模式下能达到的最大转速不同，设计了基于电机转速变化率的多参数模式切换方法。图 3-24 所示为电机从高转速区的弱磁调速模式到低转速区的调压调速的切换过程。该过程中，首先让电机运行在 2800r/min，之后目标转速设置为 200r/min。实验分别在 EDS 系统出油口压力设置为 0MPa 和 2MPa 时进行，此时的电机转速变化如图 3-24 所示，可见在不同的载荷条件下，电机转速均可以平稳度过控制模式切换区。图中曲线黑色圆圈内的部分为模式切换过程中电机转速的变化情况，因为切换模式以电机转速变化率为基本判据，所以想要得到更快的切换过程，只需要将转速变化率切换阈值增大即可。图 3-25 所示为电机从低转速区的调压调速模式切换到高转速模式下的弱磁调速模式的切换过程。该实验中,电机转速从 1000r/min 开始向上加速。可见在 0MPa 和 2MPa 时,电机转速均可以平稳实现控制模式的切换。与从弱磁调速到调压调速相同,若想得到更快的过渡过程,只需要将电机转速变化率阈值增大即可。

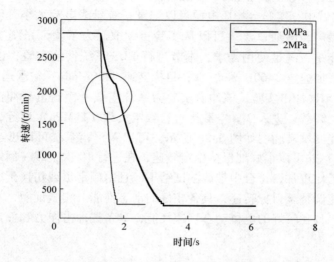

图 3-24 弱磁调速模式切换到调压调速模式速度

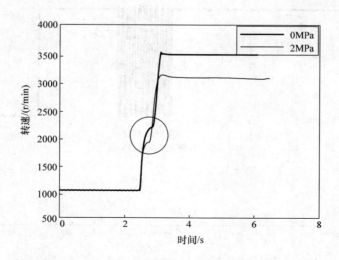

图 3-25 调压调速模式切换到弱磁调速模式速度

### 3.7.2 EDS 系统特性实验

为了得到该 EDS 系统的最大带载性能，本节进行了 EDS 系统总成特性实验。该实验下，根据匹配车型的要求，将目标转速设置为 3460r/min，同时，通过 EDS 性能实验台，分别调整 EDS 系统出油口背压，从 0MPa 增加至泄压阀压力 11MPa。在测试中，实验台稳压电源可以记录系统母线电流大小，使用噪声仪测量系统工作噪声，出油口流量可以从实验台读取。为了验证系统控制器性能及 EDS 系统性能是否满足使用需求，本节进行 EDS 系统性能实验，该实验数据如下：电机空载加速至 3460r/min，保持目标转速 3460r/min；空载运行 60s；进行 10 次频率 0.5Hz 冲击实验，该冲击实验为系统空载 - 额定负载冲击，验证系统抗冲击能力；卸载，进入 30s 空载运行；额定负载（11MPa）运行 20s。

系统性能测试实验图如图 3-26 所示，可以看出，系统可以迅速达到目标转速 3460r/min，并可以很好地保持稳定转速，在进行 10 次空载 - 额定负载冲击实验中，系统工作正常，符合中带载测试结果，且由额定负载切换到空载时，电机转速可以迅速调整至目标转速，具备较好的动态性能。实验证明，本节开发 EDS 系统控制器，具备较好的电机动态调速性能，具备抗冲击能力和额定负载良好运行能力。

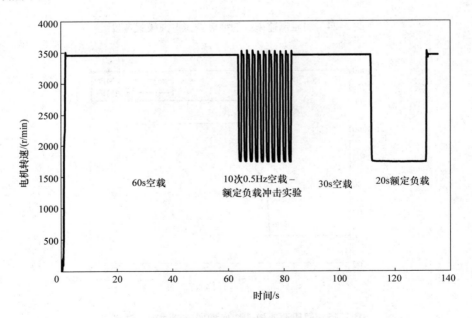

图 3-26 EDS 系统性能测试实验图

### 3.7.3 EDS 系统跑合实验

在进行完 EDS 系统性能测试的基础上，为了验证系统控制器及总成的可靠性，本节进行了系统跑合实验。该实验仍在 EDS 系统性能实验台上进行。实验数据如下：电机保持 3460r/min，空载运行 2min；进行 10 次 0.5Hz 空载 – 额定负载冲击实验；额定负载（11MPa）运行 15s；卸载至空载，运行 3min；加载，保持 EDS 系统出油口油压 2MPa，运行 5min；再次进行 10 次 0.5Hz 空载 – 额定负载冲击实验；额定负载（11MPa）运行 15s；卸载至空载。

图 3-27 所示为系统跑合实验时，系统电机转速的变化图，可以看出，在整个实验过程中，系统均良好工作。空载 2min 内，可以保持目标 3460r/min 的转速。同样在 10 次冲击实验中，也可以保持良好的动态性能，具备可靠的抗冲击能力，在多载荷工况下均可以良好运行。实验证明了系统控制器具备良好的动态性能、抗冲击性能和可靠性。

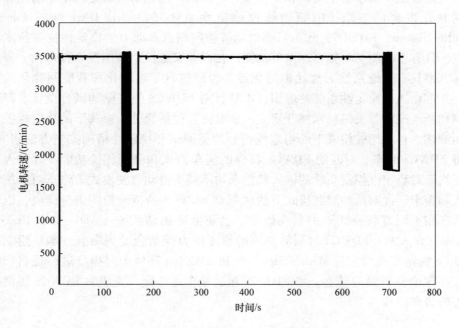

图 3-27 EDS 系统跑合实验图

# 第 4 章
# 电驱动线控稳定性系统控制理论

随着汽车工业的发展，全球汽车的保有量不断增加，这不仅带来能源紧张和环境污染问题，还带来了交通拥堵和驾驶安全问题。为满足日益严峻的节能减排和驾驶安全要求，智能网联化、网联化和电动化逐渐成为汽车技术的主要发展方向。传统液压制动系统受结构和工作原理的限制，已经无法满足汽车电动化和智能网联化发展的要求。电驱动线控稳定性系统（Electric Drive Wire Control Stability System，EDWCS）作为目前电动智能网联汽车动力学稳定性控制技术的亮点，具有主动制动和复合制动等功能，在汽车安全性、节能性、操作性、舒适性等方面具有传统系统无法比拟的优点。为适应汽车电动化和智能网联化的需求，并推动线控稳定性系统的应用，本章针对 EDWCS 的电驱动耦合设计、样机试制和精准控制等关键技术展开研究。研究内容包括驾驶人模式下的稳定性控制功能测试、自动驾驶模式下的稳定性控制功能测试和稳定性精确控制方法研究，并将 EDWCS 装车，对匹配 EDWCS 样件的实车测试和验证相关功能。驾驶人模式下汽车对稳定性控制系统的输入和需求均不同于自动驾驶模式下汽车对系统的输入和需求，针对两种驾驶模式下的区别对 EDWCS 的精确控制进行研究，以改善汽车在不同驾驶模式下的制动效果。当防抱死制动系统（Anti-lock Braking System）介入时，EDWCS 对制动总泵的液压压力控制会受到影响。本章建立了 EDWCS 的仿真模型，在 Matlab/Simulink 和 AMESim 环境中对模型进行仿真和分析。在理论分析的基础上，将 EDWCS 在试验车上匹配，完成对 EDWCS 协调控制等的研究。

## 4.1 EDWCS 概述

随着汽车工业的发展，我国汽车的保有量不断增加。汽车保有量的持续增长不仅带来能源紧张和环境污染问题，还带来了一系列的交通拥堵和能源安全问题。新能源汽车的推广应用是解决能源和环境问题的重要手段。我国"十三五"

# 第4章 电驱动线控稳定性系统控制理论

规划强调新能源汽车产业的发展，并且将新能源汽车作为未来发展的重要方向。传统燃油汽车的制动系统匹配真空助力器，真空助力器在驾驶人操作下实施助力，产生制动液压，工作时需要的真空度由传统发动机进气歧管提供。电动汽车用电机作为动力源，基于发动机真空度的真空助力器制动系统已无法满足电动汽车的要求。提高续航里程有效的方法是制动能量回收技术，制动能量回收技术要求线控系统在调节液压压力时，制动系统执行机构和制动踏板能够解耦，踏板不受制动能量回收系统的影响，如图 4-1 所示。

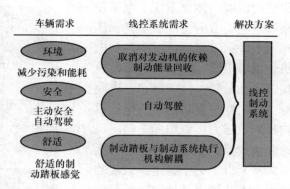

图 4-1 新能源汽车对线控稳定性系统的功能需求

智能网联化也是汽车的重要发展方向，智能网联汽车对于解决汽车安全和道路拥堵问题有很大帮助，是目前研发的主要方向，如图 4-2a 所示。智能网联汽车要求汽车不仅能实现更高品质的高级安全功能控制，而且可满足智能网联汽车系统对自适应巡航/制动、自动泊车、自动无人驾驶等要求，如图 4-2b 所示。传统制动系统是基于真空助力器等的液压系统，无法实现主动制动和制动压力的精确控制，不能满足智能网联汽车对制动系统的要求。为适应未来汽车动化和智能网联化发展趋势对制动系统提出的新要求，有必要设计新型稳定性系统并对其控制策略。

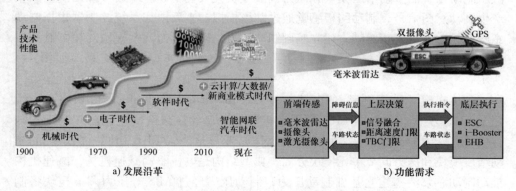

图 4-2 智能网联汽车沿革与功能需求

人们从 20 世纪 90 年代开始研发稳定性控制系统，其中部分系统已于 21 世纪应用于电动汽车，例如，电子液压制动（Electro-Hydraulic Braking，EHB）系统和电子机械制动（Electro-mechanical Braking，EMB）系统等。EHB 是由电子控制系统和液压执行机构两部分组成的机电一体化系统。电子控制系统主要由电子控制单元和传感器组成；液压执行机构包括电机、踏板模拟器、减速增矩机构、制动总泵、储液器和电磁阀等。稳定性有制动踏板与执行机构解耦、压力控制精确、响应迅速和失效保护系统易于设计的优点。基于以上关于稳定性系统的研究，本节提出结构紧凑、可靠性高的 EDWCS，如图 4-3 所示。EDWCS 主要包括制动踏板单元、执行机构和 ECU 等。制动踏板单元用于反馈驾驶人的制动意图及失效保护；执行机构包括电机和滚珠丝杠减速机构，用于推动主动主缸建立基础制动压力；机械机构用于制动踏板和液压系统的解耦，保证制动能量回收技术应用及驾驶踏板感觉不受路面影响；电控系统用于建立基础压力和轮缸压力的调节；电子控制单元用于控制程序，接收来自整车控制器、传感器的信号，计算并对执行器发出控制指令。

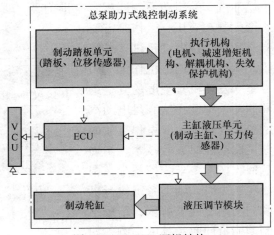

图 4-3　EDWCS 逻辑结构

电子液压式线控稳定性系统主要分为整体式和分体式两种结构。整体式电子液压制动系统的主动增压模块和压力调节模块集成在一起。驾驶人踩踏制动踏板产生制动意图信号，制动踏板感觉通过踏板模拟器来反馈，系统控制器根据制动意图信号对电机进行驱动，建立基础制动压力，通过压力调节模块对轮缸制动压力进行控制。整体式电子液压制动系统（EHB）的典型结构及原理如图 4-4 所示。

分体式电子液压制动（Distributed Electro-hydraulic Braking，DEHB）系统是 EHB 的另一种结构。DEHB 是用电机驱动滚珠丝杠减速增矩机构对制动轮缸直接建立压力的执行机构。DEHB 的工作原理与整体式 EHB 相同，但系统的主动增压模块和压力调节单元模块分离，典型结构是电机驱动减速机构，减速机构推动制动总泵活塞建立基础制动压力，制动压力经过 ABS 等压力调节模块将制动压力传递给制动轮缸，其执行机构如图 4-5 所示。我们课题组基于总泵助力式 EHB 设计了相关执行机构，DEHB 的结构及原理如图 4-6 所示。

电子机械制动系统以电能为能量来源，驾驶人踩踏制动踏板产生制动电信号，ECU 接收电信号，控制驱动电机的电流和转速，由电机驱动减速机构，减速

# 第 4 章 电驱动线控稳定性系统控制理论

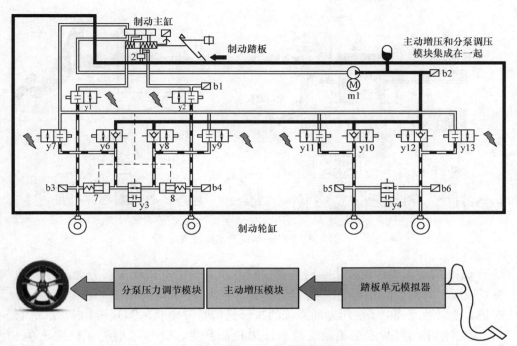

图 4-4 整体式 EHB 结构及原理

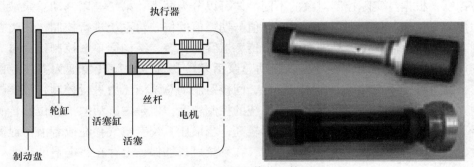

图 4-5 DEHB 执行机构

机构直接作用于制动钳，整个系统内没有液压管路，是通过机械连接来助力的制动系统。电子机械制动系统虽然在减轻整车重量、提高汽车燃油经济性和整车装配等方面有很多优越性，但其使用本身工作环境恶劣、电子元器件易受干扰，系统工作的安全性和可靠性还有待提高。电子机械制动系统要求助力电机的性能优越、反应迅速、体积小巧，在电机设计上难度很大，成本很高，国内外都没有大批量成熟的产品。

压力控制是电子液压式线控稳定性系统的基本功能，是电动汽车制动能量回收技术和汽车稳定性控技术实现的关键。随着汽车电动化和智能网联化的发展，

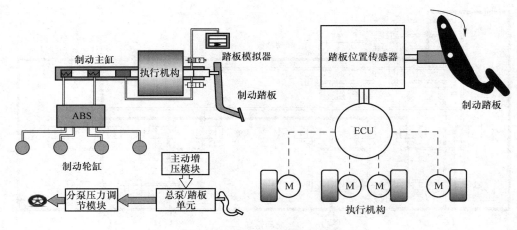

图 4-6　DEHB 结构及工作原理

基于 EHB 的液压压力控制方法受到重视。EHB 液压压力的控制主要分为基于制动总泵液压压力的控制和基于轮缸液压压力的控制。本节研究基于 EDWCS 的压力控制。总泵助力式电子液压制动系统的执行机构是"电机 + 减速机构",系统制动力控制效果的判断依据是制动总泵压力控制精度,针对"电机 + 减速机构"液压力控制的大多数算法是闭环反馈。基于总泵助力式的电子液压制动系统的压力控制,根据其实际控制对象的不同大体可以分为两类:第一类以制动总泵液压力作为直接控制量,利用控制量实际值与期望值的偏差对系统进行控制,该类控制方法因其控制变量容易观测、压力传感器容易安装、结构简单、控制稳定可靠等优点而被广泛采用;另一类以制动总泵活塞位移和电机旋转角度为直接控制量,通过液压系统的压力和体积特性,间接对制动总泵液压力进行控制,该类控制方法虽然可以在一定程度上提高系统的控制精度,但是主缸活塞推杆位移传感器和电机角度传感器不易布置且成本较高,当液压系统有空气存在或者液压泄漏时,系统的直接控制变量并不受影响,在系统可靠性保证上存在一定不足。

## 4.2　EDWCS 的建模方法

为满足汽车电动化、智能网联化对制动系统提出的新的要求,EDWCS 必须具备踏板与执行机构解耦功能、主动制动和失效保护功能,同时尽可能降低系统能耗,减小系统体积。本节选用齿轮减速 – 滚珠丝杠作为执行机构的减速增矩机构,选用机械变刚度弹簧式踏板模拟器作为驾驶人踏板力反馈机构,并在现有主流线控稳定性系统执行机构的基础上进行改进设计,提出 EDWCS。EDWCS 主要由制动踏板、驱动电机、减速增矩机构、解耦机构、制动总泵、液压调节模块、制动轮缸、制动管路、传感器、控制器等组成，EDWCS 系统的结构方案如图 4-7 所示。EDWCS 的 ECU 通过接收外部信号、驾驶人踩踏制动踏板的制动意图信号和自身工作状态信号切换其工作模式。工作模式包括失效保护模式和线控稳定性模式。

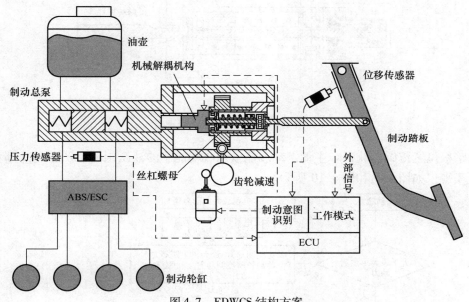

图 4-7 EDWCS 结构方案

为满足汽车电动化和智能网联化的要求，EDWCS 的工作模式有两种：失效保护模式和线控稳定性模式。EDWCS 失效保护模式发生在系统内部零部件损坏、外围传感器损坏和系统供电失效等情况下，此时实际压力无法通过执行机构助力达到目标压力。在该模式下，为了汽车安全，需要将解耦的制动踏板推杆与制动总泵活塞推杆耦合，使得驾驶人制动踏板力可以传递到制动总泵活塞推杆，建立一定强度的制动压力，如图 4-8 所示。踏板模拟器由电磁旋转继电器、踏板推杆、变刚度弹簧和轴承等组成。踏板推杆为带有花键槽的推杆，花键槽上套有花键挡圈，系统正常工作模式下，电磁旋转继电器带动踏板推杆转动，花键挡圈顶在执行机构壳体端面 A 上，驾驶人踩踏制动踏板的模拟力通过变刚度弹簧反馈。在失效保护模式下，电磁旋转继电器控制踏板推杆旋转，使得花键挡圈（端面 B）通过壳体花键槽（端面 A），将弹簧力取消，驾驶人推杆与制动总泵活塞直接接触，驾驶人的力传递到制动总泵，建立制动压力。

线控稳定性模式是 EDWCS 的正常工作模式，主要功能包含驾驶人助力制动功能、自动驾驶主动制动功能和制动能量回收功能。驾驶人制动意图信号通过制

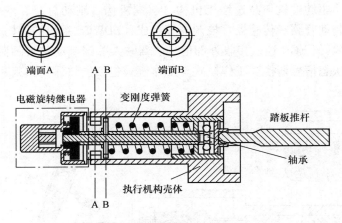

图 4-8 解耦机构工作原理

动踏板位置传感器获得,主动制动和能量回收功能下的液压制动意图通过外部信号获得,如图 4-9 和图 4-10 所示。

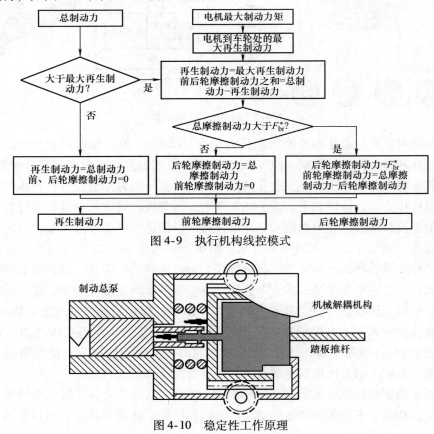

图 4-9 执行机构线控模式

图 4-10 稳定性工作原理

在线控稳定性模式下，EDWCS 正常工作，各模块正常供电，踏板模拟器处于模拟位置，驾驶人踩下制动踏板，踏板位移传感器针对制动踏板被踩下的程度产生相应信号，传递给中央控制器。中央控制器通过采集踏板位移传感器的位移信号、轮缸压力传感器的压力信号、液压控制单元的制动压力信号以及路面状况识别信号，确定助力电机的目标输出转矩的大小，并控制助力电机的实际输出转矩跟随助力电机的目标输出转矩；助力电机与齿轮 – 滚珠丝杠减速增矩机构连接，将助力电机的转动转化为丝杠的平动，丝杠推动制动总泵活塞推杆运动，产生总泵制动压力，制动液分别通过制动管路推入液压控制单元，再通过与液压控制单元相连的各个制动管路，推入各轮缸制动器，从而对汽车实施制动。此过程中，只有丝杠会顶到主缸活塞推杆，制动踏板推杆始终会与主缸活塞保有间隙，驾驶人制动力反馈完全由踏板模拟器提供。在自动驾驶模式下，系统的制动目标压力由上位机提供，踏板模拟器处于模拟力反馈状态；上位机将目标制动压力传递给控制器，控制器计算得到助力电机的控制信号，控制助力电机产生助力，助力电机通过齿轮 – 滚珠丝杠减速增矩机构，将助力电机的输出转矩变大，推动制动总泵活塞产生制动压力。此过程中，驾驶人踏板模拟力由踏板模拟器提供，踏板模拟器与执行机构解耦。当制动意图为外部输入信号时，系统工作在自动驾驶模式或制动能量回收模式，线控稳定性系统控制器根据外部信号做出判断，对汽车实施主动制动，可以满足复合制动、主动制动的功能要求。

## 4.3　EDWCS 执行机构

EDWCS 的设计工作包括电机设计、减速增矩机构设计、解耦机构设计。根据执行机构原理，建立执行机构方程，见式（4-1）和式（4-2），根据乘用车最大制动压力 $P_{max}$ 需求设计驱动电机、制动总泵、滚珠丝杠导程、齿轮减速传动比等参数：

$$2\pi\eta_1\eta_2 T_m i = F_p l \tag{4-1}$$

$$F_p = \frac{\pi d_p^2}{4}P \tag{4-2}$$

式中，$T_m$ 为电机转矩；$i$ 为齿轮减速比；$\eta_1$ 为齿轮副的传递效率；$\eta_2$ 为滚珠丝杠副的传递效率；$F_p$ 为作用在制动总泵活塞上的压力；$l$ 为丝杠导程；$d_p$ 为制动总泵活塞直径；$P$ 为制动总泵液压。

式（4-1）反映了滚珠丝杠的静态受力平衡关系，式（4-2）为制动总泵活塞受力与主缸液压的关系表达式。选择助力电机时，系统的响应时间要满足乘用车的响应时间，并可提供乘用车紧急制动时的最大制动压力。执行机构电机如

图4-11所示。

图4-11 执行机构电机

减速增矩机构是电机和制动总泵之间压力建立的纽带，是执行机构设计的难点。减速增矩机构有齿轮减速机、丝杠减速机构、蜗轮蜗杆减速机，其工作特点和应用场合各有不同。齿轮减速机是利用齿轮传动来实现减速增矩功能的系统。减速机由齿数不同的齿轮组成，减速机的小齿轮是机构的主动动力端，大齿轮为从动输出端，一对齿轮副的大齿轮和小齿轮的比值就是这对齿轮副的传动比。从减小噪声和缩小机构体积等设计角度考虑，单级齿轮副的传动比需要限制在一定的范围内，因此要得到较大的减速比就需要采用多级齿轮传动的设计方案。优质合金钢是加工齿轮常用的材料，为提高齿轮的表面硬度和传动精度，齿轮要经过表面渗碳淬火和磨齿处理。优质的选材和精细的工艺使得齿轮减速机构具有低振动、低噪声、高负荷承载、长使用寿命和低温升等特点。

蜗轮蜗杆机构是减速增矩机构，具有体积小、自身转动惯量小和减速比大的特点，在空间布置上适用于传递两交错轴之间的动力和旋转。蜗杆的外形与螺纹形状相似，蜗轮与蜗杆啮合传动。以上特点使得蜗轮蜗杆机构经常被用在减速比大和空间交错的传动机构中，但蜗轮蜗杆传动效率较低，工作环境需要油液润滑。

滚珠丝杠是机电一体化的系统中一种新型的螺旋传动机构，在其具有螺旋槽的丝杠与螺母之间装有中间传动元件——滚珠，滚珠丝杠机构虽结构复杂、成本高、不能自锁，但其摩擦阻力力矩小、传动效率高、精度高、系统刚度好，运动有可逆性，使用寿命长，因此在机电一体化系统中得到的应用。本节选用滚珠丝杠作为系统的减速增矩机构，如图4-12所示。

图4-12 滚珠丝杠

踏板模拟器采用变刚度弹簧，变刚度弹簧的"力-位移"曲线参考现有不同乘用车车型的"真空助力器阀杆输入力-制动踏板推杆位移"设计。EDWCS

主要由电机、电子控制单元、制动主缸、执行机构等部件组成，如图4-13所示。电机与车轮固定，作为动力输出轴，将滚珠丝杠转动转化为平动，推动制动总泵活塞运动，产生制动压力。

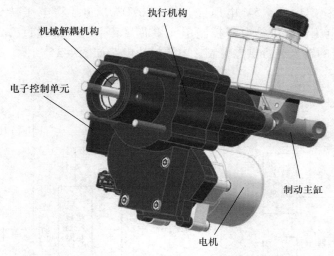

图4-13 EDWCS三维模型

## 4.4 ECU设计

电子控制单元（Electronic Control Unit，ECU）用于对执行机构的控制，是整个稳定性系统的关键部件，在不同的工作模式下通过内部计算，结合不同的控制策略，对执行机构进行不同的控制。EDWCS的ECU接收驾驶人制动信号和总泵实际液压压力信号，结合汽车的驾驶模式，通过内部控制算法的计算，对驱动电机输出电机控制信号，电机驱动减速增矩机构在制动总泵中建立制动压力。

ECU设计思路如图4-14所示，其包括蓄电池、电源模块、微控制器、模拟信号处理、数字信号处理、旋变解码芯片、电机驱动电路、JTAG接口、CAN接口等部分。电源模块将蓄电池的供电电压转化为传感器、微控制器、电机驱动电路等模块需要的稳定电压。微控制器是执行机构控制单元的核心，运行控制程序，得到控制指令。模拟信号处理模块用于处理制动踏板位移传感器、制动总泵液压力传感器和电机旋变等输入信号。数字信号处理模块主要用于处理制动灯开关和点火开关等信号。旋变解码芯片用于对电机旋转变压器信号进行解码，并输出电机旋变模拟信号。JTAG接口与编程器连接，用于植入微控制器代码。CAN接口用于数据存储和调试命令。电源模块在设计时根据制动需要选择12V车载电源，而传感器等需要稳定的 5V 电压，ECU 的微控制器部分需要稳定的 3.3V 和 1.9V 电压。在设计中，先选用 LM2576S – 12 芯片对输入的 12V 车载电压进行初步稳定和处理，其次采用 LM2576S – 5 芯片将 LM2576S – 12 输出的稳定电压进一步转换成 5V 稳定电压，5V 电压经过 TPS767D301 芯片将电压转化为 3.3V 和 1.9V 的稳定电压，提供给电子控制单元主芯片。系统可以通过 CAN、DSP、点火开关等信号的输入进行供电控制。电源模块电路如图 4-15 所示。

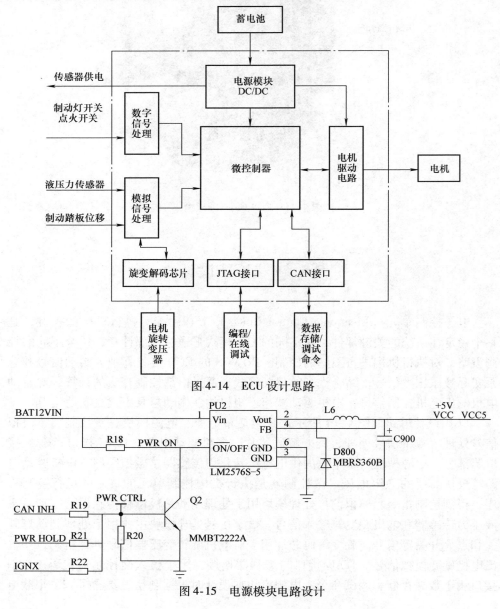

图 4-14　ECU 设计思路

图 4-15　电源模块电路设计

# 第4章 电驱动线控稳定性系统控制理论

ECU 的核心模块是微控制器 MCU，综合考虑芯片存储空间、运行速度与接口资源，利用 TMS320F28335 作为 MCU 主芯片。ECU 驱动模块为电机驱动芯片，电机为直流无刷电机，控制方法为脉宽调制方法。MCU 发送 PWM 信号，该信号经过比较电路 CD74ACT14 滤波整形后，通过 AUIRS2336S 电桥芯片驱动 MOSFET 功率器件，控制电机特性，如图 4-16 所示。

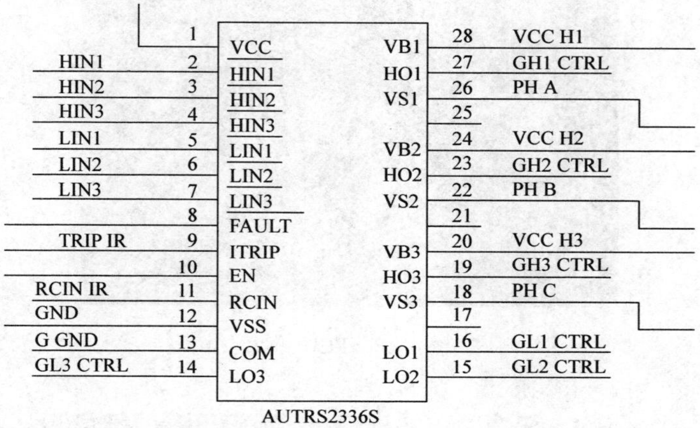

图 4-16 电桥驱动电路

CAN 总线在汽车控制系统中得到了大规模的应用，其传输速率能够满足系统对数据传输速度的要求，为实现 EDWCS 控制器单元与整车控制器和上位机之间信息交互，采用 CAN 总线进行通信。CAN 收发器采用 TJA1051T/3 芯片，实现 MSCAN 收发信号与 CAN 总线差分信号的相互转换，如图 4-17 所示。

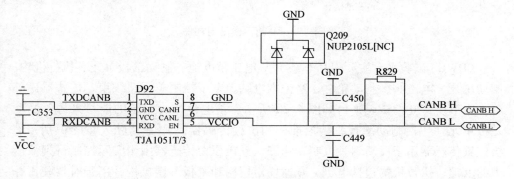

图 4-17 CAN 通信电路

在完成 ECU 原理和电路图设计后，基于驱动电路散热、控制器体积和控制器与执行机构集成化思路，通过 Altium Desiger 软件设计印制电路板（Printed Circuit Board，PCB）。采用控制电路与驱动电路分体、上下直插形式，上边为控制电路，下边为电机驱动电路设计完 PCB 焊接元器件后对 ECU 进行测试，如图 4-18 所示。经测试，该 ECU 可驱动电机正常工作。在完成 EDWCS 执行机构和 ECU 的设计后，试制 EDWCS 系统，如图 4-19 所示。

图 4-18　ECU 测试

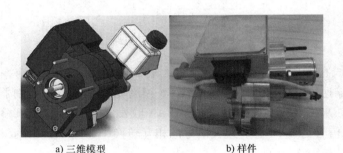

a) 三维模型　　　　　　　　　b) 样件

图 4-19　EDWCS 模型与样件

EDWCS 试验平台主要包括车载 12V 电压蓄电池、制动踏板单元、执行机构、制动总泵、电磁阀、制动轮缸、笔记本电脑、电子控制单元、线束、传感器等部分。本节所建立的试验平台如图 4-20 所示。蓄电池作为系统的能量来源；制动踏板单元（包括制动踏板、踏板推杆和位移传感器）用于驾驶人意图识别；踏板位置传感器用于反馈驾驶人制动意图；液压压力传感器用于实际控制得到液压力的反馈；执行机构包括电机、减速增矩机构和踏板解耦机构，用于对驾驶人踩踏制动踏板的力进行反馈和制动助力；基础液压制动力在制动总泵中建立。电磁阀、制动轮缸和液压管路用于液压力传递；MCU 用来采集数据、调试程序和发送指令。ECU 根据驾驶人制动意图和液压力传感器反馈的实际压力计算出相应的控制参数，驱动执行机构的电机，实现助力。

# 第 4 章
电驱动线控稳定性系统控制理论

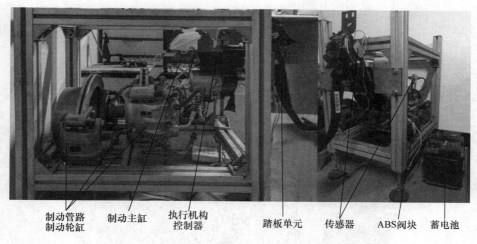

图 4-20　EDWCS 试验平台

## 4.5　基于 EDWCS 的线控稳定性系统控制策略

汽车的自动驾驶技术已发展到了可应用于真实道路环境的阶段，但是完全自动化驾驶的应用还需很长时间，智能网联汽车将在很长一段时间内处于人机共驾阶段。在人机共驾阶段，智能网联汽车的制动系统需要工作在驾驶人制动模式或者自动驾驶制动模式。线控稳定性系统可方便地实现驾驶人制动模式和自动驾驶制动模式的互相切换，是智能网联汽车的发展趋势。在自动驾驶模式和驾驶人模式下，采用相同的动力学模型和控制参数对 EDWCS 实施制动，系统的控制效果差别很大。同时，从驾驶人制动模式到自动驾驶制动模式，驾驶人从有到无引起了汽车制动意图变化特性和制动需求的改变，需要对线控稳定性系统在两种工作模式下的压力控制做出相应的调整。驾驶人驾驶意图的采集和分析如图 4-21 所示。EDWCS 基于人机共驾模式，针对线控稳定性系统驾驶人模式和自动驾驶模式，在意图输入变化特性和需求方面的不同，通过理论分析、模型建立和仿真验证对线控稳定性系统在驾驶人模式和自动驾驶模式下的精确控制，对线控稳定性系统在两种模式下的控制策略和参数优化，以改善汽车在驾驶人和自动驾驶模式下的效果，如图 4-22 所示。

基于人机共驾的 EDWCS 仿真模型分为目标制动压力输入模型、PID 控制模型、EDWCS 模型。目标制动压力输入模型将驾驶人模式下的制动意图信号或者自动驾驶模式下的制动意图信号发送给线控稳定性系统控制器，EDWCS 控制器

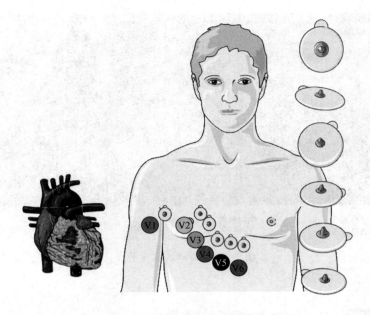

图 4-21 驾驶人驾驶意图的采集和分析

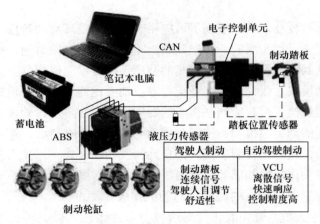

图 4-22 基于不同驾驶模式下的人机共驾 EDWCS 仿真模型

驱动系统的执行机构对制动总泵建立液压压力，制动总泵通过电磁阀和液压管路将制动压力传递到制动轮缸。为了更好地建立目标制动压力输入模型，本节分析了驾驶人模式和自动驾驶模式下的典型工况，如图 4-23 与图 4-24 所示。驾驶人模式下的制动过程包括驾驶人反应（$A-B$）、线控稳定性系统工作压力建立（$B-C$）、持续制动（$C-D$）、制动退出（$D-E$）四个阶段。在 $A-B$ 阶段，驾驶人的制动反应过程会引起一定的时间滞后，基于驾驶人的滞后制动特性，驾驶人模式下的制动需求是不同于自动驾驶模式下的制动需求的。目标制动压力从驾驶人踩踏制动踏板开始从零逐渐变大（$B'-C'$），不会出现大的阶跃输入，连续性较好，因为制动意图是通过驾驶人踩踏制动踏板带动位移传感器产生的连续信号。

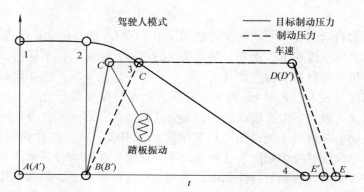

图4-23 驾驶人模式下的典型制动工况

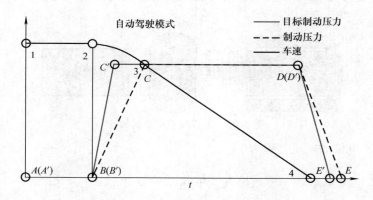

图4-24 自动驾驶模式下的典型制动工况

目标制动压力与踏板位置信号的关系见式（4-3），式中 $P_{target}$ 代表驾驶人对EDWCS输入的目标制动压力，$X_{pedal}$ 是驾驶人踩踏制动踏板引起的踏板位置传感器信号，此信号经过滤波函数处理：

$$P_{target} = f(X_{pedal}) \tag{4-3}$$

驾驶人模式会引起振动，这是无法避免的，在控制策略上，须考虑驾驶人自身带来的目标压力输入信号振动，这里考虑加入滤波函数。踏板位置传感器信号为

$$X_{pedal} = f(X_{sensor}) \tag{4-4}$$

式中，$X_{sensor}$ 为踏板位移传感器产生的原始信号。

自动驾驶模式下的制动过程包括线控稳定性系统响应和持续制动两个阶段，目标制动压力为阶跃变化，连续性较差。制动过程类似于驾驶人模式，但是目标制动力的输入特性、制动需求等都不同。自动驾驶模式下，制动系统的目标压力输入来自整车控制器（VCU），这个信号是一个离散的信号：

$$P_{\text{target}} = P_{\text{VCU}} \tag{4-5}$$

式中，$P_{\text{VCU}}$ 为自动驾驶模式下整车控制器发给 EDWCS 的目标制动压力信号。

在不同的驾驶模式下，汽车对制动系统的制动性能需求是不同的。因为驾驶人自身具有很强的自调节特性，对制动舒适性有一定的要求，需要比较平滑的制动过程，因此驾驶人模式的 EDWCS 的液压力控制精度要低于自动驾驶模式。如果系统在驾驶人模式下保持较高的制动压力控制精度，驾驶人自身在施加制动时所带来的振动会导致汽车制动压力频繁的波动，引起不适。在自动驾驶模式下，驾驶人从汽车操作系统中剔除，这种模式下，驾驶人在制动时带来的振动不再存在，但驾驶人本身的自调节特性也随之消失，在这种模式下，制动响应时间、控制精度也都随之改变。电机是 EDWCS 的动力源，电机的性能对于整个系统的仿真模型有重要意义。EDWCS 电机模型和减速增矩机构模型的连接关系如图 4-25 所示。

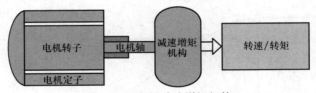

图 4-25 电机减速增矩机构

EDWCS 电机的电压方程为

$$\begin{cases} u_{\text{f}} = R_{\text{f}} i_{\text{f}} + L_{\text{f}} \dfrac{\mathrm{d}i_{\text{f}}}{\mathrm{d}t} \\ u_{\text{a}} = R_{\text{a}} i_{\text{a}} + L_{\text{a}} \dfrac{\mathrm{d}i_{\text{a}}}{\mathrm{d}t} + e(i_{\text{f}}, w_{\text{r}}) \\ e(i_{\text{f}}, w_{\text{r}}) = L_{\text{af}} i_{\text{f}} w_{\text{r}} \end{cases} \tag{4-6}$$

电磁转矩方程为

$$T_{\text{e}} = L_{\text{af}} i_{\text{f}} i_{\text{a}} \tag{4-7}$$

转矩平衡方程为

$$T_{\text{e}} = T_{\text{L}} + J \dfrac{\mathrm{d}w_{\text{r}}}{\mathrm{d}t} + B_{\text{m}} w_{\text{r}} \tag{4-8}$$

电压和电流之间的约束关系为

$$u_{\text{t}} = u_{\text{a}} = u_{\text{f}} \quad i = i_{\text{a}} + i_{\text{f}} \tag{4-9}$$

励磁电流、电枢电流和转子角速度的状态方程为

$$\begin{cases} \dfrac{\mathrm{d}i_\mathrm{f}}{\mathrm{d}t} = \dfrac{u_\mathrm{f}}{L_\mathrm{f}} - \dfrac{R_\mathrm{f}}{L_\mathrm{f}} i_\mathrm{f} \\ \dfrac{\mathrm{d}i_\mathrm{a}}{\mathrm{d}t} = \dfrac{u_\mathrm{a}}{L_\mathrm{a}} - \dfrac{R_\mathrm{a}}{L_\mathrm{a}} i_\mathrm{a} - \dfrac{L_\mathrm{af} w_\mathrm{r}}{L_\mathrm{a}} i_\mathrm{f} \\ \dfrac{\mathrm{d}w_\mathrm{r}}{\mathrm{d}t} = \dfrac{L_\mathrm{af}}{J} i_\mathrm{f} i_\mathrm{a} - \dfrac{B_\mathrm{m}}{J} w_\mathrm{r} - \dfrac{T_\mathrm{L}}{J} \end{cases} \quad (4\text{-}10)$$

减速增矩机构的作用是减速增矩并将电机的转动转化为推动制动总泵活塞的平动。不同的减速比会带来不同的响应时间和液压控制效果。

$$\begin{aligned} T_\mathrm{out} &= T_\mathrm{e} i \\ n_\mathrm{out} &= n_\mathrm{e} \dfrac{1}{i} \end{aligned} \quad (4\text{-}11)$$

式（4-6）~式（4-11）中，$u_\mathrm{f}$、$u_\mathrm{a}$ 分别为励磁电压和电枢电压；$i_\mathrm{f}$、$i_\mathrm{a}$ 分别为励磁电流和电枢电流；$R_\mathrm{f}$、$R_\mathrm{a}$ 分别为励磁电阻和电枢电阻；$L_\mathrm{f}$、$L_\mathrm{a}$ 分别为对应的自感系数；$L_\mathrm{af}$ 为运动感生电动势系数，与励磁电流和转子转速有关；$T_\mathrm{e}$ 为电机的输出转矩；$T_\mathrm{L}$ 为电机负载转矩；$i$ 为减速增矩机构的减速比；$T_\mathrm{out}$ 为减速增矩机构的输出转矩；$n_\mathrm{e}$ 为电机的输出转速；$n_\mathrm{out}$ 为减速增矩机构的输出转速。电机的参数设置参考实际选用的电机的参数。

本节基于 Matlab/Simulink 和 AMESim 软件完成了基于人机共驾模式下的 ED-WCS 液压力控制模型的仿真。仿真模型中的参数设置参考 EDWCS 的实际参数进行设置。在驾驶人模式中，因为驾驶人自身具有很好的压力自调节特性，且驾驶人本身会带来不必要的踏板振动，所以，制动系统对制动过程的要求是制动平稳、压力波动小、响应时间和压力控制精度满足法规要求。通过调整液压控制参数，使制动系统的制动性能达到上述要求。在不改变控制系统任何控制参数的情况下，将制动压力输入模式切换到自动驾驶模式。两种不同驱动方式下的主缸压力控制结果，如图 4-26 和图 4-27 所示。

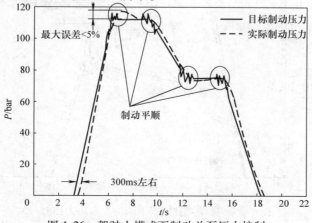

图 4-26　驾驶人模式下制动总泵压力控制

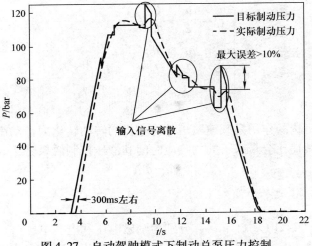

图 4-27　自动驾驶模式下制动总泵压力控制

从图 4-28 可以看出，系统的响应时间在 200ms 左右，驾驶人模式下的制动过程中，压力控制的最大误差为 5%。虽然驾驶人自身在踩踏制动踏板的过程中会给系统的目标压力输入信号带来波动，但制动总泵液压力的控制是平滑的。如果使用满足驾驶人模式下液压力控制要求的控制方法和参数去控制自动驾驶模式下的制动过程，EDWCS 的制动性能就无法满足自动驾驶模式下汽车对制动系统的制动性能要求。相同的控制参数下，制动系统的压力控制误差大于 10%，执行机构在控制制动总泵压力时也无法快速跟随目标压力，如图 4-29 所示。因此，采用驾驶人模式下的控制参数和策略对自动驾驶模式下的制动过程进行控制是不合理的。

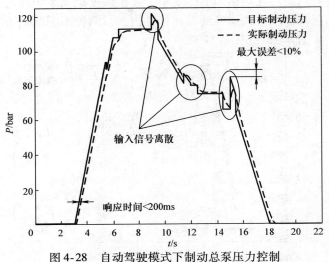

图 4-28　自动驾驶模式下制动总泵压力控制

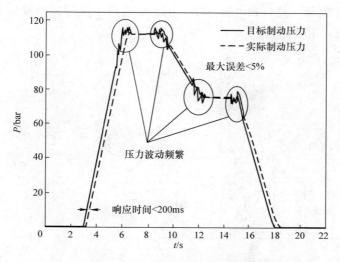

图 4-29　驾驶人模式下制动总泵压力控制

## 4.6　基于 EDWCS 的 ABS 控制策略

随着汽车技术的发展，汽车防抱死制动系统（ABS）技术已经在汽车稳定性控制中广泛应用。ABS 控制可以有效地防止汽车前后轮因制动力过大而抱死引起的前轮丧失转向能力和后轴侧滑现象，改善汽车在制动过程中的方向稳定性和转向操纵稳定性。线控稳定性系统的出现，使得制动系统在制动响应时间和液压力控制精度等方面得到提高。ABS 作为 EDWCS 的一部分，EDWCS 为电磁阀提供基础制动压力，电磁阀通过自身控制调节轮缸制动压力，实现汽车的防抱死制动功能。EDWCS 控制的是制动总泵的制动压力，而在 ABS 介入时，电磁阀对轮缸制动压力的调节会引起制动总泵制动压力的波动，因此，有必要对系统在 ABS 介入工况下的联合控制进行研究。此外，EDWCS 具备主动调节制动总泵液压力的功能，在电磁阀失效时，汽车仍然可以通过调节制动总泵的制动压力来间接调节四个轮缸的制动压力，最大可能地保证汽车的稳定性控制，本节对 EDWCS 在 ABS 介入工况下的控制展开研究。

EDWCS 在保证汽车稳定性的前提下，尽可能追求大的纵向汽车减速度，也就是将滑移率控制在最佳滑移率附近。本节建立了 EDWCS 的执行机构主缸建压动力学模型、电磁阀调压模型、单轮汽车系统模型和滑移率控制模型。在 AMESim 中建立制动总泵和电机模型。AMESim 为多学科复杂系统建模仿真平台，提供与 MATLAB 联合仿真接口，在机械、液压和汽车等领域有广泛应用。根据 ED-

WCS 样件使用的制动总泵和电机,在 AMESim 软件中搭建相应模型并设置参数,模型框图如图 4-30 所示。

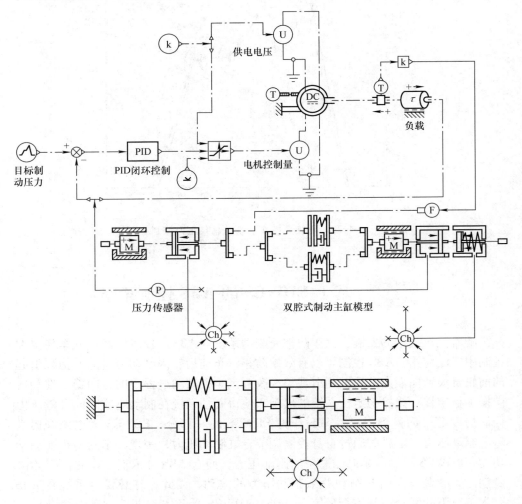

图 4-30　执行机构与制动总泵/轮缸模型

车速、轮速及滑移率等参数的计算在 Matlab/Simulink 中完成,该模型将 AMESim 模型中轮缸制动压力作为系统输入,并将计算得到的滑移率反馈给 AMESim 的液压调节模型。车速、轮速、滑移率计算模型,如图 4-31 所示。

EDWCS 的安装使得试验汽车在 ABS 失效时,依然可实现汽车防抱制动功能。在 ABS 失效时,EDWCS 可获取对车轮滑移率等数据,对制动总泵的制动压力进行精准控制,从而实现车轮防抱功能。为保证 EDWCS 汽车防抱控制的稳定性,并获得尽量大的制动减速度,需要根据不同的路面条件设置逻辑和参数。在

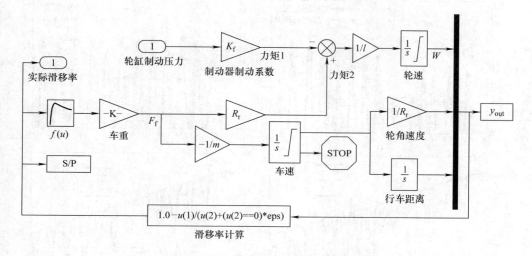

图 4-31 车速、轮速、滑移率计算模型

实际控制策略中,允许前轮中的一个轮胎抱死、汽车的后轮不能出现轮胎抱死工况的约束条件。对试验汽车分别进行低附着系数路面测试(冰面和雪面)、高附着系数路面到低附着系数路面测试、低附着系数路面到高附着系数路面测试、高低附着系数路面对开测试。

图 4-32 所示为试验汽车在低附着系数路面(冰面和雪面)上的测试结果,从图中可以看出:在低附着系数路面上,制动压力控制稍大,汽车的轮速就会发生较大的变化,因此需要调整较小的增压梯度。通过对 EDWCS 制动总泵的压力调节可以实现制动时车轮防抱功能,在很大程度上提升了汽车的安全性。在不同附着系数的路面上,增压、减压梯度的设置应随着附着系数的增大而增大。

图 4-33 为试验汽车在对接路面上的测试结果,对接路面由沥青路面和冰面组成。从图中可以看出:从低附着系数路面跃变到高附着系数路面时,制动压力比较低,车轮不会发生抱死,滑移率处于减小的状态,但汽车完全进入高附着系数路面后,应当提高系统的增压、减压梯度,使得主缸的压力调整满足高附着系数路面的稳定性控制。从高附着系数到低附着系数路面跃变时,制动压力无法完成从高到低的阶跃变化,在路面跃变瞬间,车轮滑移率会迅速增加,这时候的系统控制难度增加,波动幅度和频率也变大,是比较危险的工况,此时应尽快完成高附到低附增压、减压梯度的调整。在低附路面上,为尽可能增大制动减速度,可在车速降低到一定数值时,只控制两个后轮不抱死,进而增大整车制动减速度。

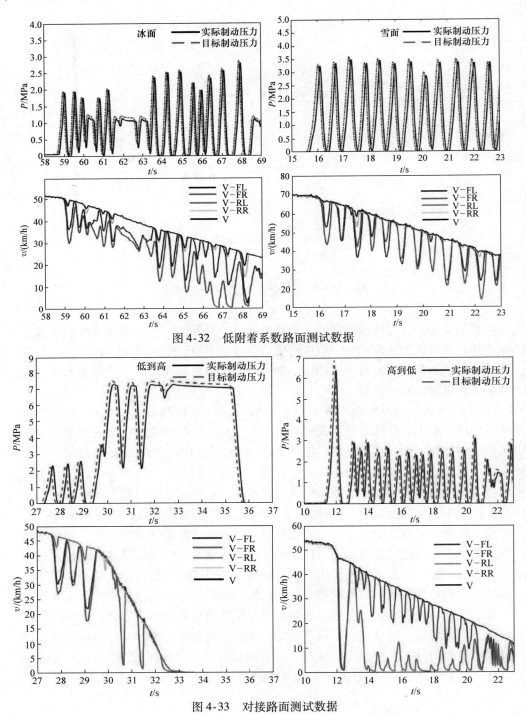

图 4-32 低附着系数路面测试数据

图 4-33 对接路面测试数据

# 第 5 章 牵引力控制系统的驱动电机建模与仿真

牵引力控制系统（Traction Control System，TCS）控制新能源汽车驱动过程中驱动轮的滑转率。TCS 在低附着系数路面上抑制驱动轮的过度滑转；在对开路面上提高新能源汽车的起步加速能力；在转弯行驶时通过滑转率门限值的选择保证新能源汽车转弯行驶的稳定性。牵引力控制系统的控制方式有两种：电机驱动力矩控制以及制动压力控制。这两种控制方式相互协调，根据不同的工作条件发生作用，其中起主要作用的是电机驱动力矩控制。TCS 流程包括路面附着系数计算、路面允许最大驱动力矩计算、动态输出力矩计算、目标电流计算及其实现流程等。TCS 最优驱动力矩耦合控制路面允许最大驱动力矩和电机动态输出力矩。本章的工作在于路面动态参数计算、电机最优驱动力矩控制及目标电流控制三部分。TCS 利用电机驱动力矩、变速器档位和电机控制系统来控制驱动轮。TCS 主要是由电机起动时间、变速器档位等来控制驱动轮打滑的。TCS 对新能源汽车稳定性有帮助，当汽车行驶在路面上，没有 TCS 的汽车，在加速时驱动轮易打滑，如果是后轮，将会造成甩尾，如果是前轮，方向就易失控，导致汽车偏移；而有 TCS，汽车在电机驱动时就能解决这种难题，保持汽车沿正确方向驱动行驶。TCS 的本质特征是电机动态输出转矩介入新能源汽车动力系统，控制汽车驱动状态，TCS 原理与控制流程如图 5-1 和图 5-2 所示。

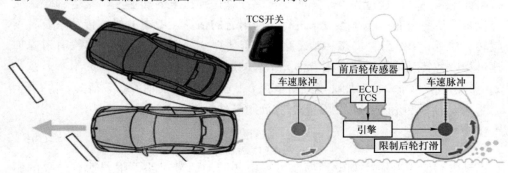

图 5-1  TCS 原理

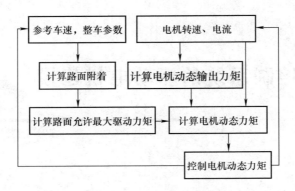

图 5-2　TCS 最优驱动力矩耦合控制流程

## 5.1　TCS 驱动力矩耦合控制策略

如果在结冰路面，没有 TCS，那么新能源汽车在电机驱动起步时，结冰侧的轮胎会发生打滑空转，那么动力就会源源不断地输入在打滑空转轮上，这一侧的车轮越转越快，耗掉了宝贵的动力。虽然电机输出转矩很大，但是汽车不能起步。TCS 是通过电动机牵引力 – 力矩动态合理输出来调整姿态。当有了 TCS 之后，汽车在起步过程中，当一侧驱动轮发生打滑空转时，TCS 会给这侧车轮一个制动力，通过抑制打滑轮，并且让动力适当地传输到另外一侧的非打滑轮，这样汽车就能够顺利起步。TCS 是通过发动机牵引力 – 力矩 – 动态合理输出来调整新能源汽车的驱动姿态。不同附着系数的路面上对应的最优驱动力矩是不同的，附着系数越高，允许的电机驱动力矩就越大，加速能力也就越强。路面附着的估算是进行电机转矩控制的前提。附着估算的方法有多种，本文中利用汽车加速度进行路面附着估算。通过参考车速的变化率计算得到汽车的加速度，结合轴距、质心位置、质量分布等整车参数来进行路面附着的估算。考虑电机、传动系统、车轮转动惯量，TCS 分为静态和动态路面附着估算。静态路面附着估算没有考虑加速过程中各转动惯量对路面附着估算结果的影响。假设轮胎 – 路面的附着系数为 $\mu$，整车质量为 $m$，整车加速度绝对值为 $a$，轴距为 $l$，前轴静态载荷为 $m_1$，簧上质量为 $m_{\text{spring}}$，质心高为 $h$，得静态路面附着估算结果为

$$\mu = \frac{mal}{m_1 gl - m_{\text{spring}} ha} \tag{5-1}$$

动态路面附着估算考虑了加速过程中各转动惯量对路面附着估算结果的影响，此时的路面附着估算表达式为

$$\begin{cases} a' = K_i a \\ \mu = \dfrac{ma'l}{m_1 gl - m_{\mathrm{spring}} ha} \end{cases} \tag{5-2}$$

式中，$K_i$ 为各档位下的旋转质量换算系数。

最优驱动力矩是电机充分利用路面附着时输出的驱动力矩，数值上等于路面附着允许的路面允许最大驱动力矩。路面允许最大驱动力矩指的是在一定的路面条件下，驱动轮与路面之间的附着力能提供的最大驱动力矩。设路面允许最大驱动力矩为 $T_{\max}$，驱动轮的转动半径为 $R$，变速器传动比为 $i_g$，主减速器传动比为 $i_0$，传动系统效率为 $\eta$，根据路面允许最大驱动力矩的定义，由驱动轴上的垂直载荷与路面附着条件可以求出路面允许最大驱动力矩的表达式为

$$T_{\max} = \dfrac{\mu(m_1 gl - m_{\mathrm{spring}} ha) R}{i_g i_0 \eta l} \tag{5-3}$$

路面允许最大驱动力矩考虑路面附着、加速过程中的载荷转移、传动系统的传动效率、变速器的传动比和轮胎滚动半径等因素。电机的输出力矩包括静态输出力矩与动态输出力矩两种。电机的静态输出力矩指的是电机转速和电流保持不变时的输出力矩，但在汽车行驶过程中，电机转速与电流往往处于变化过程中；电机的动态输出力矩也就是电机转速或电流处于变化过程时电机的输出力矩。

电机静态输出力矩 $T_e^S$ 可以根据电机转速 $n$、电流 $\alpha$，通过查 MAP 图获得：

$$T_e^S = f(n, \alpha) \tag{5-4}$$

电机动态输出力矩的精确估计需要利用电机工作原理，根据曲轴的瞬时角速度、角加速度与气缸内部压力的关系来估计。对于牵引力控制系统来说，不需要很高精度的动态估计，可以采用间接参数估计法来计算动态力矩补偿量。在动态工况下，电机状态由曲轴角速度 $\omega_e$、电流 $\alpha$ 以及它们的变化率 $\dfrac{\mathrm{d}\omega_e}{\mathrm{d}t}$ 和 $\dfrac{\mathrm{d}\alpha}{\mathrm{d}t}$ 来确定。设 $T_e^D$ 为动态输出力矩，则有

$$T_e^D = T_e^S - f_1\!\left(\dfrac{\mathrm{d}\omega_e}{\mathrm{d}t}\right) - f_2\!\left(\dfrac{\mathrm{d}\alpha}{\mathrm{d}t}\right) \tag{5-5}$$

若电机转速不变，即 $\dfrac{\mathrm{d}\omega_e}{\mathrm{d}t}=0$，此时的动态特性叫作定转速动态特性。动态过程的补偿量 $f_1\!\left(\dfrac{\mathrm{d}\omega_e}{\mathrm{d}t}\right)$ 为

$$f_1\!\left(\dfrac{\mathrm{d}\omega_e}{\mathrm{d}t}\right) = J_e \dfrac{\mathrm{d}\omega_e}{\mathrm{d}t} \lambda\!\left(\dfrac{\mathrm{d}\omega_e}{\mathrm{d}t}\right) \tag{5-6}$$

式中，$J_e$ 为电机旋转系统的转动惯量；$\lambda\!\left(\dfrac{\mathrm{d}\omega_e}{\mathrm{d}t}\right)$ 为动态补偿适应因子，它是电

机转速变化率的函数,是用来补偿动态过程中喷油量变化影响的因子。

延时 $\Delta t$ 是电流变化率绝对值的线性函数:

$$\Delta t = k_\alpha \frac{\mathrm{d}\alpha}{\mathrm{d}t} \tag{5-7}$$

综合考虑电机的动态特性,可以得到动态输出力矩估计值的表达式为

$$T_e^D(t) = T_e^S(t - \Delta t) - \lambda\left(\frac{\mathrm{d}\omega_e(t)}{\mathrm{d}t}\right)J_e\frac{\mathrm{d}\omega_e(t)}{\mathrm{d}t} \tag{5-8}$$

最优驱动力矩是通过控制电流为目标电流而获得的。目标电流是使得电机动态输出力矩为最优驱动力矩时的电流。根据电机转速、当前电流、最优驱动力矩等获得某实验汽车的 MAP 图,如图 5-3 所示。实车试验验证上述控制流程,试验路面为压实雪面,路面附着约为 0.3,图 5-4 ~ 图 5-6 分别为原地起步加速过程中的轮速、滑转率以及电流数据。

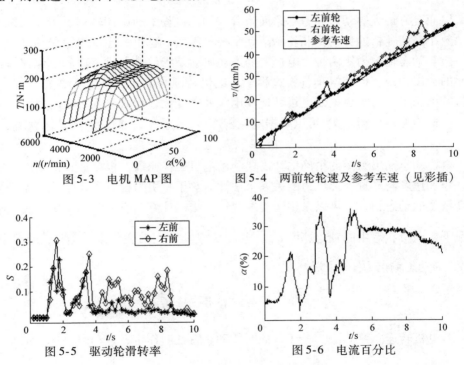

图 5-3 电机 MAP 图

图 5-4 两前轮轮速及参考车速(见彩插)

图 5-5 驱动轮滑转率

图 5-6 电流百分比

图 5-5 中,在 1.4s、3.0s 处,驱动轮的滑转率有上升的趋势,为了控制驱动轮滑转率,需要降低此时的驱动力矩,即电流需要减小。图 5-6 中在 1.5s 及 3.1s 处电流迅速减小,图 5-5 中驱动轮的滑转率则在 1.7s 以及 3.3s 处开始回到稳定区间。在此过程中,汽车耗时 10s 从静止加速到 14.44m/s,平均加速度为 1.44m/s,根据式(5-1)求得已经利用的路面附着为 0.27,附着利用率达到了

90%。如果考虑此过程中换档过程造成的加速能力的损失,则实际的附着利用率超过了 90%。雪面上峰值附着系数对应的滑转率区间为 0.12~0.15,在此过程中,驱动轮的滑转率始终保持在峰值附着系数对应得滑转率区间附近。试验结果说明,最优驱动力矩控制方法能够有效识别路面附着、计算最优驱动力矩、得到并实现相应的目标电流。它能够充分利用路面附着,控制驱动轮的滑转率,同时保证新能源汽车的驱动能力以及侧向稳定性。

## 5.2 TCS 电机控制策略

电机控制的目标是实现最优的驱动力矩输出,使得驱动轮工作在路面附着力上限区域附件,且无过度驱动引起轮胎滑转发生。由于实车控制中,轮速信号等包含较多的噪声,微分环节容易造成控制量的反复波动,不利于电机调节的稳定性,故采用电机的 PI 控制方式。被控变量选用既反映滑转率又便于观测的轮速,设最优目标滑转率为 $\lambda_s$,参考车速为 $v_{ref}$,则目标轮速的计算公式为

$$v_{rt} = v_{ref}/(1 - \lambda_s) \tag{5-9}$$

令两驱动轮轮速平均值为 $v_r = (v_{11} + v_{12})/2$,则偏差 $e(k) = v_{rt}(k) - v_r(k)$。目标电流 $\theta_s(k)$ 是实现目标滑转率的电流,采用 PI 控制器实现:

$$\theta_s(k) = K_p e(k) + K_i \sum_{j=0}^{k} e(j) \tag{5-10}$$

式中,比例系数 $K_p$ 较大时,系统的响应速度快、调节精度高,但是过大的比例系数会导致系统不稳定;积分系数 $K_i$ 较大时,系统的静态误差消除较快,但取值过大会在响应过程的初期产生积分饱和现象,从而引起系统的较大超调;由于路面条件和汽车的行驶状态是不断变化的,固定参数的 PI 控制对这些系统参数的变化有很强的灵敏度,适应性差。

当驱动轮滑转率远离最优目标滑转率时,增大 $K_p$ 并减小 $K_i$ 值,使滑转率迅速接近目标滑转率,又不至于产生积分饱和现象;当滑转率在目标值附近时,减小 $K_p$ 并增大 $K_i$ 值,以使驱动轮滑转率连续平稳地维持在目标滑转率附近。TCS 主动制动增压速率很高并且滞后时间短,车轮对压力干涉的响应速度很快,压力干涉容易造成轮速较大的波动,因而必须迅速将轮速变化趋势反馈回控制系统。引入微分环节及时地识别驱动轮的抱死趋势或滑转趋势,在压力控制中实现压力迅速调整,抑制轮速的较大波动。由于主动压力是通过各个周期的增压、保压和减压动作来实现的,轮缸中的压力是各个周期压力控制效果的累加,因而选用增量式 PID 控制。与电机控制相似,选用便于观测的驱动轮轮速作为受控对象。目标干涉压力 $p_s$ 为实现最优目标滑转率的干涉压力值,增量式 PID 控制器计算目标

干涉压力的变化速率 $\Delta p_s(k)$ 为

$$\Delta p_s(k) = K_p \Delta e(k) + K_i e(k) + K_d [\Delta e(k) - \Delta e(k-1)] \quad (5\text{-}11)$$

根据系统的偏差，选取合适的比例、积分、微分系数值。针对不同的路面条件及行驶工况，主动制动压力控制中，驱动滑转率控制可以采用与 ABS 制动滑移率控制类似逻辑门限值控制方法。首先利用 PID 控制计算出合适的增、减压速率，然后再由逻辑门限值控制根据实际的需要决定是增压、减压还是保压。为充分发挥汽车的动力性能，以充分体现 TCS 控制效果，采用动力性自动换档策略且换档过程中无动力中断，汽车初始速度均为 1m/s。路面为低附到高附变换的对接路面，路面附着系数驱动初始阶段为 0.2，驱动平衡阶段为 1.0，驱动状态仿真结果如图 5-7 和图 5-8 所示，图中曲线 1 代表车速，曲线 2、3 分别代表左前、右前驱动轮轮速，曲线 4、5 分别代表左前、右前轮缸内的主动干涉压力。

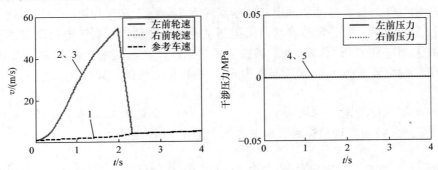

图 5-7 附着系数低→高对接水平路面起步加速电驱动状态（无 TCS 控制）

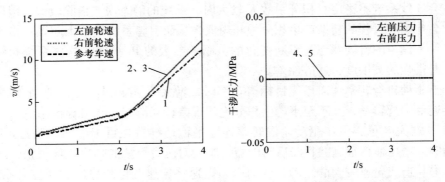

图 5-8 附着系数低→高对接水平路面起步加速电驱动状态（有 TCS 控制，见彩插）

由图 5-7 可知，无 TCS 控制时，汽车在初始驱动时处于低附着路面上，驱动轮打滑严重，后续驱动能力受到限制，仿真结束时末速度为 4.9m/s，行驶距离为 12.1m；由图 5-8 可知，有 TCS 控制时，驱动轮滑转率受到控制，仿真结束时末速度为 11.1m/s，行驶距离为 17.4m，显示了 TCS 的驱动性能。

## 5.3 TCS 与 ABS 共享系统的耦合结构分析

新能源汽车 TCS 由电机、执行机构、电子控制单元（ECU）、驱动轮制动器、传感器等组成。同时，为了轻量化与智能化设计，TCS 部分重要结构是 TCS 与 ABS 共享结构，例如执行机构、ECU、液压控制单元、驱动轮制动器、传感器、电磁阀等，这些结构组成共享系统。

（1）共享液压控制单元非金属的选用

液压控制单元使用的介质是汽车制动液，且安装在汽车车身上。根据零部件的使用条件，确定液压控制单元的非金属材料。

（2）共享金属材料的分析与选取

在对液压控制单元进行性能分析的同时，采取如下步骤对压力调节单元金属材料分析：

1）对材料进行光谱分析，确定被分析样品的组成成分。

2）根据光谱分析的结果，对被分析样品进行分类归组。在此基础上，对每组样品进行扫描电镜分析，对样品中所含元素周期表中钠以上元素进行定量和（或）半定量分析。

3）在上述工作的基础上，分析并找出对材料性能起关键作用的样品中的元素进行化学分析，精确确定其含量。

（3）共享压力调节单元金属的选取

根据对现有液压控制单元所使用金属材料的分析结果，以及电磁场分析的结果，结合我国金属材料的资源情况，确定压力控制单元金属材料的具体型号。

TCS 与整车的匹配分为两部分，即硬件匹配与软件匹配。

硬件匹配包括传感器及齿圈的安装设计，电子与液压控制单元的安装设计，制动管路、电线束及仪表的布置和 HCU 节流阀孔直径的匹配设计。其中，HCU 节流阀孔直径的匹配设计关系到制动系统的增减压速率，在硬件匹配中最为关键。

软件匹配主要是根据汽车车轮的转动惯量、重心高度、制动器结构形式、载重量和制动系统的增减压速率等参数匹配 ABS 控制软件中的各种门限值和缓增压过程。具体匹配过程：首先在计算机上进行数字模拟，获得匹配参数的初步区间；然后在混合仿真实验台上进行硬件在环混合仿真模拟，进一步缩小匹配参数的区间；最后进行实车道路实验，确定匹配的参数。为了提高软件匹配的效率，研究了正交设计的方法在 TCS 软件匹配中的应用。

## 5.4 TCS 软硬件匹配参数的正交试验方法

TCS 控制软件中有超过 60 个控制参数。如果对这些参数进行全面试验,即使每个参数只选取两个水平进行试验,那么需进行 $2^{60} \approx 1.15 \times 10^{18}$ 次试验,这显然是不可能的,为此引入正交试验设计法。该方法就是采用正交设计原理设计好的正交表(正交表用来安排试验并进行数据分析)的一种方法。正交试验设计的基本工具是正交表,它是根据均衡分布的思想,运用组合数学理论构造的一种数学表格。正交表必须具备的性质如下:

1)在任意一列中各水平都出现,且出现的次数相等。

2)任意两列之间各种不同水平的所有可能组合都出现,且出现的次数相等。

这样,在正交表中,任意一列的各水平都出现,使得部分试验中包含所有因素的所有水平;任意两列的所有组合都出现,使得任意两因素间都是全面试验。以此正交表安排的虽然只是部分试验,但却能够了解到全面试验的情况,从这个意义上讲,部分试验可以代表全面试验。而且,在正交表中,任意一列各水平出现的次数都相等,任意两列间所有可能的组合出现的次数都相等,因此就使得任意一因素各水平的试验条件相同。这就保证了在每列因素各个水平的效果中,最大限度地排除了其他因素的干扰,从而可以综合比较该因素不同水平对试验指标的影响。正交试验法确定软件参数的步骤可归纳如下:

1)确定性能评价指标。

2)选定对性能可能有较大影响的软件参数,即试验因素,然后确定各软件参数的水平数。

3)根据上一步选取的因素数和水平数选定合适的正交表,排定表头(试验计划表)。

4)按照表中排定的条件进行试验,求出每次试验条件下的 ABS 评价指标的值,并将结果填入表格相应位置。

5)计算各列的同一水平的数据和,并计算极差,填入表格,按极差的大小排出因素的主次,选取因素的最佳组合。

6)如有必要,以各因素取值为横坐标,评价指标为纵坐标,将各主要因素的各个水平的数据标注于坐标系内,根据其变化趋势推测 TCS 软件参数的寻优方向,进行软件参数优化。

TCS 的硬件匹配流程如下:

(1)待匹配汽车性能检测与整车参数获取

在进行 TCS 匹配之前,首先需要对待匹配汽车进行充分测试,检测汽车是否符合 TCS 匹配的要求。如汽车的制动器必须能够提供足够大的制动器摩擦力矩，保证前后轮在各种附着和负载情况下均能抱死，使 TCS 能够发挥作用，保证制动效能和制动稳定性；汽车的行车制动时制动和放松时间应尽量短，即制动滞后现象应尽量小，必须满足 TCS 压力调节需要；汽车的制动力分配必须合理。另外需要了解汽车的车型、整车布局、驱动形式、制动器形式、制动管路的布置等信息，这些与传感器的选择与安装，液压控制单元的安装，电子控制单元的安装，线束的设计及软件参数匹配都有直接的关系。

测量获取整车质量、重心位置和高度、制动器参数等整车参数，为 HCU 的匹配、软件匹配奠定基础。

（2）HCU 设计匹配

首先，进行仿真初步匹配，将获取的待配汽车的整车参数输入基于 ANSYS 和 AMESIM 软件平台上开发的液压控制单元的仿真分析软件中，对 HCU 进行参数选择和仿真，确定 HCU 的增减压阀孔径、低压储能器大小等性能参数。其次，将设计完成的 HCU 在电磁阀测试试验台上进行性能测试，根据电磁阀的响应等指标对 HCU 进行进一步改进。最终，HCU 的匹配需要进行实车检测，并且根据 TCS 软件匹配的效果对 HCU 的设计匹配进行反复验证和测试。

（3）TCS 的硬件匹配安装和调试

1）传感器的安装。传感器由两部分组成，即传感器和齿圈。根据制动器和车轮的布局设计合适齿圈，选择合适的传感器安装形式和位置。安装传感器时，第一要保证空气间隙值符合规定要求；第二要使传感器及齿圈安装牢靠，相对振动较小，以防空气间隙的变化；第三传感器的中心线应垂直于脉冲环的齿面，且中心应位于齿面宽度方向上的中部。

2）液压控制单元（HCU）的安装。由于制动液有良好的不可压缩性，并且液压控制单元与制动主缸形成分离式结构，液压控制单元在制动系统中的布局柔性很大。为了便于安装，将其安装在离制动主缸较近的地方，较为有利。在匹配过程中曾发生过主缸与 HCU 间连接油管因振动发生断裂的情况，因此 HCU 在安装时要充分考虑 HCU 与主缸间的振动因素。TCS 电磁阀继电器和电机继电器直接插接在液压控制单元的相应的插座上，为了免受尘土和油污的沾染，在液压控制单元上应有一罩盖。液压控制单元是阀类零件，受的振动冲击越小越好，液压控制单元应作为汽车的簧上质量，既可减少对阀的振动冲击，又可以提高汽车的舒适性。

3）电子控制单元（ECU）的安装。ECU 由安置在印制电路板上的一系列电子元器件构成，封装在金属壳体中，形成一个独立的整体。ECU 在汽车上的安装应注意防振冲击，防雨水及灰尘的侵蚀，并且要远离高温源并避免温度突变等对它的冲击。其通常安置在汽车上尘土和潮气不易侵入、电磁干扰较小的部位。如电子控制单元可以安置在行李舱中的隔离室内,可以安置在仪表板下或座椅下或电机舱中的隔离室内等部位。ECU 通过线束与传感器和执行器相连(在有些车型上,为了使 TCS 与 ABS 紧凑,也可将 ECU 就安置在液压控制单元上)。

另外 TCS 硬件匹配还包括线束设计、ECU 接线等。

TCS 系统硬件匹配安装完毕,需要对 TCS 系统各硬件单元进行严格测试,保证整个系统的正常工作。

TCS 软件匹配流程主要包括三个步骤:数字模拟计算,获得匹配参数的初步区间;TCS/ABS 硬件在环混合仿真,进一步缩小匹配参数的区间;最后进行实车道路实验,确定匹配的参数。

(1) 数字模拟计算

将硬件匹配得到的整车及 HCU 参数输入基于 AMESIM 平台建立的 TCS 整车分析系统中,进行数字仿真计算,对软件参数进行初步匹配,获取匹配参数的初步区间。

(2) TCS/ABS 硬件在环混合仿真

开发过程中,采用 TCS/ABS 混合动力驱动仿真试验台进行 TCS/ABS 硬件在环混合仿真,试验台如图 5-9 所示。

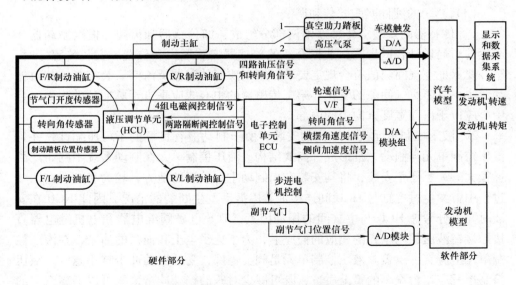

图 5-9 TCS/ABS 混合动力驱动仿真试验台

将与匹配汽车同型号的制动器、HCU 和 ECU 安装在试验台上,根据匹配汽车的参数,调整汽车模型,形成与目标匹配汽车相适应的混合仿真系统。在系统中进行 TCS/ABS 的硬件耦合在环仿真,包括如下内容:

1) 工作电路检测与调试。

2) 压力控制单元的功能调试,以及压力控制过程升压速率、减压速率的测试。

3) 根据硬件在环仿真系统软件的设置,分别对汽车行驶在高附着系数路面、低附着系数路面、高低附着系数对接路面、对开路面上的直线制动情况、高低附着路面转弯制动/移线/双移线等情况进行仿真分析,检测所设计控制软件的控制参数是否合理。

4) 根据硬件在环仿真分析的结果,确定实车道路匹配时的重点参数匹配表。

另外在本试验台上也可以进行 TCS/ABS 的 HCU、ECU 的测试,以及可以完成部分道路试验难以完成或者无法完成的试验。

(3) 实车匹配

完成硬件在环仿真分析后,在匹配汽车上安装专用便携式车载试验计算机及其数据采集与分析系统,使用正交试验的方法,对安装了自主开发系统的汽车进行道路匹配试验。在匹配试验中,为方便调试,可将 ECU 固定在车内,用扩展 Flash 代替片上内存,这样可以方便地对程序进行修改和反复擦写。同时构建了一套综合测试系统,测量制动过程中的轮速、车速、电磁阀开关状态、制动压力等一系列参数,并利用自行开发的数据分析软件将制动过程曲线直观地显示出来,同时按照国标要求计算出制动距离、平均制动压力等参数量,客观地对制动过程做出评价,并以此为依据修改控制程序。车载 TCS/ABC 调试系统框图如图 5-10 所示。

实车道路匹配试验主要完成如下工作:

1) 行驶过程中工作电路的功能检测和可靠性考核。

2) 对匹配汽车行驶在高附着系数路面(附着系数大于 0.6)直线制动时制动功能和效果调试。

3) 对匹配汽车行驶在低附着系数路面(附着系数小于 0.4)直线制动时制动功能和制动效果的调试。

4) 对匹配汽车行驶在高/低附着系数路面和低/高附着系数路面(对接路面)直线制动时的制动功能和制动效果的调试。

5) 对匹配汽车行驶在左高/右低附着系数路面和左低/右高附着系数路面(对开路面)直线制动时的制动功能和制动效果的调试。

6) 对匹配汽车在高附着路面和低附着路面转弯制动情况进行制动功能和制动效果的调试。

7) 对匹配汽车在高附着路面和低附着路面移线制动情况进行制动功能和制动效果的调试。

8) 对匹配汽车在不平路面的制动情况进行制动功能和制动效果的调试。

9) 对匹配汽车在坡道上的制动情况进行制动功能和制动效果的调试。

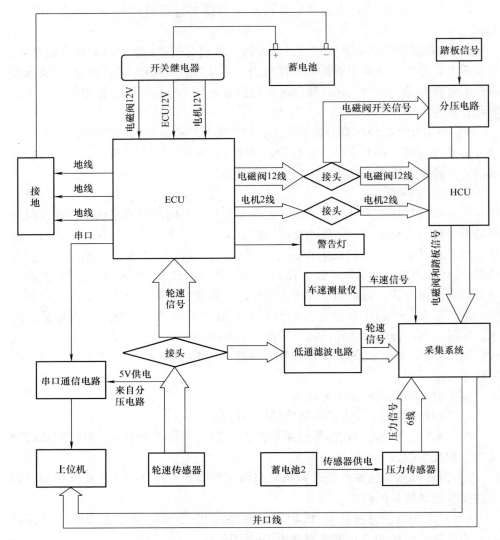

图 5-10 车载 TCS/ABS 调试系统框图

注：压力传感器需要单独供电，故在车上要再用一个蓄电池为压力传感器供电。

在完成 TCS/ABS 匹配之后，进行全面的道路试验，进行性能测试和可靠性试验，对整车的软硬件匹配进行优化。ECU 是 TCS 的控制部件，作为汽车的安全部件，在批量生产时，除了作为电子产品所必须进行的各种测试外，还应该进行功能测试。ECU 的功能测试主要采用了硬件在环的仿真测试方法，建立了仿真系统模型。在测试系统的设计中，轮速信号的产生、HCU 仿真、汽车模型的选择、轮胎模型的建立、仿真测试软件界面设计等是研究的重点。设计开发的硬件在环仿真测试台具有如下功能：给 ECU 加电，进行各种路面的仿真测试，自动判别 ECU 是否合格，测试结束自动给 ECU 断电等。在此基础上，结合环境模拟设备（高低温、振动综合试验台）设计了 ECU 疲劳试验台。可以测试 ECU 在高温、低温、振动等环境下进行连续工作的累计工作次数和工作时间，同时可以检测 ECU 的工作性能。每个参数和工艺步骤的确定，都建立在大量的工艺实践和试验结果的基础上，每一个行之有效的生产工序，都是多次试生产后比较分析的结果。压力控制单元的仿真分析与测试系统并开发了压力控制单元产品。压力控制单元的动态响应时间小于 2ms，耐压值达到 20MPa。压力控制单元设计方法能够进行电磁阀电流导通、电磁场建立到电磁阀芯移动等一系列复杂过程的分析，并可进行参数化设计，保证了产品批量生产时质量的可靠性和一致性。

# 第 6 章
# 新能源汽车电驱动系统空间结构分析与设计方法

用多体动力学系统空间结构和传递矩阵法,分析新能源汽车电驱动系统噪声、振动和强度特性的流程,如图 6-1 所示。首先,根据电驱动系统的组成和每一部件的运动规律,建立多体系统动力学模型,把复杂的多体系统分割成若干个元件,同时按照动力学模型确定系统的状态矢量,然后,根据各个元件的动力学特性、动力学方程、传递方向以及与其他元件的连接方式依次推导出每个元件的

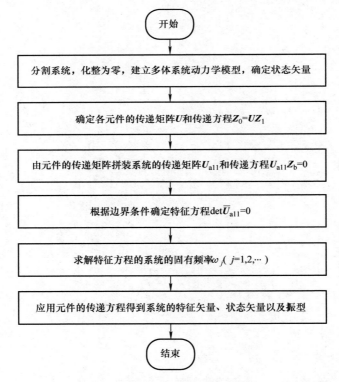

图 6-1 多体系统空间结构与传递矩阵法动力学特性分析流程

传递矩阵。接着，按照整个系统的连接方式和传递方程，将每个元件的传递矩阵进行拼装，就可得到系统的总体传递矩阵和传递方程，把每个元件的传递矩阵相乘就可得到描述整个系统力学特性的总体传递矩阵，系统的总体传递矩阵方程是以系统的边界点和复杂铰接点的状态矢量为未知变量的，其系数矩阵即总体传递矩阵中的元素只是系统结构参数和固有频率的函数，只要根据系统的边界条件中某些边界点状态矢量元素为零特点，就可由总体传递矩阵得到系统的特征方程，而这个特征方程仅仅是以系统固有频率为未知变量的，求解之，即得到系统的固有频率 $\omega_j$ ($j=1, 2, \cdots$)，进而求解总体传递方程就可得到系统的特征矢量，再利用每个元件的传递矩阵和传递方程就可得到系统每一铰接点以及梁上每一点处的状态矢量和振型，这样就得到了整个系统的振动特性。

## 6.1 电驱动系统的状态空间分析方法

### 6.1.1 电驱动系统空间结构的建模与分析

本节以直角坐标系为参考系（图6-2），各点在坐标系中的直角坐标数值用矩阵表示法标记，并用黑斜体字母表示矢量、矩阵。除特别声明外，凡元素为单数组均表示为列阵，而它的行阵取其转置。为描述每个部件的运动和推导传递矩阵的方便，在建立每一个元件（包括"体"和"铰"）的坐标系时，均以输入点为坐标原点，沿主轴轴线水平向右的方向为 $x$ 轴正向，$y$ 轴在铅直平面内，垂直于 $x$ 轴向上为正，$z$ 轴与 $x$ 轴和 $y$ 轴构成右手系。

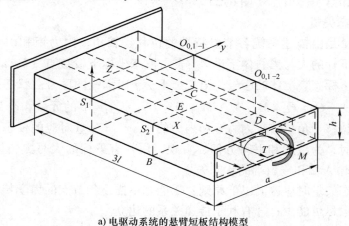

a) 电驱动系统的悬臂短板结构模型

图6-2 电驱动系统悬臂短板空间结构与约束分析

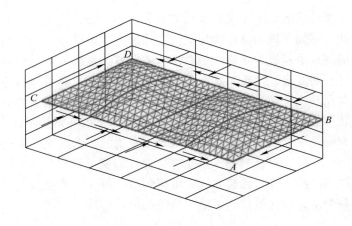

b) 电驱动系统变形传递分析

图 6-2 电驱动系统悬臂短板空间结构与约束分析（续）

(1) "体" 和 "铰" 元件

任何刚体、弹性体均称为"体"，"体"与"体"之间的任何连接关系均称为"铰"。"铰"不计质量，其质量全部归入相邻的"体"中。"体"和"铰"统称为力学元件，简称元件，并统一编号。

(2) 传递方向

将系统的某一边界点定义为传递末端，从其他边界点到传递末端的方向即为传递方向。沿传递方向，进入单元的连接点为输入点，离开单元的连接点为输出点。对于复杂的连接关系，输入点和输出点可能不止一个，此时可根据需要定义第一输入点和第一输出点（图 6-2）。

(3) 状态矢量

状态矢量是由描述系统各节点特性的位移、转角、内力矩和内力组成的列阵。用带有下标的大写黑斜体字母 $\boldsymbol{Z}_{k,j}$ 表示模态坐标下铰接点 $(k, j)$ 的状态矢量，第一个下标 $k$ 表示体的序号，第二个下标 $j$ 表示铰的序号。状态矢量 $\boldsymbol{Z}_{k,j} = [X, Y, Z, \Theta_x, \Theta_y, \Theta_z, M_x, M_y, M_z, Q_x, Q_y, Q_z]_{k,j}^T$ 中的元素，分别描述元件铰接点的线位移、角位移、内力矩和内力的 $x$、$y$、$z$ 分量对应的模态坐标。当讨论单个元件时，为叙述和书写方便、直观，用带有下标的大写黑斜体字母 $\boldsymbol{Z}_I$ 和 $\boldsymbol{Z}_O$ 分别表示输入端和输出端的状态矢量。

定义状态矢量时应遵循以下原则：①能完整描述各节点的力学特性；②所包含的变量个数尽可能少；③有利于传递关系的建立。

(4) 物理坐标和模态坐标

用 $\boldsymbol{r}_j$ 表示元件第 $j$ 点相对于其平衡位置的线位移在惯性系中的坐标列阵，其元素用斜体字母表示，即 $r_j = [x_j, y_j, z_j]^T$，用 $R_j = [X_j, Y_j, Z_j]^T$ 表示与元件第 $j$ 点线位移 $r_j$ 对应的模态坐标；用 $\theta_j = [\theta_{xj}, \theta_{yj}, \theta_{zj}]^T$ 表示元件第 $j$ 点相对于其平衡位置的角位移在惯性系中的坐标列阵，用 $\Theta_j = [\Theta_{xj}, \Theta_{yj}, \Theta_{zj}]^T$ 表示与元件第 $j$ 点角位移 $\theta_j$ 对应的模态坐标列阵；用 $q_j = [q_{xj}, q_{yj}, q_{zj}]^T$ 表示元件上第 $j$ 点处所受系统内力在惯性系中的坐标列阵，用 $Q_j = [Q_{xj}, Q_{yj}, Q_{zj}]^T$ 表示与元件上第 $j$ 点处所受系统内力 $q_j$ 对应的模态坐标列阵；用 $m_j = [m_{xj}, m_{yj}, m_{zj}]^T$ 表示元件上第 $j$ 点处所受系统内力矩在惯性系中的坐标列阵，用 $M_j = [M_{xj}, M_{yj}, M_{zj}]^T$ 表示与元件第 $j$ 点处所受系统内力矩 $m_j$ 对应的模态坐标列阵。即小写字母 $x$、$y$、$z$、$\theta_x$、$\theta_y$、$\theta_z$、$q_x$、$q_y$、$q_z$、$m_x$、$m_y$、$m_z$ 表示在惯性系中的物理坐标，大写字母 $X$、$Y$、$Z$、$\Theta_x$、$\Theta_y$、$\Theta_z$、$Q_x$、$Q_y$、$Q_z$、$M_x$、$M_y$、$M_z$ 分别表示对应于物理坐标 $x$、$y$、$z$、$\theta_x$、$\theta_y$、$\theta_z$、$q_x$、$q_y$、$q_z$、$m_x$、$m_y$、$m_z$ 的模态坐标。特别地，下标 I 或 O 分别表示输入端（Input）和输出端（Output）所对应的坐标或列阵。

（5）传递矩阵

用带有下标的大写黑斜体字母 $U_j$ 表示传递矩阵，$j$ 表示元件的序号；传递矩阵中的块矩阵用带有块序号下标的大写黑斜体字母 $U_{kj}$ 表示，其中，$k$ 代表行的序号，$j$ 代表列的序号，传递矩阵中的元素用带有序号的小写字母 $u_{kj}$ 表示，其中，$k$ 代表行的序号，$j$ 代表列的序号。矩阵 $\underset{a \times b}{U}$ 下方的 $a \times b$ 表示该矩阵有 $a$ 行 $b$ 列，有时省略 $\underset{a \times b}{U}$ 下方的 $a \times b$。

（6）正向约定

任一点在直角坐标系中的位移 $x$、$y$、$z$ 及转角 $\theta_x$、$\theta_y$、$\theta_z$ 沿坐标轴 $x$、$y$、$z$ 方向为正。输入端的力沿坐标轴方向为正，力矩逆坐标轴方向为正；输出端的力逆坐标轴方向为正，力矩沿坐标轴方向为正，如图 6-3 和图 6-4 所示。

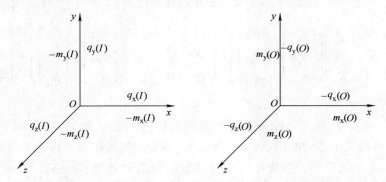

图 6-3 输入端力和力矩正向约定　　图 6-4 输出端力和力矩正向约定

自由振动线性时不变系统的物理坐标可用模态坐标［12，15］表示为

$$r_{\alpha_j} = R_{\alpha_j}\mathrm{e}^{\mathrm{i}\omega t} \tag{6-1}$$

$$\theta_{\alpha_j} = \Theta_{\alpha_j}\mathrm{e}^{\mathrm{i}\omega t} \tag{6-2}$$

$$q_{\alpha_j} = Q_{\alpha_j}\mathrm{e}^{\mathrm{i}\omega t} \tag{6-3}$$

$$m_{\alpha_j} = M_{\alpha_j}\mathrm{e}^{\mathrm{i}\omega t} \tag{6-4}$$

式中，$\alpha$ 为 $I$ 或 $O$，其中 I 为输入端，O 为输出端；$\mathrm{e}^{\mathrm{i}\omega t}$ 中的 i 为虚数单位。

（7）单位矩阵和零矩阵

用大写黑斜体字母 $\boldsymbol{I}_n$ 和 $\boldsymbol{O}_{m\times n}$ 分别表示 $n$ 阶单位方阵 $m\times n$ 阶零矩阵。

根据电驱动系统动力学模型，该系统有 5 个连接点，即 $B$、$C$、$S_1$、$S_2$、$D$ 处，4 个边界点，即 $O_{0,1-1}$、$O_{0,1-2}$、$A$、$E$ 处，因此应定义 9 个状态矢量：

$$\boldsymbol{Z}_{0,1-1 \atop 12\times 1} = [X, Y, Z, \Theta_x, \Theta_y, \Theta_z, M_x, M_y, M_z, Q_x, Q_y, Q_z]^{\mathrm{T}}_{0,1-1} \tag{6-5}$$

$\boldsymbol{Z}_{0,1-2 \atop 12\times 1}$、$\boldsymbol{Z}_A$、$\boldsymbol{Z}_B$、$\boldsymbol{Z}_C$、$\boldsymbol{Z}_{S_1}$、$\boldsymbol{Z}_{S_2}$、$\boldsymbol{Z}_D$、$\boldsymbol{Z}_E$ 与 $\boldsymbol{Z}_{0,1-1 \atop 12\times 1}$ 类似。

另外，根据电驱动系统动力学模型的特点，可定义状态矢量：

$$\boldsymbol{Z}_{0,1 \atop 18\times 1} = [X_{0,1-1}, Y_{0,1-1}, Z_{0,1-1}, \Theta_{x0,1-1}, \Theta_{y0,1-1}, \Theta_{z0,1-1}, M_{x0,1-1}, M_{y0,1-1}, M_{z0,1-1},$$
$$Q_{x0,1-1}, Q_{y0,1-1}, Q_{z0,1-1}, M_{x0,1-2}, M_{y0,1-2}, M_{z0,1-2}, Q_{x0,1-2}, Q_{y0,1-2},$$
$$Q_{z0,1-2}]^{\mathrm{T}} \tag{6-6}$$

## 6.1.2 电驱动系统空间弹簧和扭簧的结构分析

电驱动系统空间弹簧和扭簧结构如图 6-5 所示，与电驱动系统空间弹簧和扭簧并联阻尼器的动力学方程为

$$\begin{bmatrix} K_x & 0 & 0 \\ 0 & K_y & 0 \\ 0 & 0 & K_z \end{bmatrix}\left(\begin{bmatrix} x_\mathrm{I} \\ y_\mathrm{I} \\ z_\mathrm{I} \end{bmatrix}-\begin{bmatrix} x_\mathrm{O} \\ y_\mathrm{O} \\ z_\mathrm{O} \end{bmatrix}\right)+\begin{bmatrix} C_x & 0 & 0 \\ 0 & C_y & 0 \\ 0 & 0 & C_z \end{bmatrix}\left(\begin{bmatrix} \dot{x}_\mathrm{I} \\ \dot{y}_\mathrm{I} \\ \dot{z}_\mathrm{I} \end{bmatrix}-\begin{bmatrix} \dot{x}_\mathrm{O} \\ \dot{y}_\mathrm{O} \\ \dot{z}_\mathrm{O} \end{bmatrix}\right)=\begin{bmatrix} q_{x\mathrm{I}} \\ q_{y\mathrm{I}} \\ q_{z\mathrm{I}} \end{bmatrix} \tag{6-7}$$

$$\begin{bmatrix} K'_x & 0 & 0 \\ 0 & K'_y & 0 \\ 0 & 0 & K'_z \end{bmatrix}\left(\begin{bmatrix} \theta_{x\mathrm{O}} \\ \theta_{y\mathrm{O}} \\ \theta_{z\mathrm{O}} \end{bmatrix}-\begin{bmatrix} \theta_{x\mathrm{I}} \\ \theta_{y\mathrm{I}} \\ \theta_{z\mathrm{I}} \end{bmatrix}\right)+\begin{bmatrix} C'_x & 0 & 0 \\ 0 & C'_y & 0 \\ 0 & 0 & C'_z \end{bmatrix}\left(\begin{bmatrix} \dot{\theta}_{x\mathrm{O}} \\ \dot{\theta}_{y\mathrm{O}} \\ \dot{\theta}_{z\mathrm{O}} \end{bmatrix}-\begin{bmatrix} \dot{\theta}_{x\mathrm{I}} \\ \dot{\theta}_{y\mathrm{I}} \\ \dot{\theta}_{z\mathrm{I}} \end{bmatrix}\right)=\begin{bmatrix} m_{x\mathrm{I}} \\ m_{y\mathrm{I}} \\ m_{z\mathrm{I}} \end{bmatrix}$$

$$\tag{6-8}$$

式中，$K_x$、$K_y$、$K_z$ 分别为弹簧在三个方向的弹性系数（即刚度）；$K'_x$、$K'_y$、$K'_z$ 分别为扭簧在三个方向的刚度；$C_x$、$C_y$、$C_z$ 分别为弹簧在三个移动方向的阻尼系数；$C'_x$、$C'_y$、$C'_z$ 分别为扭簧在三个转动方向的阻尼系数；$\dot{x}$、$\dot{y}$、$\dot{z}$、$\dot{\theta}_x$、$\dot{\theta}_y$、$\dot{\theta}_z$ 分别为对时间 $t$ 求一阶导数。

如图 6-6 所示，若不考虑阻尼，空间弹簧和扭簧的动力学方程式（6-7）和式（6-8）变为

$$\begin{bmatrix} K_x & 0 & 0 \\ 0 & K_y & 0 \\ 0 & 0 & K_z \end{bmatrix} \left( \begin{bmatrix} x_I \\ y_I \\ z_I \end{bmatrix} - \begin{bmatrix} x_O \\ y_O \\ z_O \end{bmatrix} \right) = \begin{bmatrix} q_{xI} \\ q_{yI} \\ q_{zI} \end{bmatrix} \quad (6\text{-}9)$$

$$\begin{bmatrix} K'_x & 0 & 0 \\ 0 & K'_y & 0 \\ 0 & 0 & K'_z \end{bmatrix} \left( \begin{bmatrix} \theta_{xO} \\ \theta_{yO} \\ \theta_{zO} \end{bmatrix} - \begin{bmatrix} \theta_{xI} \\ \theta_{yI} \\ \theta_{zI} \end{bmatrix} \right) = \begin{bmatrix} m_{xI} \\ m_{yI} \\ m_{zI} \end{bmatrix} \quad (6\text{-}10)$$

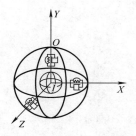 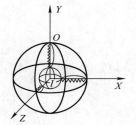

图 6-5　空间弹簧和扭簧及与其并联阻尼器　　图 6-6　空间弹簧和扭簧

用模态坐标表示的自由振动空间弹簧和扭簧的动力学方程为

$$\begin{bmatrix} X_O \\ Y_O \\ Z_O \end{bmatrix} = \begin{bmatrix} X_I \\ Y_I \\ Z_I \end{bmatrix} - \begin{bmatrix} K_x & 0 & 0 \\ 0 & K_y & 0 \\ 0 & 0 & K_z \end{bmatrix}^{-1} \begin{bmatrix} q_{xI} \\ q_{yI} \\ q_{zI} \end{bmatrix} = \begin{bmatrix} X_I \\ Y_I \\ Z_I \end{bmatrix} + \begin{bmatrix} -\dfrac{1}{K_x} & 0 & 0 \\ 0 & -\dfrac{1}{K_y} & 0 \\ 0 & 0 & -\dfrac{1}{K_z} \end{bmatrix} \begin{bmatrix} q_{xI} \\ q_{yI} \\ q_{zI} \end{bmatrix}$$

(6-11)

$$\begin{bmatrix} \Theta_{xO} \\ \Theta_{yO} \\ \Theta_{zO} \end{bmatrix} = \begin{bmatrix} \Theta_{xI} \\ \Theta_{yI} \\ \Theta_{zI} \end{bmatrix} + \begin{bmatrix} K'_x & 0 & 0 \\ 0 & K'_y & 0 \\ 0 & 0 & K'_z \end{bmatrix}^{-1} \begin{bmatrix} M_{xI} \\ M_{yI} \\ M_{zI} \end{bmatrix} = \begin{bmatrix} \Theta_{xI} \\ \Theta_{yI} \\ \Theta_{zI} \end{bmatrix} + \begin{bmatrix} \dfrac{1}{K'_x} & 0 & 0 \\ 0 & \dfrac{1}{K'_y} & 0 \\ 0 & 0 & \dfrac{1}{K'_z} \end{bmatrix} \begin{bmatrix} M_{xI} \\ M_{yI} \\ M_{zI} \end{bmatrix}$$

(6-12)

对于图 6-6 所示的空间弹簧和扭簧，定义输入端和输出端的状态矢量为

$$\mathbf{Z}_{\underset{12\times1}{I}} = [X_I, Y_I, Z_I, \Theta_{xI}, \Theta_{yI}, \Theta_{zI}, M_{xI}, M_{yI}, M_{zI}, Q_{xI}, Q_{yI}, Q_{zI}]^T$$

(6-13)

$$\mathop{\boldsymbol{Z}_O}_{12\times 1} = [X_O, Y_O, Z_O, \varTheta_{xO}, \varTheta_{yO}, \varTheta_{zO}, M_{xO}, M_{yO}, M_{zO}, Q_{xO}, Q_{yO}, Q_{zO}]^T \tag{6-14}$$

由输入端和输出端力和力矩连续性条件得

$$[Q_{xO}, Q_{yO}, Q_{zO}]^T = [Q_{xI}, Q_{yI}, Q_{zI}]^T \tag{6-15}$$

$$[M_{xO}, M_{yO}, M_{zO}]^T = [M_{xI}, M_{yI}, M_{zI}]^T \tag{6-16}$$

则由空间弹簧和扭簧动力学方程得传递方程为

$$\mathop{\boldsymbol{Z}_O}_{12\times 1} = \mathop{\boldsymbol{U}}_{12\times 12} \times \mathop{\boldsymbol{Z}_I}_{12\times 1} \tag{6-17}$$

因为

$$\boldsymbol{U} = [U]_{12\times 12} \tag{6-18}$$

写成分块矩阵的形式，则式（6-18）变为

$$\boldsymbol{U} = \begin{bmatrix} \boldsymbol{I}_3 & \boldsymbol{O}_{3\times 3} & \boldsymbol{O}_{3\times 3} & \boldsymbol{U}_{14} \\ \boldsymbol{O}_{3\times 3} & \boldsymbol{I}_3 & \boldsymbol{U}_{23} & \boldsymbol{O}_{3\times 3} \\ \boldsymbol{O}_{3\times 3} & \boldsymbol{O}_{3\times 3} & \boldsymbol{I}_3 & \boldsymbol{O}_{3\times 3} \\ \boldsymbol{O}_{3\times 3} & \boldsymbol{O}_{3\times 3} & \boldsymbol{O}_{3\times 3} & \boldsymbol{I}_3 \end{bmatrix} \tag{6-19}$$

式中，$\boldsymbol{I}_3$ 为 $3\times 3$ 的单位矩阵，$\boldsymbol{O}_{3\times 3}$ 为 $3\times 3$ 的零矩阵，且

$$\boldsymbol{U}_{14} = \begin{bmatrix} -\frac{1}{K_x} & 0 & 0 \\ 0 & -\frac{1}{K_y} & 0 \\ 0 & 0 & -\frac{1}{K_z} \end{bmatrix} \quad \boldsymbol{U}_{23} = \begin{bmatrix} \frac{1}{K'_x} & 0 & 0 \\ 0 & \frac{1}{K'_y} & 0 \\ 0 & 0 & \frac{1}{K'_z} \end{bmatrix} \tag{6-20}$$

## 6.2 建立基于知识管理的电驱动系统建模-仿真的设计平台

应用并行工程、协同设计的思想，结合 KM 的方法，以自主开发的知识管理软件为基础，融入 CAX 商用化软件在我们课题组的已有技术积累基础上，考察、调研国内外大量的相关系统，组织界面良好的互容子模块，在良好的协同管理交换工作环境下，建立产品创新设计平台。开发产品创新设计专家系统、智能化仿真分析专家系统与知识管理分系统。在平台级上实现设计的模块化与一定程度的智能化、电动化。在企业内实现这些设计资源的共享利用。基于 KM 的产品创新设计平台总体方案，如图 6-7 所示。

从图 6-7 可得出结论，平台、C3P 工具软件、专家系统及知识库按相应的技术流程有序合理布置，而不是简单的一一对应，基于 KM 的创新设计平台是本节

# 第 6 章
## 新能源汽车电驱动系统空间结构分析与设计方法

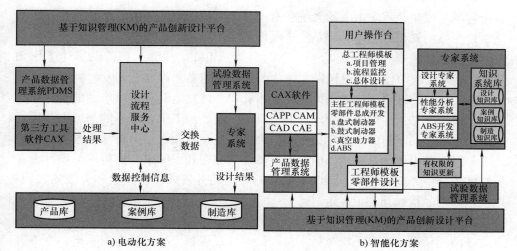

图 6-7 平台总体方案

的基础平台和基本操作界面,创新设计平台上建立有三大模块内容,中模块为基于 KM 的创新设计平台的设计流程。首先是总工程师模板,功能是汽车电驱动系统的协调、管理、开发;其次是主任工程师模板,功能是零部件总成的设计开发,主要包括四类总成:盘式制动器总成、鼓式制动器总成、真空助力器总成和 ABS 总成;第三是工程师模板,功能是总成和零部件开发设计。左模块是 C3P 工具软件模块,是设计开发汽车电驱动系统产品所需的各类 CAX 软件,管理这类软件的是基于 KM 的 PDM 工具软件(简称 KPDM 软件),设计流程能随时随意调用 C3P 所有的工具软件。右模块是智能设计分析模块,它又分为专家系统和知识库系统,专家系统包括设计专家系统、性能分析专家系统 ABS 开发专家系统,知识库系统包括设计知识库、案例知识库、制造知识库。知识库系统和专家系统之间为可逆的知识互流。右模块作为实现设计流程的知识管理、知识支持和更新的工具,集中体现基于 KM 的平台功效,并且,设计流程模块可以对右模块实现有权限的知识更新。此外,实验室实验数据经过智能分析模块进行处理,存入知识库,并提供给工程师们设计开发时使用。

如果要将本节开发的创新设计平台用于其他的汽车零部件系统开发,基础平台可以保持不变,只需将设计流程、智能设计分析框架换为相关零部件的即可,从而充分体现平台的通用性价值和模块化设计思想。通过采用基于 KM 的创新设计平台,产品设计开发人员按照各自的权限自如地调用 C3P 软件和专家系统、知识库系统中的设计工具,高效完成产品的设计开发。

### 6.2.1 建立电驱动系统的知识库和专家系统

知识库是本节的核心,也是创新的基石,它与创新平台的有关模块相对应。

其中包括了该企业汽车电驱动系统所有产品和所能搜集到的国内外相关企业电驱动系统产品的知识库，电驱动系统产品模具、工装和合理的加工工艺流程的知识库，电驱动系统产品开发成功或失败的案例知识库。建立知识库的具体工作如下：基于研究院的相关知识积累，并总结某企业的多年设计、开发、制造电驱动系统的经验，同时调研国内外大量的技术资料，建立电驱动系统产品的设计、开发知识库；在总结、归纳企业现有的模具、工装、加工工艺流程的基础上，形成电驱动系统产品制造的知识库；建立一个开放式案例知识库，将某企业多年来生产、开发汽车电驱动系统产品的经验、教训集成在知识库中，使得产品设计者在后续的工作中，能够方便地随时提取和补充产品开发成功的经验和失败的教训，以便在新产品设计开发中少走弯路。

（1）产品创新设计专家系统

产品创新设计专家系统包括支持产品设计过程各个阶段的专家系统。在方案设计阶段，主要运用产品功能配置、结构型式、性能预测、工艺性、成本要素、质量要素、智能布置等高层次综合知识，对可能的功能组合、布局案例、工艺方案等进行综合评价分析，实现新产品的总体设计优化。在结构设计阶段，主要运用设计领域的规则型、算法型和数据型知识，指导新产品的结构设计，在专家系统内实现逻辑判断的自动推理和变量关系的自动计算，实现高度智能化的设计，优化产品结构，定义零部件匹配关系，进行负荷、强度、刚度、精度等计算。在详细设计阶段综合应用设计与工艺领域的各种形式的知识，完成详细设计，保证产品在满足用户功能需求的基础上，实现高水平的性能指标。对于部分典型零件，可由零部件模板通过参数驱动方式生成产品零部件图纸。

（2）性能分析专家系统

在长期对汽车电驱动系统开发研究的基础上，建立电驱动系统产品性能计算分析、模拟仿真、测试诊断、性能优化的专家系统，专家系统中包括各种制动器压力-力矩计算分析方法、前后制动器制动力与整车匹配的分析方法、各种液压电驱动系统制动器压力-制动液流量的计算分析方法、ABS液压控制单元HCU的动态特性计算分析方法、ABS电子控制单元的设计方法、ABS与整车匹配的流程与方法、电驱动系统性能仿真模拟方法、制动器的应力场（包括热应力等）计算分析方法等。

在调查分析某新能源汽车企业实验仪器设备的基础上，根据数据的特点，设计专用的实验数据文件格式，通过接口软件，使实验数据能够完整地传递到平台系统中，提高实验数据分析的效率和水平。

## 6.2.2　基于知识管理的电驱动系统设计平台关键技术

（1）支撑创新设计平台的知识管理技术

实现对知识的合理分类、存储、管理和综合应用。对知识更新过程进行检查校验。通过知识的不断更新、合并、废除、学习和推理,实现知识库的自学习和推理功能。

(2) 支撑创新设计平台的数据管理技术

提供资料管理、产品结构管理、查询管理、使用和引用管理、类型管理、工作流程管理、组织管理、访问控制权限管理和项目管理等功能,消除数据冗余,确保数据安全,为企业信息化提供支撑平台。

(3) 并行工程、协同设计技术

并行工程是集成地、并行地设计产品及其相关过程(包括制造过程和支持过程)的系统方法。协同设计技术提供设计知识共享、产品数据共享、设计结果及时发布、评审反馈与工作流程协调控制的基本工作环境。

(4) 三维参数驱动技术

分析产品的结构,将产品特征用参数化方式描述,建立参数化模型,通过控制参数及相互关系,实现基于产品模板的系列化设计,提高产品开发效率。

### 6.2.3 基于知识管理的电驱动系统设计平台技术路线

在建立产品知识管理软件平台时,主要考虑两方面因素:一方面对某企业的现有技术状况进行调研,参照现有的技术状况,如模具、工装、工艺、实验设备、CAX软件工具等,使产品知识管理软件平台与现有的技术状况有最大的兼容性;另一方面,调研和测试国内外相关软件,比较各种软件的特点和功能,并进行分析和取舍,使得各种软件和子系统在平台上集成应用,形成良好的协同工作环境和数据信息转换能力。本系统通过对Pro/E进行二次开发,将整个电驱动系统智能化设计软件平台集成在Pro/E软件中,方便用户在使用过程中的操作。如图6-7所示,总工程师、主任工程师和工程师们按照各自的权限在平台上自如地调用C3P软件和专家系统知识库中的设计工具,高效率地完成产品的设计开发。

平台所需设计知识存储于知识库中,信息的获取可分为人工方式、智能编辑及自动方式。知识库是后台知识管理核心,包含了可以提取并升华为理论的经验知识及可从现有理论演绎出的知识,还包括有不能用现有理论与技术解释的经验知识。在一定的控制策略下,平台根据知识库的当前信息,选取适当的知识进行推理,以求解总体设计方案的结果。从而构成一个基于知识管理的、面向汽车电驱动系统制造行业的创新设计平台。

知识规范化管理模块的建立包括如下工作:

(1) 知识收集

平台上应该包括一个开放型的知识收集系统,该系统所收集的知识主要来源于汽车研究院的专家长期以来的科研成果、某企业的工程师长期的经验积累、历年来的设计资料及电驱动系统性能实验资料等。

（2）知识的规范化，平台化技术处理

无论是设计类还是工艺类知识，均可以用以下的形式存储在知识库中，供产品开发过程调用：

1）规则型知识。以 IF – THEN 规则和与（AND）或（OR）非（NOT）运算表达设计的规则与方法，可以通过逻辑组合的方式，表达非常复杂的逻辑关系。

2）算法型知识。对于设计过程中用到的各种几何尺寸、压力、温度、速度、电压、电流等连续变化型物理量之间的关系，可以用 ANSIC 语言的计算表达式形式进行描述。

3）数据型知识。对于设计或工艺中用到的数据，如常用的工程手册表格数据，可以采取数据库中记录项的方式直接存储。

4）一般型知识。并不是所有知识都能够以前面三种形式化的方法来表达，一些高层次的知识具有直觉性和模糊性，如系统方案、结构布局、控制策略等，只能用人类可阅读的方式（如自然语言描述、示意图、参考案例等）存储在知识库里，在需要的时候调用，在设计中参考借鉴。

（3）知识的更新、冲突解决与学习

随着企业的不断发展，产品开发的成功经验和失败教训应及时纳入知识库中，指导以后的设计工作。通过规范设计开发流程，建立知识更新接口，使新产品设计及评价分析结果进入知识库。在知识更新时应进行与已有知识的冲突检查，若有冲突出现，就提交仲裁模块解决。并且知识库对相近及类似的知识做比较，进行知识项的合并、扩展，实现知识库的学习功能。总结课题组的相关汽车电驱动系统的知识，并调研某企业现有的产品设计、开发状况，查阅国内外相关汽车电驱动系统的技术资料，撰写项目的需求分析和系统设计报告以及相关文档，建立电驱动系统产品的设计、开发知识库。在总结、归纳企业现有模具、工装、加工工艺流程的基础上，采用计算机辅助软件，建立并优化汽车电驱动系统的制造模型，通过实体仿真模拟加工过程，确保加工正确，建立电驱动系统产品制造的知识库。图 6-8 所示为电驱动系统空间结构强度分析子系统的数据流程，也是进行强度分析子系统软件设计的基础。根据对分析专家系统的考虑，系统基于结构分析软件 ANSYS，为分析工程师的分析提供关键的技术支持。分析工程师接收到分析任务之后，进入系统之中，借助系统中提供的分析规范、分析方法、分析算例和分析的参数化方法等完成自己需要完成的任务。从系统设计的角度来看，这是一个开放系统，分析工程师应该根据自己的工作积累，不断地扩充分析算例等。根据结构分析的特点，结构近似、载荷近似、工况近似的工作，如果能够提供一个成功的算例，那么根据这一算例，分析工程师经过必要的修改模型、参数、材料属性、载荷、边界条件等都可以得到需要的分析结果。

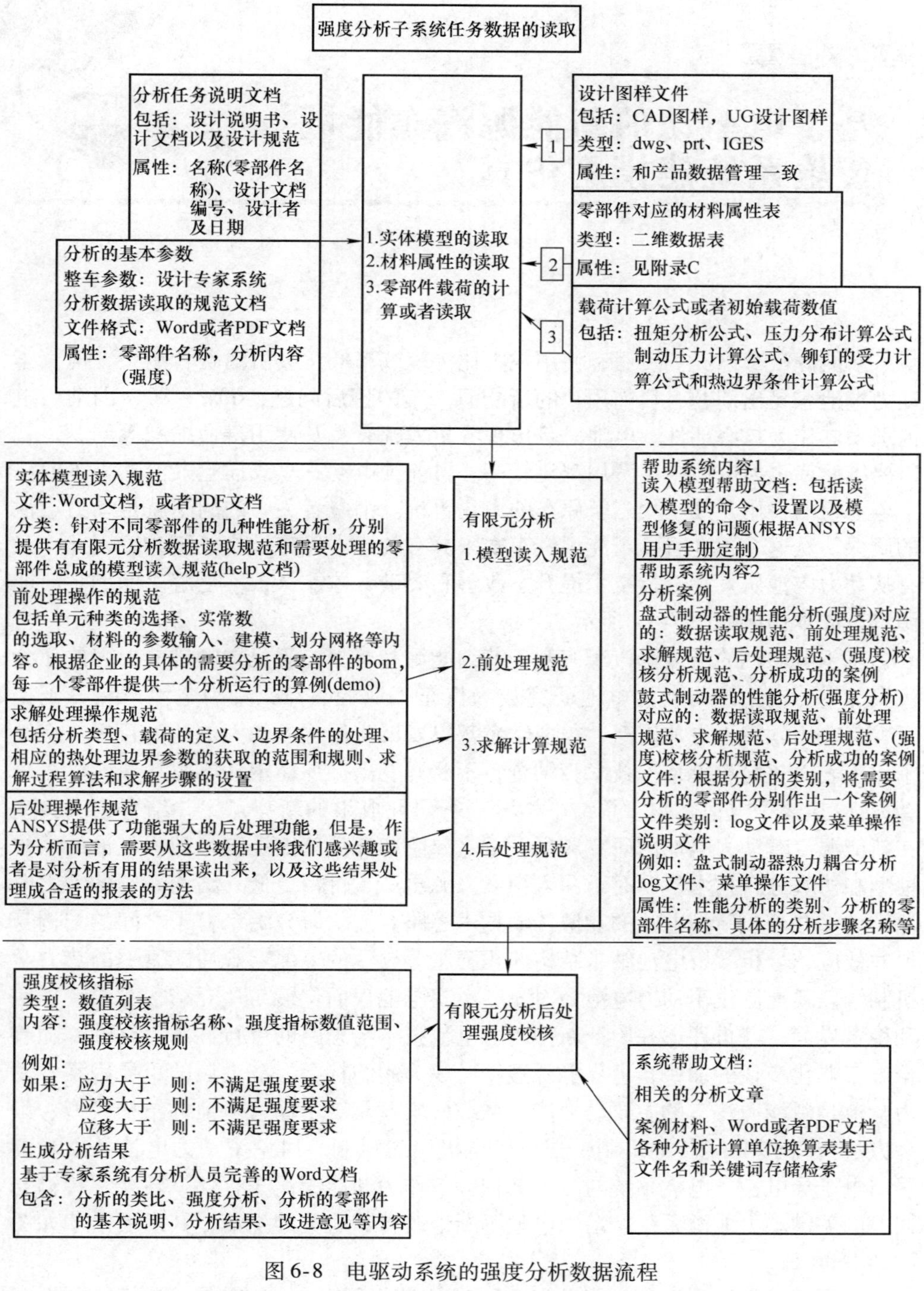

# 第 6 章 新能源汽车电驱动系统空间结构分析与设计方法

**强度分析子系统任务数据的读取**

- **分析任务说明文档**
  包括：设计说明书、设计文档以及设计规范
  属性：名称(零部件名称)、设计文档编号、设计者及日期

- **分析的基本参数**
  整车参数：设计专家系统
  分析数据读取的规范文档
  文件格式：Word或者PDF文档
  属性：零部件名称、分析内容(强度)

→ ① ② ③

- **设计图样文件**
  包括：CAD图样，UG设计图样
  类型：dwg、prt、IGES
  属性：和产品数据管理一致

- **零部件对应的材料属性表**
  类型：二维数据表
  属性：见附录C

- **载荷计算公式或者初始载荷数值**
  包括：扭矩分析公式、压力分布计算公式、制动压力计算公式、铆钉的受力计算公式和热边界条件计算公式

**中间框：**
1. 实体模型的读取
2. 材料属性的读取
3. 零部件载荷的计算或者读取

↓

**有限元分析**
1. 模型读入规范
2. 前处理规范
3. 求解计算规范
4. 后处理规范

- **实体模型读入规范**
  文件：Word文档，或者PDF文档
  分类：针对不同零部件的几种性能分析，分别提供有限元分析数据读取规范和需要处理的零部件总成的模型读入规范(help文档)

- **前处理操作的规范**
  包括单元种类的选择、实常数的选取、材料的参数输入、建模、划分网格等内容。根据企业的具体需要分析的零部件的bom，每一个零部件提供一个分析运行的算例(demo)

- **求解处理操作规范**
  包括分析类型、载荷的定义、边界条件的处理、相应的热处理边界参数的获取的范围和规则、求解过程算法和求解步骤的设置

- **后处理操作规范**
  ANSYS提供了功能强大的后处理功能，但是，作为分析而言，需要从这些数据中将我们感兴趣或者是对分析有用的结果读出来，以及这些结果处理成合适的报表的方法

- **帮助系统内容1**
  读入模型帮助文档：包括读入模型的命令、设置以及模型修复的问题(根据ANSYS用户手册定制)

- **帮助系统内容2**
  分析案例
  盘式制动器的性能分析(强度)对应的：数据读取规范、前处理规范、求解规范、后处理规范、(强度)校核分析规范、分析成功的案例
  鼓式制动器的性能分析(强度分析)对应的：数据读取规范、前处理规范、求解规范、后处理规范、(强度)校核分析规范、分析成功的案例
  文件：根据分析的类别，将需要分析的零部件分别作出一个案例
  文件类别：log文件以及菜单操作说明文件
  例如：盘式制动器热力耦合分析log文件、菜单操作文件
  属性：性能分析的类别、分析的零部件名称、具体的分析步骤名称等

↓

**有限元分析后处理强度校核**

- **强度校核指标**
  类型：数值列表
  内容：强度校核指标名称、强度指标数值范围、强度校核规则
  例如：
  如果：应力大于　　则：不满足强度要求
  　　　应变大于　　则：不满足强度要求
  　　　位移大于　　则：不满足强度要求
  生成分析结果
  基于专家系统有分析人员完善的Word文档
  包含：分析的类比、强度分析、分析的零部件的基本说明、分析结果、改进意见等内容

- **系统帮助文档：**
  相关的分析文章
  案例材料、Word或者PDF文档
  各种分析计算单位换算表基于文件名和关键词存储检索

图 6-8　电驱动系统的强度分析数据流程

# 第 7 章
# 基于电驱动的新能源汽车能量传输系统建模–仿真

　　新能源汽车以养护费用和使用成本比传统汽车低，吸引消费者购买，但汽车动力电池容易出问题，目前用户的新能源汽车的售后问题，60%~80%因动力电池引发。作为核心部件，电池一旦出现容量大幅衰减及使用寿命缩减等问题，就需要维修或更换电池组，费用都比较高。目前纯电动汽车或插电式混动车更换一个电池组的费用，几乎相当于原车的市场售价。消费者关心的问题就是动力电池的质保。从这个角度看，新能源汽车本来具有的成本优势被打了折扣，因此，只有从动力电池研发端进行技术提升、改善和突破，才能从根本上解决问题。新能源汽车成本构成如图7-1a所示。

　　基于电驱动的新能源汽车有利于节约能源和减少二氧化碳的排放，因此作为汽车能量传输系统的动力电池研究成为汽车工业的热点，动力电池产量得到提升，其应用领域也更加广泛。很多学者都以发展实用化的动力电池为目标，将纳米化、表面化与包覆结构技术相结合，不断开发高循环稳定性电驱动新能源汽车动力锂/铝离子电池。本章总结了学术同行研究成果的新亮点，并结合本实验室在新能源汽车动力电池的研究成果，重点介绍和评价新能源汽车动力电池的结构模型和仿真分析技术。同时，深入探索来源更广、价格更低、结构新颖的动力电池结构，并分析新型电池的能源传输技术思路。注重研究纳米粒子之间的结构与尺寸效应，分析缓解电池纳米结构体积膨胀等导致的电池宏观性能衰退的热力学机制。以新能源汽车动力电池为对象，考察电池表面包覆与核壳结构等设计思路和稳定界面，着重评述并验证新型动力电池技术与思路的可行性和可靠性。随着全球工业化步伐的加快，世界能源短缺已成为制约社会经济发展的重要因素。动力电池是新能源汽车的主要动力能源系统，本章总结了动力电池的结构模型、设计方法与离子/电子传导机制，分析了电极固态机制，讨论了动力电池的纳米离子与电子导电性、电极系统与热电结构等。作为新能源汽车存储、转换、传输与回收的关键动力能源系统，动力电池不断地改善着人类的生活，其发展沿革如图7-1b所示。

　　为了满足新能源汽车对能量密度和功率密度不断增长的需求，迫切需要探索

# 第 7 章
## 基于电驱动的新能源汽车能量传输系统建模 - 仿真

快速充电的动力电池,并设计大容量、高能量密度的电池系统。动力电池上下游产业链如图 7-1c 所示。大容量动力电池要求电极具有高电荷转移和快速运输离子通道等,高电荷转移要求纳米电极的离子传输结构高效与便捷。新型电池能量结构和纳米能源系统是提升电荷转移和离子传输的关键,本章在回顾近年来新能源汽车动力电池应用进展的基础上,详细讨论了动力电池新型模型、电池结构理论与能源系统的进展(动力电池理论能量密度对比见图 7-1d),并结合自身工作对电池能量系统与纳米结构的设计方法及能量存储、转换和传输机制等方面进行了归纳和总结,对动力电池在新能源汽车领域的应用前景及待开展工作进行了评述和展望,以满足未来新能源汽车的巨大能量储存、转换和传输的需求。

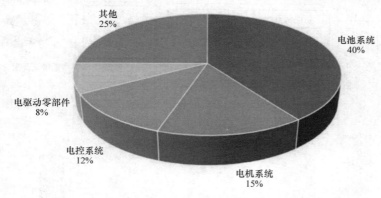

a) 新能源汽车主要成本构成

| | 1997 | 2000 | 2005 | 2010 | 2015 |
|---|---|---|---|---|---|
| | 1st HEV的认知 | 2nd HEV的扩销 | | 3rd HEV的正式普及 | 4th HEV的全车系推广 |
| 电池种类<br>电池电压 | Ni-MH圆柱形金属制<br>288V | Ni-MH方形树脂制<br>274V | Ni-MH方形树脂制<br>202V | → | Li-ion方形金属制<br>207V |
| 融入技术<br>电池<br>小型化/高功率化 | •开发圆柱形Ni电池 | •开发新Ni电池<br>•开发方形Ni电池 | | •通过改良控制技术提高功率 | •通过改良电极材料提高充电性能<br>•开发Li-ion电池 |
| 电池控制单元<br>(BCU)小型化 | | •电压检测电路小型化 | | •通过优化配置控制功能实现小型化<br>控制功能集成化 | •电压检测电路IC化<br>(Li-ion电池用)<br>•通过标准化提高可推广性 |
| 电池冷却风机<br>轻量化 | | | •低噪声化 | •采用无刷电机<br>•优化散热片形状 | •开关<br>通过降低损耗提高功率 |
| 电气设备零部件<br>(SMR、电流传感器、限流电阻)小型化 | | •整合设备零部件<br>(J/B ASSY化) | •零部件小型化 | | •通过整合零部件小型化(J/B ASSY化) |

b) 动力电池发展沿革

图 7-1 新能源汽车动力电池系统成本及发展沿革

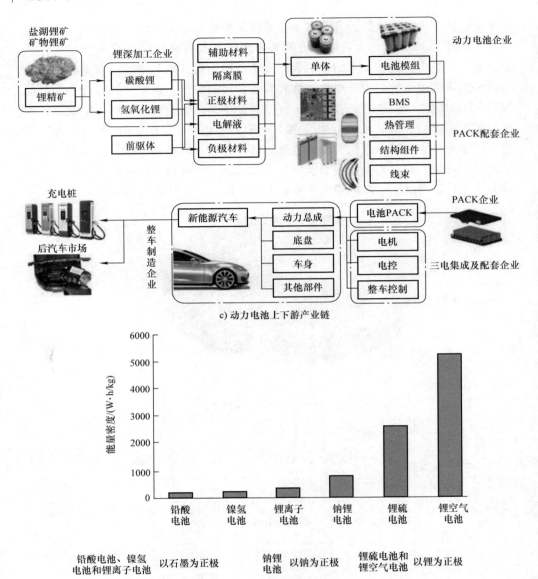

图 7-1　新能源汽车动力电池系统成本及发展沿革（续）

## 7.1　基于电驱动-能量传输系统的锂电池

随着石油资源的逐渐短缺，扭转目前以石油为主的能源利用格局、实现能源多样化成为未来汽车工业发展的趋势。世界各国政府已清醒地认识到这一点，纷

# 第7章
## 基于电驱动的新能源汽车能量传输系统建模 – 仿真

纷拨款用于技术开发，并制定了相应的产业计划。各大汽车公司和相关企业、科研机构都加大了研发投入，加紧研究开发，并纷纷推出各种先进技术，世界汽车工业有望从此加速摆脱对石油的依赖和对环境造成的严重污染，从而进入电驱动时代。全球电动汽车受到世界范围内的新能源汽车补贴，购置税减免等政策带动了新能源汽车越来越热的市场。新能源混合动力汽车动力锂电池系统的能量传输系统与储存结构如图7-2所示。新能源汽车产业化很大程度上取决于电池技术的进步。当前全球诸多电池技术预示着这个进程会加快，尤其是出现创新性的电池

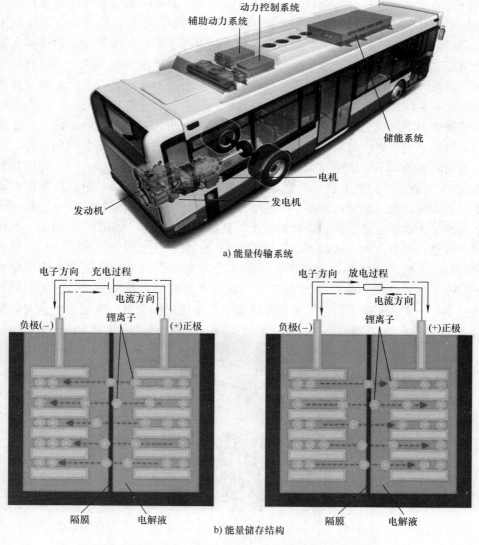

图7-2 混合动力汽车能量传输系统与储存结构

技术，整个新能源汽车产业格局和商业模式都有可能发生预想不到的变化。

### 7.1.1 锂电池的结构

第1代锂电池使用石墨负极，能达到150W·h/L的能量密度；第2代锂电池使用硅负极，能达到200W·h/L左右的能量密度，如图7-3所示。第1代和第2代锂电池都属于传统锂电池，而第3代锂硫电池与锂空气电池将使用更高能量密度的负极（超过300W·h/L的能量密度）。但广受关注的高能量锂电池仍面临巨大挑战，如电池导电性差、电子传输能力低、高嵌锂数导致电池相态与密度急剧变化（引起电极体积膨胀至粉碎失效）、锂离子固相扩散能力差、反应效率低等。为了应对这些挑战，人们利用各种方法设计了不同类型的锂电池结构，如利用零维纳米颗粒、一维纳米线、二维纳米薄片、三维中空纳米结构、复合结构等并对动力电池进行修饰、包覆与惰性处理。某种动力电池是否具有工业发展潜力，除了关注其性能优点外，还需分析该电池是否具有根本性缺陷。当动力电池的续驶能力不再成为瓶颈，全球新能源汽车技术将进入井喷式发展阶段。对于新能源汽车来说，充电时间长和续驶能力差依旧是阻碍新能源汽车普及的原因，目前商用新能源汽车续驶里程大致为200km，充电桩充满电需要6~8h，即使快充也需1h左右。不但充电慢是新能源汽车的主要技术瓶颈之一，而且锂电池的成本还是太高，也是主要技术瓶颈之一。动力电池是由多种元素构成的，锂、铁、铝与铁等，地球上除了锂相对存储量少，其他都较为丰富，如图7-3所示。当前动力电池正极有三种：磷酸铁锂、锰酸锂和三元锂。三元锂电池的Fe和Co具有相似的电子构型和特性，且离子尺寸差别小。为了得到更加稳定的高固溶体材料，除了加入钴外，添加Al可以进一步提高材料的稳定性和安全性，并保持层状结构，如图7-4所示。三元锂电池降低了电池表面镍含量，降低了电池对湿度

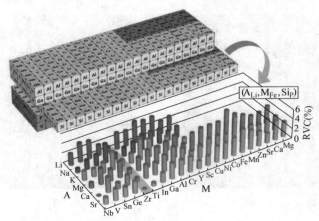

图7-3 锂电池各配合元素结构分布图

的敏感性，提高了电池循环性能。该三元锂电池应用的关键是解决了电池对湿度的敏感性，通过表面包覆或添加剂，降低了表面碱性，由三元锂电池提供动力能源的电动汽车，在全球范围内不断推出新产品。石墨烯锂电池发展，很大程度上得益于新能源汽车的发展，而锂电池技术的发展又推进电动汽车的迅猛发展，两种技术相得益彰，互相促进，在全球范围内，使得电池与新能源汽车研发出现了双赢与多赢的局面。石墨烯锂电池应用潜力巨大，在储能方面相对传统锂电池存在优势，具有阻燃能力强、安全性能强、电阻率低、电子迁移速度极快、表面积大和电性能良好等优点，被认为是理想的锂电池，如图7-5所示，因此石墨烯锂电池可用作电动汽车动力电池。特斯拉新电池将采用石墨烯材质，石墨烯不但可用作导电剂添加到磷酸铁锂正极中，改善倍率和低温性能，还可添加到磷酸锰锂中提高循环性能。

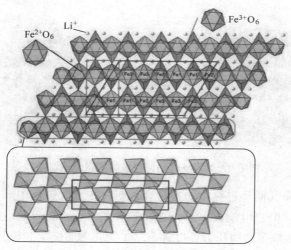

图 7-4　三元锂电池结构模型

在新能源领域，困扰着科学家们的一个关键问题是如何寻找和设计高效、廉价且环境友好的纳米能源结构。相比传统电池结构，纳米核壳结构显示出优异性能。这主要归因于这类纳米独特结构引起的电极和电子运输的改变。阐明核壳结构物理机理，揭示它们在真实条件下的活性，对于设计电池具有指导意义。核壳结构不是纳米粒子，而是利用结构整体优势。核壳结构利用 Ni，在低电压下可发挥出好的活性效率，使 Ni 结合到薄膜电极上，优化电子运输通道，如图7-6所示。核壳结构通过对一种金属基体表面用另一种金属作修饰，能够提高电极 2～3 个数量级活性，可调控复合核壳结构的形貌和成分，从而利用电池不同组分的协同效应来完成复杂的电极反应。纳米核壳结构具有较大的活性比表面积、快速的电子传输和离子扩散，可提高电极的比电容、倍率特性以及循环稳定性。

核壳结构还可改善电极活性颗粒表面被电解液润湿的能力，提高吸附电解液

图 7-5 石墨烯锂电池模型

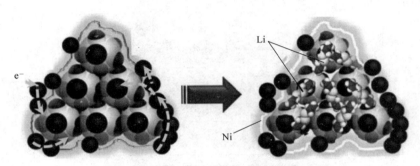

图 7-6 纳米核壳结构模型与能量运输通道

的数量和速度,降低循环过程中的容量衰减率。在充电过程中只有部分核壳结构吸收和释放离子,但当电池放电时,有趣的事发生了,随着放电速率增加超过一定极限,越来越多核壳结构开始吸收离子,转变成更加稳定的核壳结构,如图 7-7 所示。核壳结构目前让锂电池寿命、安全性及成本之间实现了匹配与平衡。在电池空间不变的情况下存储更多电能,使能量密度提高 10%。核壳结构对温度不敏感,在低温条件下也能正常工作,使电极电导率比商业电极更高。在保证电池寿命的前提下,新型电池充电更快和放电持久稳定,将促进新能源汽车动力电池技术发展。

锂合金的结构和形态强烈影响其空间构型的稳定性,从而影响充放电时电子的传输。在大量锂离子嵌入后,最终全部形成亚稳态的无定形锂硅合金。当锂脱出时,硅有序结构逐渐得以恢复,结晶区域逐渐扩大,但初始的晶体结构无法全部恢复,在颗粒内部仍存在少量无定形区域。从纳米硅电极模型来看,当锂嵌入晶态硅后,硅由晶态转变为非晶相,硅锂化过程中形成孤立的 Si 原子和较小的 Si-Si 原子簇,在放电末期晶态相和 Si-Si 原子簇被破坏,形成孤立的 Si 原子。晶态相的消失造成存在过量的锂,而锂相很容易和电解液反应造成自放电,

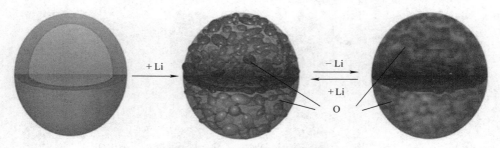

图 7-7　锂电池稳定的核壳结构

导致相中锂的损失并伴随开路电压的升高。此外，低放电状态下，亚稳态的 $Li_{15}Si_4$ 相和电解液发生自发反应，导致自放电和容量损失。提高负极比容量可将电池能量密度在原有基础上提升 20%~30%，开发的电池极具吸引力。将纳米材料应用于电池，可以利用纳米尺寸效应，提升动力学性能，延长电极的循环使用寿命，改善电极与电解质溶液的浸润性，提高材料的电容量。要提高离子的输运能力，可以通过提高扩散系数或减小扩散距离的方法，使得离子运输时间缩短。而且由于单位质量的物质，其比表面积与尺寸成反比关系，小尺寸材料具有较大的比表面积，这使得在同样质量的情况下，小尺寸材料允许更大的单位面积电流密度，可见尺寸效应是显著的。纳米材料具有较大的表面能和缺陷密度，因此电极热力学性能不稳定，容易发生团聚。而且在多次循环充放电过程中，这种现象更加严重。对于纳米尺寸的 Si 类合金负极，在充放电过程中，纳米颗粒之间由于离子的迁移、扩散会出现显著的团聚、融合，形成较大的团聚体。团聚之后，离子的扩散路径变长，内部颗粒有可能失去电接触，其在动力学、循环性能上的优势将大大减弱。为了解决这一问题，在制备 Si 材料时，可以加入一定量的碳，一方面抑制了 Si 体积膨胀和纳米颗粒的团聚，另一方面提高了电导率，改善了倍率性能和循环寿命，同时碳层减少了 Si 纳米材料和电解液的副反应。与没有包覆碳的 Si 材料相比，包覆碳后的同种 Si-C 复合材料性能有明显提升，如图 7-8 所示，有核壳碳、梯度碳与碳微球等，内核晶粒尺寸较小。

在充放电循环作用下，硅基负极体积膨胀率高达 360%，颗粒粉化，材料循环性能衰减；电极的机械完整性变差，电极循环性能衰减，活性颗粒之间及其与导电剂之间的电接触变差，表面 SEI 膜的重复生长导致电池循环性能衰减。低循环寿命和低循环效率成为制约硅基负极商业应用的瓶颈。不断消耗电解液和锂离子，并导致最终耗竭，SEI 膜的不断增厚导致活性颗粒之间的电接触不良，锂离子在增厚的 SEI 膜中传输困难，较厚的 SEI 膜会导致电极机械应力增大而发生粉化。目前主要的技术思路：减小绝对体积膨胀，采用纳米化、多孔化、合金化技术，采用表面键合的黏结剂维持电极结构完整性。硅基负极在半电池中表现出良好的循环稳定性，但因 SEI 膜的重复生长问题没有得到有效解决，在电池中的应

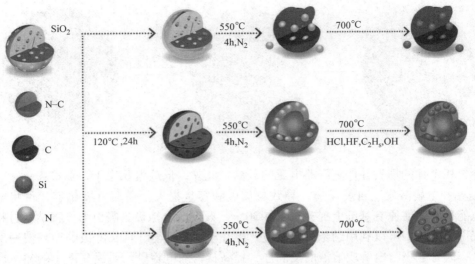

图 7-8　Si-C 锂电池纳米结构模型

用一直受到制约。如何从工业化角度低成本地制备具有稳定的固/液界面的 Si 基是一个重要难题。硅基氧化物的储锂特征：$SiO_2$：电化学原位生成均匀分散的活性单质硅和惰性介质 SiO，这有利于缓冲锂化过程中的体积膨胀，具有本征优势。存在的主要问题是循环寿命有限，首周库伦效率较低。SiC 高度分散在无定形 SiO 中，复合材料表面存在 5nm 厚度的碳包覆层；纳米电极具有高充电容量和循环寿命，首次库伦效率达 90%；随着无机 SEI 厚度增加，锂含量增高，通过改变充放电循环之间的电压，可以改善库伦效率和容量保持力。包覆层的作用是约束和缓冲电极活性结构的体积膨胀，阻止纳米活性粒子的团聚和电解液向活性中心的渗透，提供稳定的表界面和 SEI 膜。但各向异性的晶胞体积膨胀或收缩，会导致包覆结构纳米颗粒间产生的 SEI 膜增厚，造成电子通道阻塞、阻抗增大，引起电池性能衰减。人们通过同步辐射 X 射线吸收谱技术对样品结构、价态信息及催化机理等进行了细致的研究和分析，并设计了动力电池纳米复合电极尖晶石结构，如图 7-9 所示，电极原位生成纳米缓冲空间，保证了外层结构的稳定性，有效隔离了纳米硅与电解液的直接接触，避免了 SEI 膜的反复生长，实现了高效缓冲和高导电性，保证了电极活性。锂离子传导性为活性颗粒提供离子传导。在高温 180℃ 条件下的富 Co 与 Mn 复合电极循环过程中，由于该电极结构有不同的定向结晶和 Jahn-Teller 效应影响，调控 Co/Mn 组分与晶型，可实现高循环稳定性和大容量的电极尖晶石结构，该动力锂电池结构有重要潜在的应用价值。

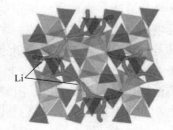

图 7-9　电极尖晶石模型

人们通过同步辐射与透射电镜表征了动力锂电池的锂离子通道,设计了锂迁移离子通道模型,更加全面地分析动力电池的循环性和可靠性,如图 7-10 所示。该技术的亮点是通过大范围内平均测量得到结果,具有热力学统计意义。这样的统计意义结果,只有通过同步辐射 X 射线技术才可以得到,传统 TEM 技术是观察了有部分纳米结构得到的结论,该技术不能保证电镜观察的时候没有偏见性。TEM 技术并不完全客观,单靠 TEM 不准确。TEM 无法给出具有统计意义的结果,而且通道方向也被晶面取向影响,而同步辐射技术是在电池电极尺度范围,统计并平均了成千上万个纳米结构的结果。另外,传统模型多是基于核壳的模型,而这个模型在统计热力学框架内并不完备。纳米结构相变具有方向性,跟动力学有关,通过同步辐射结合 TEM 直接成像技术表征,电池衰退跟离子迁移通道具有很大的关系。

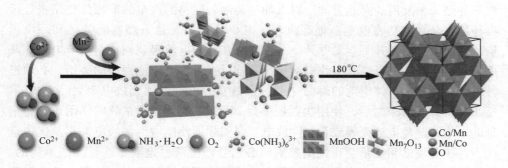

图 7-10　锂离子的能量传输通道模型

离子通道促进了表面相变的发生,离子通道与电极相互作用,将光谱学和电子显微学结合起来,可实现从不同尺度范围内观察电池结构的变化趋势。为了使锂离子通道模型与表征数据具有更好的统计意义,光谱数据需要统计分析,人们还通过同步辐射 X 射线结合 STEM 技术对离子通道现象进行深入探讨。锂离子通道模型同通过具有热力学统计意义的同步辐射 X 射线技术表征,得到了清晰的表征图像并验证了锂离子通道模型,该技术有望显著提高新能源汽车的续航里程。完整而致密的表面包覆层能够有效改善动力电池长期循环稳定性,致密包覆碳层和聚合物包埋纳米硅可以获得高循环稳定性的负极。负极的理想结构模型可设计为惰性内核,避免活性物质的团聚且缓冲体积膨胀,从而保证活性物质的活性,维持材料的结构完整性,阻止电解液向活性内核的导电包覆层。高能量密度和高容量电极产业化应用有望在动力锂/铝电池领域率先实现。纳米电极在动力锂/铝电池领域有如下两个重要的应用方向,并很有可能在短期内取得重大突破:一个方向是纳米复合电极,另一个是用纳米结构作为动力锂/铝电池的导电添加剂。硅/金属复合电极中的金属可以是对锂/铝惰性的金属,如 Fe、Mn、Cu 等,也可以是能够参与锂脱嵌反应的金属，如 Mg、Ca、Sn 等。活性物质与 Si 均匀分散在金属基体中，基体一方面抑制 Si 在充放电情况下的体积变化，另一方面基体电子导电率提高了 Si 与锂的电荷传递反应。采用化学镀方法制备 Cu - Si 合金，400℃下热处理，在界面上可生成 $Cu_3Si$，增加了 Si 与 Cu 间的附着力，有效抑制 Si 在电化学过程中的体积变化，同时提高了导电性能和循环性能。为了增加粒子内部的孔隙数量，可制备多孔纳米电池电极混合物。虽然单一的活性掺杂或惰性掺杂能部分抑制硅基材料的体积膨胀，但具有较大比表面积的硅-金属微粒容易发生团聚，团聚后的微粒与基体的接触较差。在充放电过程中，纳米粒子内部的孔隙，缓冲了 Si 在充放电过程中电极结构的体积膨胀，提高了动力电池的循环性能。

纵观全球汽车的发展史，从动力技术的发展，由蒸汽汽车、内燃汽车到新能源汽车，结合当今全球所面临的能源与环境挑战，可再生与可持续能源的新能源汽车的是未来发展的必然方向。以汽油和柴油为燃料的汽车的能源价格昂贵且污染环境，新兴的动力电池新能源汽车，减少了人类对化石燃料的依赖和环境污染，然而实际应用并不容易办到。一方面，在动力电池宏观领域，多节电池并联成的电池组里面，只要有一块电池坏掉，就可视为这组电池寿命的终结，必须进行维修、更换。单体电池的寿命一般厂家做实验可以做到充放电 2000 多次，但是 100 节并联起来之后，使用次数最多为 200 次。电池管理系统的作用还只是信息的采集，避免电池充爆或者过度放电。但实际即使能做到每块电池都是优中选优，这些电池之间还是会有性能差别，必然会产生落后电池，这是无法避免的。性能上的差异决定了电池组中的一些个体长期吃不饱或放不完，长期充放电循环后，对其寿命有严重影响。而即使是在每块单体电池的性能都达到绝对一致的理想状态下，在应用过程中各单体电池的热力学性能也会离散开。而且单体电池在整组中摆放的位置不同，在中间的电池散热就没有边缘的好，散热不好的电池温度会偏高，长期如此也会加速电池性能的迅速衰减。人们通过定期测量电池的热力学离散数据来分析和改善电池性能，但这样的技术思路耗费大量精力和时间成本，应用难度很大，很难商业化。另一种更为便捷的方式，便是通过电池管理系统（BMS）来进行电池组动态管理，在充放电中使得每一节电池的电压、容量动态匹配与均衡，使电池组的寿命接近单体电池的寿命。另一方面，在动力电池微观领域，电池循环性能衰退过快。例如，硅基材料作为锂/铝电池负极，具有很高的电容量，但由于循环性能差和库仑效率低等限制了其在商业上的应用。为了解决这些问题，通过硅材料纳米化、薄膜化技术，硅包覆到碳材料或金属表面，改善与集流体的接触，结合硅化物的多相掺杂等方法或技术手段，获得高容量、循环性能好的电极。不同形貌的单质硅纳米结构在一定程度上提高了比容量和循环性能，但受合成条件的影响，不能从根本上解决容量衰减问题，但随着薄膜技术的发展，硅薄膜复合电极材料有希望应用于动力电池。硅金属合金虽然能提高硅的导电性能，但硅金属合金依然存在颗粒的破裂和粉化失效，限制锂电池进一步的产业化发展。硅碳复合电极比容量高、成本低廉、制备工艺简单、循环性能好，结合硅金属电极技术，并采用将极板的膨胀在负极内部吸收的纳米缝隙结构，有可能达到具有新能源汽车应用商业价值的研究成果。未来深入探讨新能源汽车动力电池与电极的作用机制和表征技术，将不断丰富电池的测试手段，促进动力电池技术的不断发展。同时，研发新型的具有更高容量和优良循环性能的动力电池与电极，将是今后电驱动新能源汽车的研究重点。

### 7.1.2 锂电池正极

目前，新能源汽车动力锂电池正极主要技术有三种：高安全性磷酸铁锂（$LiFePO_4$）、锰酸锂（$LiMn_2O_4$）、高容量的三元镍钴锰/铝酸锂（Li（Ni，Co，Mn/Al）$O_2$，NCM/A），如图7-11所示。中国比亚迪公司纯电动车E6，采用磷酸铁锂技术，最高速度为185km/h，混合动力模式下完成0—100km/h加速时间为5.9s，百公里油耗1.6L，纯电动状态下可续驶70km，续驶里程为280km。美国特斯拉采用三元NCA电池，最高速度为200km/h，0—100km/h加速时间为5.5s，百公里油耗2.64L，续驶里程可达500km。日本日产的LEAF纯新能源汽车采用锰酸锂技术，巡航里程达160km。从能量密度和续航里程来看，含镍的三元电池最好，特别是高镍三元NCA电池，续驶里程最长。三元镍钴铝酸锂NCA电池，因为Co和Ni具有相似的电子构型、相似物理与化学性质，离子尺寸差别小，$LiNiO_2$和$LiCoO_2$可发生等价置换，可形成固溶体电极，再添加Al，可提高电极稳定性和安全性。NCA是目前商业动力电池的高比容量正极，在目前使用电压4.2V下，1C放电条件下达180mA·h/g。尽管钴酸锂比容量可达到NCA的水平，但钴酸锂充电电压太高，在新能源汽车中使用存在安全风险。

图7-11 锂电池正极微尺度表征模型

动力锂电池要求能够高倍率充电与大电流运输电能,其纳米结构模型与离子、电子运输通道,如图7-12所示,纳米炭黑尺度为20～30nm,比表面积越大,则颗粒越小。若使导电炭黑能够均匀地包覆在电极周围,必须做好电极分散工作,否则,炭黑将漂浮在电极表面,堵住孔隙加大电池内阻。离子

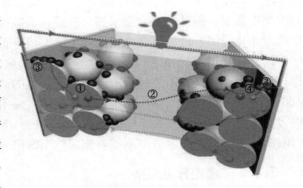

图7-12 锂电池纳米结构与能量运输模型

参与充电和放电过程,电极吸收和释放离子,但是电极没有充分吸收离子,那么电极可能粉化衰退。磷酸铁锂纳米化和碳包覆技术可提升电子、离子运输性能,缩短运输距离。但也带来问题,例如,能量密度低、合成成本高、电极加工性能不良及对环境要求苛刻等。尽管磷酸铁锂的Li、Fe与P储量丰富,但前期研发、工艺与制备成本,使得电池成本较高。磷酸铁锂电池一致性差,合成反应物包含固相磷酸盐、铁氧化物、锂盐、碳前驱体及还原性气相,且磷酸铁锂动力循环储存性差、振实密度低、导电性差,在充电和放电过程中,吸收和释放电解质里的离子时电极会膨胀和收缩。

$LiFePO_4$电池目前难兼顾比容量和能量密度的要求,其能量密度较低,导致商用产品体积较大。$LiFePO_4$比容量与电子电导率低,须加入炭黑或改性才能提高电导率,但这样又会导致体积变大;$LiFePO_4$在低温下电子电导率更低。在磷酸铁锂的制备过程中,氧化铁在高温还原性气氛下存在被还原成单质铁的可能性;单质铁会引起电池微短路,这也是该动力电池正极进展缓慢的因素。磷酸铁锂压实密度低,导致电池比容量低,将其纳米化和碳包覆也不能从根本上解决地问题。鉴于磷酸铁锂上述问题,科学家设计$LiFePO_4$正极的$Co/Li_2O$预锂化的方法,技术思路如图7-13所示。利用过渡金属氧化物和锂反应得到了含有过渡金属和锂氧化物$M/Li_2O$的负极材料复合添加剂,对比发现,添加4.8% $Co/Li_2O$

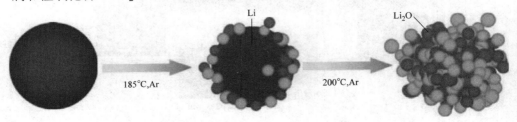

图7-13 $LiFePO_4$电极正极$Co/Li_2O$预锂化建模

的 LiFePO₄ 电极容量比纯 LiFePO₄ 电极高 11%，如图 7-14 所示。但该 LiFePO₄ 正极的 Co/Li₂O 电池低温下在新能源汽车的稳定持久循环应用还需深入研究。

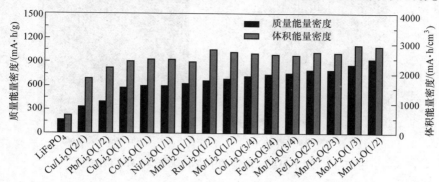

图 7-14　锂电池正极预锂化比容量示意图

三元电池是新能源汽车的重要选择之一，通过纳米包覆、修饰与改性，可降低电极镍含量与湿度敏感性，提高电池导电性、能量密度与安全性。但三元电池倍率性差，容量下降快，首次库伦效率低，循环性也不好。三元电池是高电压正极，需要合适的负极、电解液与之匹配。在缺乏合适负极和电解液的情况下，三元电池性能难以充分发挥。另外，三元电池储能机理与充放电过程衰退变化有待深入研究，否则难以持续工业化发展。若能解决三元电池这些难题，凭借其高能量密度与安全性优势等，在新能源汽车动力电池中的应用将有巨大潜力。

锂电池 S 正极每个 S 原子可结合两个锂离子，使得其理论储能能力比常规锂离子电池高好几倍；同样重要的是，S 非常便宜。其问题在于：S 的导电性一般，而且容易和电解液发生反应，充放电几个循环之后，副产物就会使电池失效；放电过程中，S 正极也倾向于储存电荷，而不是释放它们。为了寻找纳米解决方案，可将 S 颗粒包裹在高导电性的 TiO₂ 空心壳层中，如图 7-15 所示。使得电池容量比商业锂电池高 10 倍，并有效防止了 S 副产物对电池的毒化，提高了电池容量与库伦效率。金属锂正极理论比电容高达 3860mA·h/g，其对于可充电电池的吸引力不言而喻。但是，问题在于，锂电池第一次循环过程中会损失大约 5% ~ 20% 的锂，从而加快降低电池能量密度。为了减缓锂电池初次循环过程中的锂流失，考虑纳米包裹结构用于锂金属正极，该结构由包含 Au 纳米晶的空心碳球组成。在沉积过程中，金属锂沉积在碳球内部，实现金属锂在特定电极的选择性沉积，利用过渡金属氧化物和锂反应，得到含有过渡金属和锂氧化物 M/Li₂O 的负极复合结构。对比发现，添加 4.8% Co/Li₂O 的 LiFePO₄ 电极容量比纯 LiFePO₄ 电极高 11% 左右。

S 正极虽具有高比容量和低成本的优势，但当 S 通过锂化反应完全转化为

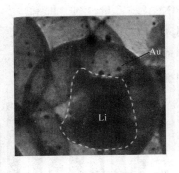

a) 非均质结构　　　　　　　　　　b) 纳米尺度表征

图 7-15　用于包裹金属锂的中空碳球非均质结构与表征

$Li_2S$ 时，其体积膨胀率达 80%，S 和其他高容量电极一样，也存在粉化问题。S 的锂化过程中会产生可溶的聚合硫化物中间体，而 S 正极膨胀将导致中间体从电极中泄漏出来，降低电池性能。充放电过程中，传统保护壳层会破裂，从而引起聚合硫化物中间体泄漏。考虑非均质结构空心壳层的 S@$TiO_2$ 与 S@聚合物等非均质核壳结构或梯度结构，如图 7-16a 所示，解决了体积膨胀造成聚合硫化物泄漏及粉化。在活性颗粒和电极内部，电荷载体的快速传输对于电池性能的提高至关重要。电子的高传导路径和离子的短传输距离有助于提高比率放电能力，并活化绝缘电极。和微米尺度电极相比，纳米尺度更小，在电子和离子传输方面更有优势。对于颗粒而言，由于传输距离更短，锂离子的嵌入/脱嵌过程以及电子传输在纳米颗粒中比在微米颗粒中更快。提高颗粒导电性可包裹导电层或者嵌入导电基质，对于电极而言，电子和离子的快速传输对于电池的高质量负载量至关重要。采用策略为在金属集流器上构建导电纳米活性结构，如基于相互连接的中空碳纳米球的自支撑纳米线阵列结构，如图 7-16b 所示，在 3D 导电网状纳米结构集流器表面沉积活性结构。

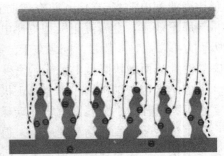

a) 解决原子/分子扩散问题碳纤维限域结构　　b) 提高电子和离子传输速度的相互连接中空纳米阵列

图 7-16　非均质纳米碳结构

### 7.1.3 锂电池负极

锂电池正极研发与创新周期很快,目前每年都有2%能量密度方面的提升。在负极方面,创新相对困难很多,每15年才有一次大突破,这也是为何电池由负极决定属于哪一代。目前成熟负极产品主要是以碳为主,优点是成熟和廉价,缺点是能量密度低。自锂电池商业化以来,目前碳负极实际比容量已接近372mA·h/g理论值,难有提升空间,因此寻找替代碳的高比容量负极成为重要发展方向。商品锂电池采用石墨负极,磷酸铁锂、钴酸锂、锰酸锂与三元电池等,都是针对正极而言的。通过大幅提高锂盐浓度,将大量自由溶剂分子与锂盐络合,有效抑制了多硫离子在电解液中的溶解,如图7-17所示;有效避免了充电过程中溶解于电解液的多离子形成的多离子穿梭效应,防止了电池的严重过充现象,循环稳定性明显提高。有效避免了由于金属锂沉积不均匀所带来的金属锂枝晶生长,高锂离子浓度和黏度既有利于电极的均匀物质交换,也有助于降低金属电极表面由于离子耗尽所产生的空间电荷层,从而降低了金属锂非均匀沉积的电场驱动力;高黏度体系在一定程度上增加了锂枝晶生长的阻力,使得电极在循环过程中的稳定性大大提高。

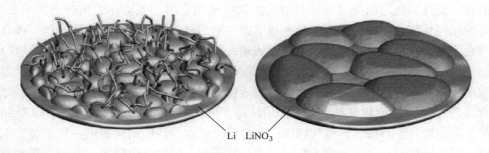

图7-17 动力锂电池的电解液结构模型

硅和锂能形成$Li_{12}Si_7$、$Li_{13}Si_4$、$Li_7Si_3$、$Li_{15}Si_4$、$Li_{22}Si_5$等合金,$Li_{22}Si_5$具有高容量4200mA·h/g,硅在地球上储量丰富,成本较低,因而是一种非常有发展前途的锂电池负极。然而在充放电过程中,硅的脱嵌锂反应将伴随大的体积变化,造成材料结构的破坏和机械粉化,导致电极材料间及电极材料与集流体的分离,进而失去电接触,致使容量迅速衰减,循环性能恶化。在获得高容量的同时,如何提高Si基负极的循环性能,是Si基电极的研究重点。脱嵌锂时晶体结构及表/界面的变化,大的伸缩应力导致锂脱出时会发生较大的体积变化,出现严重的颗粒粉化,并且应力的变化会促进包覆的产生和传播。为了深入了解脱嵌锂时带来的体积伸缩、晶体结构以及表/界面变化,可采用同步辐射和电镜等技术手段，在硅与锂发生脱嵌时，表征和分析一系列复杂的结构变化。

Si 基负极高的比容量可将电池能量密度在原有基础上提升 20%~30%，因此 Si 基负极具备巨大应用潜力。然而充放电过程中，在硅与锂发生脱嵌时，复合物尺寸、形貌、结构和生长方向等降低了电极空间构型稳定性，从而影响了充放电时电子传输。在大量锂离子嵌入后，硅-金属复合电极加入对锂惰性的金属，如 Fe、Mn 等，活性物质 Si 均匀分散在电极中，电极一方面抑制 Si 在充放电情况下的体积变化，另一方面电极高的电子电导率提高了 Si 与锂的电荷传递效率，如图 7-18 所示。当锂脱出时，硅有序结构逐渐得以恢复，结晶区域扩大，但初始晶体结构无法全部恢复，形成部分亚稳态无定形结构，亚稳态相和电解液发生自发反应，导致自放电和容量损失。

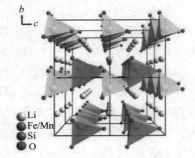

图 7-18　Si 基负极纳米结构基体模型

Si 基负极也面临巨大应用挑战：在充放电循环作用下，硅基负极体积膨胀率高、颗粒粉化严重、材料循环性能衰减；电极的机械完整性变差，电极循环性能衰减，活性颗粒之间及其与导电剂之间的电接触变差，表面 SEI 膜的重复生长，电池循环性能衰减。低循环寿命和效率成为制约硅基负极商业应用的瓶颈。循环过程不断消耗电解液和锂离子，并导致最终电池耗竭，SEI 膜不断增厚导致电极活性颗粒之间的接触不良。锂离子在增厚的 SEI 膜中传输困难；较厚 SEI 膜会导致电极机械应力增大而发生粉化。将纳米化、惰性缓冲以及表面，包覆技术相结合，开发高循环稳定性硅基负极。例如，$FeSiO_4/Li_2FeSiO_4/MgSiO_4$ 复合负极结构，其来源广、价格低，结构特殊，合金组分可以为活性结构提供一定的缓冲机制。利用惰性合金相以及纳米粒子之间的自孔隙，缓解体积膨胀；利用石墨剥离形成的表面包覆建立稳定固/液界面。以硅铁合金为对象，可以验证了这一技术思路的可行性与可靠性，$FeSiO_4/Li_2FeSiO_4/MgSiO_4$ 复合负极结构，如图 7-19 所示。原位生成均匀分散的活性单质硅和惰性介质，有利于缓冲锂化过程中的体积膨胀，但循环寿命有限，首周库伦效率较低。表面扩散过程受 SEI 层、外表面无机不溶物和有机混合物控制，表面阻抗与电极的库仑效率有关，随着无机 SEI 膜厚度增加，锂含量增高。在高的放电深度（低的锂复合物）下电极阻抗增加较大。通过改变充放电循环之间的电压范围，可以改善库仑效率。碳包覆层缓冲活性中心的体积膨胀，阻止纳米活性粒子的团聚与电解液向活性中心的渗透，提供稳定的表界面和 SEI 膜，有效地隔离了纳米硅与电解液的直接接触，避免 SEI 膜的反复生长。

Si 基负极在电池中表现出良好的循环稳定性，但因 SEI 膜重复生长，在电池

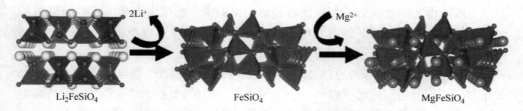

图 7-19　$FeSiO_4/Li_2FeSiO_4/MgSiO_4$ 复合负极结构

中的应用一直受到制约。应对挑战的技术思路是，减小体积膨胀采用纳米化、多孔化、合金化技术，采用表面键合黏结剂保持电极结构完整性；采用纳米阵列实现快速的电子传输，缩短离子迁移距离，匹配体积膨胀，获得稳定界面 Si 基电池。将纳米技术应用于电池，可以利用纳米尺寸效应，提升动力学性能，延长电极的循环使用寿命，改善电极与电解质的浸润性。要提高离子的输运能力，可通过提高扩散系数或减少扩散距离，例如，锂电池电极颗粒直径在 $10\mu m$，若电极尺寸降低到 $100nm$，电极扩散系数将增大 2 个数量级，离子输运最短时间缩短 3 个数量级；而且由于单位质量的物质，其比表面积与尺寸成反比关系，小尺寸材料具有较大的比表面积，这使得在同样质量的情况下，小尺寸材料允许更高的单位面积电流密度，尺寸效应是显著的。硅基作为锂电池负极，具有高电容量，但循环性能差、库仑效率低限制了其在商业上的应用。为了解决这些问题，通过纳米化、薄膜化、硅包覆碳与硅化物多相掺杂等技术，可获得库仑效率、循环性能好的硅碳复合电极，可获得具有商业价值的动力电池。

锂电池作为可再生能量储存系统，在人们的生产和生活中扮演着至关重要的角色。将电池技术与各种先进能源技术融合，设计各种新型非均质结构，并赋予其能量储存的新机理和新功能，不断使其高效地完成能量存储的核心功能，是当今锂电池研发的主要前沿和方向之一。本章有机融合了世界锂电池能源领域的关键技术、研究亮点与创新成果，对锂电池结构与机理进行总结，并论述了电池新结构在高效能源储存领域的应用进展，对锂电池在电驱动领域漫长道路上的障碍进行了梳理；从锂电池技术成果中整合与提炼出新能量储存机理，开发出更便宜、更高容量与更高效储能的电池，这将在电池能源领域带来革命性突破，不但降低电驱动的利用成本，并保护世界环境，构建低碳清洁的总体能源结构，同时，还改变和创新整个世界可再生与可持续能源的能量储存方式和全球供能战略格局。从世界范围长期来看，以石油为代表的化石能源最终将会走向枯竭，新能源已经成为国际能源产业发展的战略方向。各国均十分重视替代能源技术的发展，支持能源结构的升级和能源利用多样化。人类对能源的需求与日俱增，但作为储存和输送能源主要载体的可充电电池的综合能力却亟待突破现有技术瓶颈和理论束缚。到 2020 年，电池产业市值将达到 1200 亿美元，世界工业需要在能源储存领域取得实质性突破，但电池瓶颈却为突破带来了极大困扰。目前锂电池虽被广泛使用在汽车以及其他可充电设备上，但是目前商业锂电池能量密度较低，导致续驶里程长期以来是新能源汽车的软肋。科学家在苦苦寻觅在安全的情况下突破储存能量密度的方法，目前焦点主要聚集在现有电池升级与创新电池技术等研究方向。若电池能量密度提高一倍，可以在保持续驶能力的条件下将价格和电池尺寸减半，或者在保证电池尺寸的条件下，使续驶能力翻倍。锂电池由于再充性能好、使用损耗小等优点，普遍用于消费电子领域和新能源汽车。

目前商业锂电池的温度性能、循环性能、容量密度较差，使用寿命短，不易存储，电极成本高。人们不断利用新技术来解决电池能源中阻碍电池应用的难点问题，但也面临巨大挑战，目前科学家正致力于锂电池高能化、轻量化、固态化及动力化等。例如，设计新型固态化电池替代传统电池，由于锂电池容量密度问题无法避免，对续驶要求高的动力电源需要有技术突破。在商业电池中，高能量密度电池若靠液态电解质实现，则需要给电池附加多重安全防护措施，这就使得电池系统既复杂又昂贵，如图 7-20 所示。若电池出现过度充电或内部短路等异常，则可能导致电解液发热，有自燃或爆炸危险。固态电解质电池中固态锂的扩散速度超过液体电解液，可实现更高能量输出，由于不封入液体，电池系统实现了轻量化。固态电池不易燃烧，避免可燃液体泄漏，其安全性大幅提高。还可将多个电极在电池组内串联，制造大电压电池单元。固体电池的晶体结构成为允许离子通过的小孔，并形成让离子运动的通道，如图 7-21 所示。由于固体电解质更紧密坚固，电池结构仅有锂离子移动，而晶体结构不移动，这种高导电性固态锂电池能在更宽的温度范围下供电，抵抗力学和热损伤。固态电池能在 -100~100℃ 之间的温度范围内工作，尤其是在新能源汽车领域。但固态电池目前也有其瓶颈：高倍率放电性能差，低温特性不好，造价过高，实际电导率较低，对温度变化较敏感。

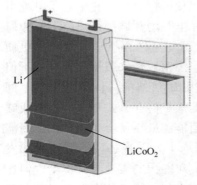
图 7-20　锂电池液体电解质非均质结构

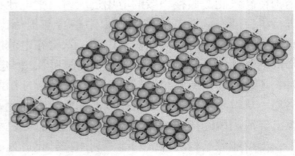
图 7-21　锂电池固态电解质微尺度非均质结构

科学家设计了全气候高容量锂电池,这种锂电池具有不需要外部加热或者添加剂,就能够实现从0℃以下自加热的功能。其独特的非均质结构如图7-22a所示,缩短了锂离子扩散的路径,提供了足够的空间来满足体积变化导致的机械张力,多种元素的杂化使得循环过程中的体积变化是逐步发生的。人们设计了基于金属阴离子吸附机理设计的中空多壳层微球,如图7-22b所示,这项研究工作为减少正负极之间的容量差,提供了全新的思路。

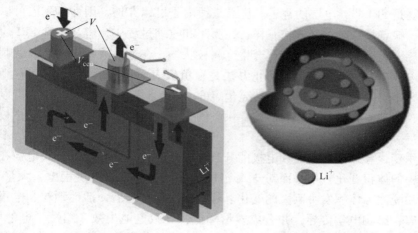

a) 全气候高容量锂离子电池非均质结构　　b) 中空多壳层微球非均质结构

图 7-22　高容量锂离子电池非均质结构

通过对新电池结构和新存储机理的开发,可重复充电锂电池技术得到发展,电池性能不断提高。得益于纳米技术的不断探索,传统电池存在的许多难点基础问题有希望得到解决。纳米技术为电池能源提供了崭新而重要的手段,不仅可以在纳米尺度上控制电池成分,还可以控制电池内原子排列,揭示发生反应机理。石墨是目前商业电池负极材料,其高导电性,使电子可以容易传递到电路的金属导线中。但是石墨在放电过程中收集锂离子能力较弱,需要6个碳原子结合1个锂离子,这种本质缺陷限制了电极承载的锂含量,从而限制了电池储存的能量。但硅就更好,每个 Si 原子和 4 个锂离子结合,硅基负极就比石墨负极存储能量要多。虽利用块状 Si 基负极容易,问题在于 Si 基负极稳定性差:当电池充电时,锂离子嵌入负极和硅原子结合,负极体积膨胀 3 倍;放电时,锂离子脱离,负极迅速收缩;几个循环之后,硅电极就发生破碎,直到电池失效。电极到纳米尺度之后会表现出完全不一样的性质:纳米电极不受相邻原子的影响,在应力和压力的作用下更易移动。

硅纳米负极减缓了压力和应力作用,锂离子在硅纳米电极中嵌入和脱离时,电极受到损伤小。但是问题又来了,锂离子嵌脱造成的膨胀和收缩使得 Si 纳米结构开裂，电解质渗透到纳米颗粒之间，产生反应，在 Si 纳米颗粒表面包裹上固体电解质界面膜（SEI 膜），SEI 膜会慢慢变厚，最终破坏负极电荷收集能力。新型非均质核壳纳米结构负极将硅纳米颗粒包裹在高导电空心碳壳之中，锂离子在碳壳中自由进出。空心壳层为内部硅原子的膨胀和收缩提供了足够的空间，同时又保护它们不受电解质的干扰，这种负极在 1500 次充放电循环后，容量保持 75%。用金属锂来设计负极，可储存比硅更多的能量，而且更轻。金属锂作为负极的问题是 SEI 非导电层的包裹。优点是锂离子可以穿透，因而 SEI 层可以作为保护层；缺点是和硅纳米颗粒一样，在膨胀和收缩过程中，容易破坏 SEI 层，产生裂缝。锂离子在裂缝中堆积，产生金属枝状物，在电解液中生长，以致刺破电池，使电池短路，造成起火。防止办法是在负极表面包裹碳纳米球作为中间层，来稳定 SEI 层；还可利用更大的碳壳包裹的 Au 纳米颗粒作为负极，Au 可以结合锂离子，而碳壳为锂的膨胀和收缩提供空间，从而不会破坏 SEI 层，防止枝晶的形成。

体积变化导致活性颗粒和电极的开裂与破碎，传统低容量嵌入式电极在充放电过程中的体积变化较小，而对于高容量电极，由于充放电过程中，大量 Li 物种嵌入和脱嵌，体积发生巨大的变化。经过多次循环之后，活性颗粒和电极会开裂和破碎，影响电学传导，并造成容量降低，导致电池失效，缩短了电池寿命。合金负极体积膨胀率中，Si 为 420%，Ge 和 Sn 为 260%，P 为 300%，而传统石墨负极只有 10%。那么，纳米技术是如何解决体积变化这个力学问题的呢？负极的解决方案，纳米电极天然优势就在于尺寸小，在活性颗粒和电极层面上能有效抵抗力学上的破坏，如图 7-23a 所示。高容量电极有一个基本力学参数——临界破碎尺寸，这个参数值取决于电极反应类型（例如合金反应、转化反应）、力学性能、结晶度、密度、形貌以及体积膨胀率等一系列参数。而且，电池反应速率对于颗粒的开裂和破碎影响重大，充放电速率越快，产生的应力就越大，破坏也越大。当颗粒尺寸小于这个临界尺寸时，锂化反应引起的应力就能得到有效控制，从而缓解颗粒的开裂和破碎力学行为。晶化 Si 纳米颗粒的临界尺寸大约是

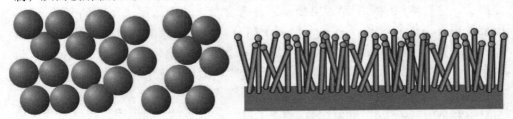

a) 活性颗粒和电极结构在充放电循环过程中开裂和破碎力学机理　　b) Si 纳米线负极结构匹配应力和应变作用的力学自洽机制

图 7-23　锂电池负极的力学自洽结构与机理

150nm，Si 纳米柱的临界尺寸是 240～360nm，Si 纳米线的临界尺寸是 300～400nm，这一区间范围主要是电极受到反应速率的影响。因此，电极的破碎问题主要采用将 Si 纳米颗黏粘结在集流器上实现，如图 7-23b 所示。至于颗粒力学破碎问题，可通过使用低于临界尺寸的纳米复合结构来解决。

## 7.2 锂空气电池

后锂电时代有两个耀眼的"新星"，就是锂硫和锂空气电池。多年来，锂空气电池被业界誉为理想电池，因为理论上它可使电动车续航能力接近传统汽油汽车，其循环特性如图 7-24 所示。该电池使用锂金属作为负极，正极则为多孔碳。放电时，从负极出发的锂离子在正极与氧气反应，产生过氧化锂固体，填充于碳电极孔隙中；充电时过程逆转，过氧化锂被分解释放氧气。该电池比容量理论上是目前商业锂电池的 10 倍，但实际应用时却面临挑战。电池反应产物过氧化锂及中间产物超氧化锂都有较高的反应活性，会分解电解液，几个充放电循环后电池电量就会急剧下降，电池寿命较短；由于过氧化锂导电性能差，充电时很难分解，需要很高的充电电压，还会导致分解电解液及碳电极等副作用。放电时，过氧化锂会堵塞多孔碳电极，导致放电提前结束；充电时，锂金属负极表面会以树枝状向正极生长，可导致短路，存在安全隐患。锂金属与空气中的水蒸气、氮气、二氧化碳都会发生反应，导致负极消耗，使电池失效。由于不稳定，锂空气电池性能迅速衰退。科学家改用多层石墨烯作为正极，利用水和碘化锂作为电解液添加剂，产生和分解的是氢氧化锂，而不是传统过氧化锂。氢氧化锂比过氧化锂稳定，降低了电池副反应。其中，碘化锂除了帮助分解氢氧化锂外，还保护电

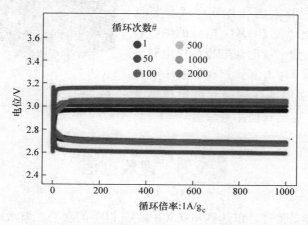

图 7-24 锂空气电池循环特性（见彩插）

池负极，使电池对于过量的水有一定的免疫性，为加快锂空气电池发展提供了新思路。若将该技术从实验室演示品变为商品，那么汽车只充一次电就能行驶约650km。但目前还有很多问题需要解决。例如，该电池提供的电流密度较小，还有循环安全问题，这些问题都具挑战性，必须有创新才可应对挑战。

要较大幅度提高现有体系的能量密度，就必须考虑利用氧气作为氧化剂，理论上氧气并不计入电极活性物质重量。导电剂及黏结剂在电极中虽然重量比不高，但由于密度低，它们会占据活性颗粒之间的孔隙，降低孔隙率，减少充电时的膨胀率，提升循环性和安全性。锂空气电池能量密度比液态电池提升较大，固态锂空电池能量密度为350W·h/kg，但固体电解质中离子传输速度慢，且与正负极界面的电阻大，这两个障碍决定了固态电池倍率性能必然是短板。而当前用于电动汽车实验样品动力电池，1C充放是基本倍率要求，商业混合动力汽车和纯电动汽车动力电池对倍率的要求更高，因此商用和产业化应用面临巨大挑战。

对于锂空气电池而言，开发新型高效催化剂是提高循环寿命和往返效率的重要环节，和常规催化剂相比，可溶性催化剂或氧化还原介质具有许多优势，有利于加快高绝缘性放电产物的氧化，并有可能实现较高的可逆容量，表现出更高的效率。比较电解质中$Li_2O_2$的形成能和被占据的最高分子轨道能时，发现分子数据库的参数所得的电离能级影响重大，分别起到降低过电位和提高稳定性的作用。锂空气电池实现在溶液中放电非常重要，而利用受体数目较多的溶剂或盐来溶解$Li_2O_2$形成过程中的$LiO_2$中间体，将有利于放电过程。然而，又一个矛盾出现了，受体数目较多的溶剂所具有的优良特征（例如高极化率），使得溶剂对$LiO_2$或$Li_2O_2$不稳定。若再利用$Li_2O_2$多孔电极结构，由于其高的比表面积和大的孔体积等优异特性（图7-25），可显著提升$Li_2O_2$电池的能量和功率密度，多孔锂空气电池电极在放电时会在正极表面形成$Li_2O_2$薄膜，在溶液中形成$Li_2O_2$颗粒，使得电池在较高充放电速率下具有较高容量，并延长使用寿命。

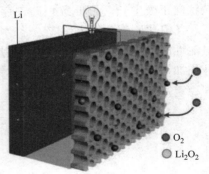

图7-25 锂空气电池多孔电极结构

## 7.3 锂硫电池

锂硫电池能量密度可以达到400W·h/kg以上的水平，但循环性还不能满足实用要求，并且自放电比较严重。锂硫电池须解决负极匹配问题，否则锂硫电池就丧失了高能量密度的纳米结构独特优势。图7-26所示为锂硫电池纳米结构模型，堆积紧密的电极微结构可提高电池的容量，其活性材料颗粒密实，大小均匀一致，没有过小的颗粒堵住颗粒之间的孔隙，具有大的孔隙率。在活性材料颗粒的周围包覆有多孔碳，以增强传导电子的能力，减少内阻。通过对活性材料表面处理提高孔隙吸纳电解液的能力，颗粒之间的孔隙大小适当、分布均匀。在活性材料中所形成的孔隙和所选用的电解质溶液之间，要有良好的润湿性，使电解质溶液容易进入并保持在孔隙中，不会因发生副化学反应而被从孔隙挤出来。电极结构较厚时，有利于提高容量。但电极越厚，在循环过程中靠近基体的孔隙的电解液被挤出后难于再吸附充满，使孔隙率降低，容量衰减加大，因此，要在提高容量和减少循环衰减上兼顾折中。

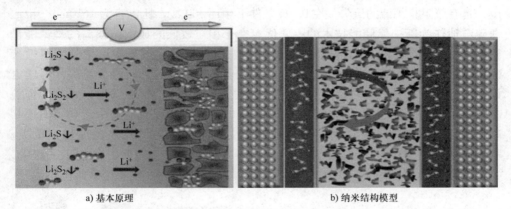

a) 基本原理　　　　　　　　　　　　　b) 纳米结构模型

图7-26　锂硫电池电极结构

锂硫电池近年来持续受到人们广泛关注。由于其较高的能量密度、较低的原料成本以及环境友好等特点，被业界认为是最有潜力应用于新能源汽车等的储能电池体系。锂硫电池现阶段采用醚类与碳酸酯类电解液，其溶剂具有沸点较低的缺陷，无法满足电池的工作需求；而电解液中的硝酸锂添加剂，也为电池安全性增加了不确定因素。同时，充放电环境也会加速多硫化锂在电池中的溶解问题，引发更为严重的"穿梭效应"。这些问题会导致采用醚类电解液的锂硫电池在新能源汽车的应用中存在安全隐患，无法实现高能量锂硫电池的产业化应用。如何实现锂硫电池的安全性是长期困扰该领域的难题，这也成为锂硫电池能否应用于新能源汽车的关键。针对锂硫电池的安全问题，考虑利用分子层沉积薄膜技术研发铝基高分子包覆硫基电极体系，可使硫电极在碳酸酯类电解液中稳定工作，为现阶段研发的硫正极提供有效的表面修饰方法，为发展安全稳定的锂硫电池提供新思路。这种锂硫电池在55℃下，充放电循环300次，其放电比容量仍可保持为570mA·h/g，其电池寿命与循环性能均得到提升。如果采用同步辐射X–ray技术,则可揭示分子层沉积薄膜在锂硫电池中的工作机理,这层分子级的超薄包覆层钝化硫电极表面,在避免了其与碳酸酯溶剂间发生副反应的同时,仍允许锂离子在包覆层中的自由穿梭,实现了碳酸酯电解液在高能量锂硫电池中的安全应用。锂硫电池集成柔性硫正极的配置策略与理论能量密度确实诱人,但是,其对硫的利用和容量保持率不能让人满意。作为高性能的锂硫电池,具备高导电性来提高 S 的利用率,还需要足够有效的限域聚合硫化物来减少 S 的流失。人们针对集成柔性硫正极的配置策略,正极将 C/S/C 三明治结构集成于聚丙烯上,具有良好的柔性和机械强度,双层碳结构不仅作为集流器来提高导电性,还显著抑制了"穿梭效应"与聚合硫化物扩散,并对体积膨胀起到缓冲作用。采用 $MnO_2$ 纳米片填充中空碳纳米纤维作为电极,不仅提高了氧还原过程中电子和离子的传输速度,且有效阻止了硫的流失。在 0.5C 条件下循环 300 次,比电容为 1610mA·h/g。锂硫电池作为新一代储能技术的主要优点在于相对较低的成本,较高的理论能量密度(2600W·h/kg)。其发展的主要障碍之一在于反应过程中产生的溶解性聚硫化物中间体在电极之间穿梭,导致电池能量密度降低,循环性能不好。科学家设计的金属-有机框架电池隔膜有效地抑制了聚硫化物的穿梭问题,提高了锂硫电池长期循环的稳定性。非金属-有机框架电池隔膜在锂硫电池中起到了离子筛的作用,如图 7-27 所示,可有效地通过 $Li^+$,同时抑制聚硫化物迁移到负极。利用含 S 量约 70% 的介孔碳作为正极,得到锂硫电池在 1500 次循环过程中,每个循环容量衰减率低至 0.019%,且首个 100 次循环中容量几乎保持不变。

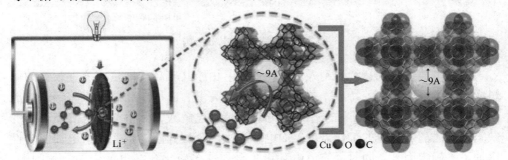

图 7-27　电池隔膜非均质纳米复合碳结构

## 7.4　复合离子电池

复合离子电池电极具有丰富的材料成分,可调控电池的氧化还原电位以适应比容量的需求,例如锂/钠离子电池等,如图 7-28 所示。复合离子电池电极可实现多电子转移,而且原料来源丰富、成本低廉、可循环降解、对环境无害。钠离子电池引起广泛关注，钠离子电池首周可逆容量为 265mA·h/g，充放电过程中表面形成 SEI 膜极少，钠离子/电子混合导电网络结构的复合电极，如图 7-29 所示，获得了较高的首周 92% 库仑效率；层状钠离子电池复合电极具有良好的循环和倍率性能，如图 7-30 所示，在 7C 倍率下，可逆容量达到 136mA·h/g，1C 倍率下 30 周循环后容量保持在 195mA·h/g，该技术实现层合结构有效复合，该钠离子电池结构是由互相平行的 Na 离子层交错堆叠而成的层状结构，实现了具有高电导率的层状复合电极，该结构能量密度优于目前商业锂电池。

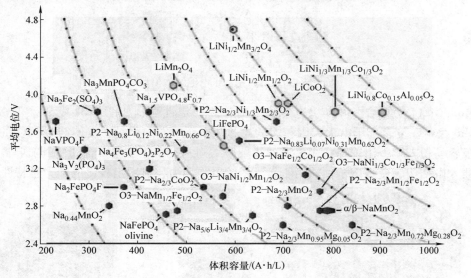

图 7-28 工作电位下的复合离子电池比容量

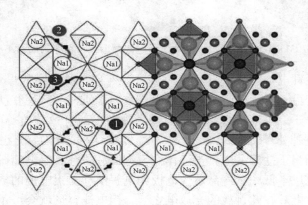

图 7-29 网状钠离子电池结构模型

Na/Mn//Ni/Li 复合离子电池也发展很快，这些金属储量丰富，而且 Na/

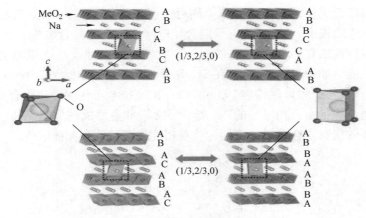

图 7-30 层状钠离子电池结构模型

Mn//Ni/Li 复合结构可以快速传输电荷,热稳定性强,如图 7-31 所示。但 Na/Mn//Ni/Li 复合离子电池,因较大的离子穿梭而造成的重复形变使结合 Na$^+$ 的电极容易粉末化,出现球状团聚簇的复杂微结构,浸润性变差。而且 Mn 与 Ni 离子插入微结构,使得离子传输由于较大的静电作用力,显示出较慢的动力学特性。

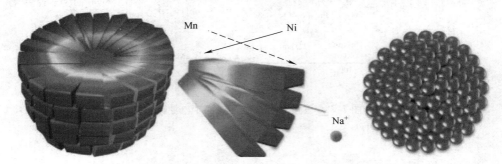

图 7-31 Na/Mn//Ni/Li 复合离子电池新型设计模型与团簇结构

  目前的商业锂电池容量较低、寿命较短,且存在易自燃或爆炸等安全隐患,高容量和安全的可充电铝电池一直是科学界致力于研究的对现有动力锂电池的取代品。然而,由于铝电池正极存在极易被腐蚀和不能有效放电等问题,在过去,动力可充电铝电池始终处于概念阶段。人们设想用石墨作为正极,用铝作为负极,并用一种相当于盐溶液的离子液体作为电解液去解决铝电池研究中电极的瓶颈问题。铝电池成本低廉、寿命短,电极和电解液都是铝电池的软肋,传统铝电池无法反复充放电。在几百次的充放电之后,铝电池容量就会严重下降。关键的挑战在于未找到合适电池的负极和电解液,能够让铝电池在长期充放电循环后,仍能产生有效电压。目前一个主要的思路:铝是地壳里最多的金属,碳是人类最熟悉的非金属,若分别用作电池的负极和正极,人们设想用几十千克的铝板同空气与水反应，能否给汽车做动力电池，这样既安全稳定，又无污染。科学家发明了新型铝电池，为铝电池的发展在技术上奠定了理论基础。该电池不但充电迅速，而且具备高循环寿命。用热解石墨作为电池正极，但由于阴离子体积太大，很难通过紧密的层状结构，这限制了充电速度。用泡沫石墨作为新型电池的正极，负极用铝制成，解决了这个问题。新型泡沫石墨铝电池的电解液则采用离子液体化合物，具体成分为有机盐与氯化铝的化合物。该泡沫石墨铝电池结构模型如图7-32所示。该电池晶须之间有充裕的空间，形成了开放的框架结构，离子能以非常快的速度在其中穿梭。用三维泡沫石墨作为铝电池正极，其优良的导电性能和巨大的比表面积可缩短电池的充电时间。

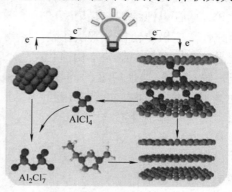

图 7-32　泡沫石墨铝电池的三维结构模型

在实验中，将由铝制成的负极和由泡沫石墨组成的正极，再加上离子液体电解液，置于一个由柔性高分子包裹的铝箔软包内制出该电池，整个系统非常安全与稳定。新型铝电池比传统锂电池更加安全，锂电池在快速充电与大负荷工况下可能发生爆炸，而铝电池则不会。传统铝电池只能充放电100次，商品锂电池最多充放电1000次，而该新型铝电池在经过7500次充放电循环后，容量无损失。而且铝电池也比锂电池便宜，因此铝电池是未来理想的新能源汽车可再生动力能源。新型铝电池负极纳米结构可使氧气顺利通过，并将二氧化碳阻隔在外，有效避免了电极碳化，增加了电池的循环寿命。但是，新型铝电池面临的主要技术挑战是产生的电压仅为传统商业锂电池的一半，这预示铝电池由实验室样品到产业化商品，还有很多技术与设计细节需要不断完善和提升。科学家希望在后续的研究中，将通过改进并完善铝电池负极和正极的纳米结构与能源系统，不断提升铝电池的负极和正极性能，从而显著提高铝电池的电压，并增加其能量密度，使铝电池也成为新能源汽车电驱动动力系统的一个重要选择。

## 7.5　动力电池衰退的位错动力学

在电极位错动力学研究中，微尺度晶体离散位错塑性完全在连续介质框架下进行分析，如图7-33所示，引入初始位错来表示晶体中预先存在的静态位错，把离散塑性应变较好地局部化到连续介质材料点上。应用离散位错塑性模型，可模拟电池位错线、位错环及位错锁等微结构演化过程，并把与之相对应的应力场与解析结果进行比较，验证电池结构位错模型的可靠性。电极位错模型解决了传统晶体塑性理论中唯象本构演化难以描述离散塑性应变的问题，在电池研究中具有实际应用价值，同时对电池变形与机械粉化也具有重要意义。对给定尺寸及初始微结构的电极，存在临界应

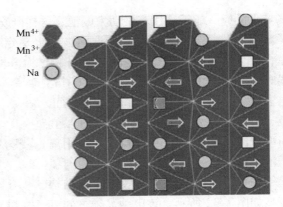

图 7-33  电极衰退位错动力学模型

变率。低于该临界应变率，屈服应力对应变率相对不太敏感；高于该应变率，屈服应力将随应变率的增加而增加，并和应变率的对数近似成线性关系。该临界应变率的大小由初始位错密度、位错平均自由程及位错运动障碍的强度决定。随着应变率的增加，位错微结构从均匀形态变成单一形态，位错滑移在晶体内部出现变形带。变形带的宽度随着应变率的增加而增加，其中的剪应力明显高于相邻区域，这些区域往往是电池中进一步发生失效的位置，为高应变率下电池变形及失效模式预测提供依据。在电极衰退微尺度结构中形成稳定位错连接的可能性很小，相对不太稳定的二重位错连接是位错网的主要组成部分。由二重位错连接构成的旋转位错源为主要增殖源，维持微尺度电极的塑性变形。位错网中的位错连接被破坏或者从该有限空间中逃逸，位错增殖将停止，正常的塑性应变硬化也将结束。随着位错逃逸的进行，控制电极强度和塑性的过程从位错扩展及相互作用转变为位错形核，随之出现反常应力应变行为。位错动力学是电极衰退研究的亮点问题，塑性变形导致粉化是由于位错源控制塑性。

　　基于缺陷能量的非局部塑性理论，反应微尺度塑性变形中存储能量的物理机制，认为缺陷能是相邻滑移面上的非协调位错在弹性相互作用中存储的势能，并据此获得缺陷能的具体形式是位错密度，该参数反映了位错近程相互作用距离。基于位错机制的应变梯度理论忽略了位错近程相互作用，而其在亚微米尺度对电极内应力有重要影响。基于位错动力学的连续介质描述，建立适合于微尺度塑性流动研究的非局部电极塑性模型。该模型包含关于电极微结构滑移的扩散应力，在连续介质层次上描述了位错运动，位错密度演化依据位错增殖和湮灭速率的平衡和热力学能量平衡。在亚微米尺度位错和界面的相互作用对电池力学性能有重要影响，而现有的高阶电极塑性模型仅能处理位错完全穿过或完全堆积在电池界面，这是两种极端条件。而非局部电极塑性模型的优点在于它可以把"位错流"类比成热扩散中的"热流"来处理其在电极界面处的堆积、扩散和反射等行为，

如图 7-34 所示。因此该模型弥补了现有电极塑性模型的不足，拓宽了电极塑性理论的范围，表明亚微米尺度下应力硬化明显主导了电极塑性流动应力的强化。

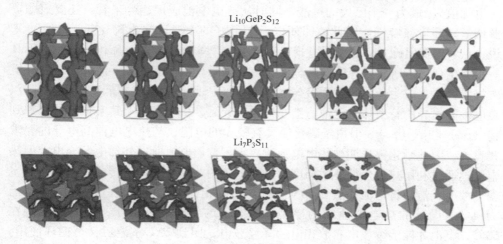

图 7-34 电极衰退的位错流模型

## 7.6 热电电池

热电电池是能将热能和电能相互转换的电池，在改善新能源汽车环境污染和节约能源方面具有广阔前景。通过采用热电电池技术，可利用电动机、制动器等混合动力新能源汽车的余热、废热，进行热电与温差发电，不但有效节能，也减少环境污染。此外，热电电池不需传动部件，工作时静音，性能可靠，使用寿命长。以混合动力新能源汽车的热电电池为例，内燃机中汽油产生的总能量的约1/4 被用于真正地驱动车轮，40% 随排放热量耗损，30% 损失在发动机冷却过程，这意味着 70% 的可提供能量被浪费了。能量既不会凭空产生，也不会凭空消失，在能量守恒的前提下，更好地实现能量配置是值得探索的问题。热电电池可实现热能与电能之间的双向转换。比如，发动机与制动器多余耗散热能，可通过热电电池有效地转化成电能，为新能源汽车充电；与之相对的逆过程，通过电流产生温差来制冷可以为汽车发动机散热等，从而利用热电效应，循环使用电池。传统热电电池根据针对的温区不同，主要为碲化铋（$Bi_2Te_3$）、碲化铅（$PbTe$）及硅化锗（$SiGe$），而这些材料储量有限、成本较高、污染环境。热电转换效率是衡量热电电池性能的关键指标，它主要取决于电池的性能优值 ZT。从定义 $ZT=(S^2\sigma/\kappa)T$ 可见，在一定的温度 $T$ 下，具有更大的温差电动势 $S$（产生大电压),更优异的电导率 $\sigma$ 和更低的热导率 $\kappa$ 的热电电池,其热电转换效率更高、性能更佳。但由于这几个热电参数之间存在复杂的互动关系,使得实现高热电优值 ZT 成为一个巨大的挑战。同时从热电电池应用趋势来看,还要兼顾资源储量和环境兼容性。因此,即便以目前最好的中温区热电碲化铅(PbTe)来说,从资源储量碲(Te)和环境兼容性铅(Pb)等因素考虑,碲化铅体系也不具有很强生命力。研发理想的热电电池,使之同时具备性能优异、储量丰富且环境友好等要素,成为长期困扰研究学者的难题。因此,亟须成本低廉、环境友好、热电性能优异的新型热电电池。类比探究同族元素,从表面上其实很容易联想到锡(Sn)和硒(Se),但由于硒化锡具有较大的电阻,与热电电池高电导的要求相背离,因此硒化锡长期被热电电池所忽视。普通电池通过外加电源充电,但热电电池通过利用热再生循环中温度与电池电压的关系,把热能转化为电能。在室温下放电,然后将电池加热到60℃,加热过程相当于给电池充电。图 7-35 所示为科学家设计的热电电池结构模型,该电池的特殊之处在于,此时需维持在60℃,电池才能继续放电;放完电后降温充电,回到20℃室温后又可循环使用。该新型硒化锡电池,有效温度范围在汽车发动机温度区间之内。该热电电池的能量转化效率是目前商业电池的 2 倍,能回收发动机排出的 5% 废热能,可取代车载交流发电机,提升整车燃料效率6%。

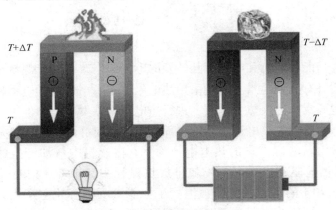

图 7-35　热电电池结构模型

科学家对热电电池模筛选,发现硒化锡在中温区具有比碲化铅更低的热导率,这恰好满足了热电电池低热传导的要求。同时又注意到硒化锡具有非常复杂的电子能带结构,通过移动费米能级进入多个能带谷可获得较大的有效质量和温差电动势。与此同时,硒和锡在自然界中有着丰富的储量,且是环境友好材料,使得硒化锡热电电池性能优值(ZT)得到了大幅提高,应用硒化锡热电电池独有的特殊电子能带结构和多谷效应,可将其在 300~773K 宽温区范围内的热电性能大幅提高。考虑到硒化锡的层状晶体结构,在其层面内可能具有不错的导电性能

# 第 7 章
## 基于电驱动的新能源汽车能量传输系统建模 - 仿真

（电导率主要由载流子迁移率和载流子浓度两个因素决定），尽管前期初步研究结果表明硒化锡是一种很有发展潜力的动力热电电池，但还存在另一问题亟待解决，硒化锡在 300~773K 温度范围内的 ZT 值很低，这一点限制了硒化锡在 300~773K 这一重要温度区间的使用。科学家确定整体提高硒化锡的热电优值（ZT）的思路，只能是提高硒化锡的导电性和温差电动势，以求获得 300~773K 温度范围内较高的电传输性能。利用能带结构是调控热电电池的导电性和温差电动势的有效方法，如在碲化铅体系中两个价带（轻价带 1 价带和重价带 2 价带）的距离仅相距 0.15eV，1 带和 2 带能量对齐后可使有效质量增加，从而提高温差电动势。研究发现硒化锡的电子带结构更加复杂，多个价带的能量距离很小，如 1 价带和 2 价带的距离仅为 0.06eV，1 价带和 3 价带的距离为 0.13eV，1 价带和 4 价带的距离为 0.19eV。当费米能级已经进入 4 价带甚至接近 5 和 6 价带时，就可实现多个价带同时参与电传输。这就比如，1 条高速公路上有无数拥挤的汽车时，汽车行驶得会非常缓慢；但把同样数量的车分配到 6 条高速公路后，车不但行驶得快而且在单位路面上通过的车量也会增多。通过这一移动费米能级的巧妙方法，不但可以保持相对较高的载流子迁移率，还使得温差电动势提高了 5 倍，可以让硒化锡材料在整个温度区间的热电优值（ZT）得到大幅提升，即在 300~773K 温度区间的 ZT 值从 0.1~0.9 提高到 0.7~2.0。如果选取 300K 和 773K 分别为低温端和高温端，硒化锡作为热电电池可以产生 16.7% 的理论发电效率。这意味着开发具备性能优异、储量丰富且环境友好的热电电池已成为可能。

仅凭电极不能决定电池能量密度或新能源汽车的续航距离，只有制成安装在新能源汽车上使用的电池系统才具备工业应用意义。在设计新型新能源汽车的制动能量回收结构以及锂电池分析的基础上，根据制动能量回收电池的控制要求，制造了实验用制动能量回收电池样车，并建立了整体电动车与锂电池匹配的实验平台。该实验电动车包含制动能量回收电池的总体结构，具体为两前轮分别用一组制动能量回收电池，前后回路各有一组储能电池和电机。各组电池由同一电机驱动，所有部件安装在电动车上。前后电池回路对称布置于本体上，能量回收电池、电机和储能电池等也呈对称分布，由电动车、锂电池台架仿真，电池管理软件与热环境仿真装置和惯性测功机，集成了新能源汽车动态锂电池特性分析平台，如图 7-36 所示。该实验系统适用于新能源汽车动力电池总成动态特性与功能测试。根据动力电池系统总体结构，进行新能源汽车动态仿真匹配，可对动力电池总成全方位功能测试。动力电池能量回收实验平台典型工况下的仿真及试验证明，常规续航工况下，动力电池的稳定性大大提高，制动回收能量效率提升，且电池寿命提高；持久巡航工况下，通过电池耦合控制合理增加制动力，减少制动能量的损失，大大提高了新能源汽车能源利用效率。

随着环境保护形势的日益严峻，研究和开发清洁能源已成为全球科学研究的

a) 动力系统仿真台架　　　　b) 软件环境仿真台架

c) SCHENCK (PWD-C/V-75-200) 惯性测功机　　d) 动力电池匹配台架

图 7-36　锂电池特性分析平台

重点领域。其中，电池能源技术凭借系统体积小、可靠性高、适用温度范围广等特点被重点关注。人们探索新型电池能源，试图解决传统电池能源在容量、体积、寿命和安全等上所面临的多种问题。基于动力电池在新能源汽车占据了很大空间，故要综合考虑能量密度低、续驶时间、寿命和安全等问题。由于锂电池设计方法及结构等不同，其性能也不尽相同，故在新能源汽车动力电池商业应用技术基础上，深入探讨电池作用机制，丰富电池及电极的设计技术，优化工艺，获得具有更高容量、能量密度和优良循环性能的电池将是今后的重点。本节系统评述了新能源汽车动力电池设计模型与能量结构系统等，探讨了电池设计方法的优势与不足，提炼后续科研攻关的方向，初步形成了新能源汽车动力电池的测试与分析平台。分析比较了电池纳米能量结构设计方法、稳定性与安全性等关键技术，为新能源汽车能量传输与转换等应用问题提供了技术支撑。本节旨在促进新能源汽车整车动力电池技术的进步和发展，缩短动力电池与新能源汽车匹配的整车开发周期，对新能源汽车电池能源技术的研发和应用有参考价值。动力电池不但作为纯新能源汽车的动力能源，而且在燃料电池和混合动力新能源汽车等新能源汽车上也均有广阔的应用前景。

## 7.7　基于电驱动的质子交换膜燃料电池能量传输理论

燃料电池发电技术是一种洁净发电技术，国家中长期科学和技术发展规划把燃料电池技术列为重点发展项目。根据质子交换膜等燃料电池的特点，对其进行耦合，对于高效、洁净和便捷的实现能源利用具有至关重要的意义。耦合大大增加了系统的复杂性，必须针对耦合系统内部的复杂多相多物理过程理论及关键技

# 第7章
## 基于电驱动的新能源汽车能量传输系统建模-仿真

术开展深入的研究,以最终实现高效、洁净、便捷利用能源的目标。燃料电池中存在着异常复杂的多相多物理过程,将该技术进行耦合更是大大增加了系统的复杂性。质子交换膜燃料电池内部存在着水蒸气、液态水、反应气体等多相成分的传热传质和电化学反应现象。具体研究:基于计算流体力学、化工热力学和电化学理论建立能够对质子交换膜燃料电池内部传热传质和电化学过程进行准确描述的模型,结合实验测量研究燃料电池的内部机理;开发高效、低成本的质子交换膜燃料电池新型催化剂(非 Pt 催化剂或新型催化剂担载技术),并利用激光拉曼光谱仪、X 射线荧光光谱仪、比表面分析仪和电化学阻抗测试仪等多种实验设备对各种材料的特性进行表征和评价。燃料电池是一种高效清洁的发电技术,它已成为可持续能源技术研究领域最具代表性的前沿热点研究方向之一。燃料电池不仅多孔结构多样化,而且其内部各种传输过程复杂,燃料电池内与电化学反应耦合的复杂传输过程的数学模拟还不完善,还需要多方面的共同努力,这不仅依赖于多孔介质内多相传输理论的突破,还依赖于对燃料电池内部微观结构和传输过程等相关信息的掌握程度。以直接液体甲醇燃料电池为例,其复杂性主要表现如下:①气液两相共存且流动特性复杂。②多相多组分耦合传输,且伴随着相界面之间的物质交换。③跨尺度传输过程。④传输机理的多样化。因此,燃料电池内的传输过程是复杂的耦合电化学反应的跨尺度多组分多相传输过程。对电池内的各种传输机理的认识与了解,是优化电池设计、提高电池性能的必经之路。然而,受现有实验设备和条件的限制,目前还很难对这一复杂的传输过程进行准确观察和测量,在这种情况下,数值模拟技术已经成为燃料电池研究中的一种强有力的工具,其中所涉及的具体研究内容:需要深入研究通道内的气液两相流动特性,建立合理的非连续性气-液两相动模型;研究微观尺度的传输模型用以描述多孔介质内的两相流动传输特性,并实现微观模型和宏观模型的跨接;进一步完善多孔介质内考虑毛细压力作用的传输理论,这对于气液两相在多孔介质内的传输过程和分布形态起着决定性。

新能源汽车的燃料电池结构如图 7-37 所示,围绕对高比能动力电池环保与节能的重大应用需求,针对质子交换膜燃料电池(Proton Exchange Membrane Fuel Cells,PEMFC)在能量转换效率、功率密度、成本和寿命等方面存在的问题,沿着纳米电催化剂和电解质膜的结构设计、界面演化、性能表征与集成应用这一主

图 7-37 新能源汽车的燃料电池结构

线,本节将聚合物纳米膜电极的构建及应用有机结合,介绍制约高比能 PEMFC 实用化面临的能量转换效率、比功率和成本等关键技术问题。对于以新能源汽车应用为目标的高比能量 PEMFC,其实用化的关键指标包括能量转换效率、功率密度、成本与寿命等,这对 PEMFC 实用化提出了严峻挑战。电极和电解质是发展高性能电源之本,集成电极与电解质的膜电极则是提高 PEMFC 性能的核心。只有从纳米电催化材料、高性能电解质膜及两者集成的纳米结构膜电极入手,才能协同解决制约 PEMFC 实用化问题。本章着重论述 PEMFC 膜电极、催化剂纳米结构与催化界面特性、电极性能的关联机制,探索催化剂纳米结构对膜电极界面电子、离子传输和转移动力学的影响,讨论催化剂纳米结构模型与膜电极界面性能的纳米尺度表征以及纳米能源相互作用机理,发展催化剂与膜电极界面、结构与功能的调控方法,分析制约纳米催化剂、电解质膜与电极集成的应用和成本的纳米技术瓶颈,定量化纳米尺度表征催化剂活性界面、Pt 利用效率、离子电导率与纳米膜电极性能的本构关系。

PEMFC 是不经过燃烧直接以电化学反应方式,将燃料的化学能转变为电能的新能源汽车动力系统,新能源汽车的 PEMFC 有正、负极,通过电解质将两极隔开,通过反应变为电能输出,如图 7-38 所示。PEMFC 工作过程:燃料中的氢与氧化剂中的氧,分别在电解质两边的正负极上发生反应,生成水,同时产生电流,如图 7-39 所示。PEMFC 工作时,向负极供给燃料氢,向正

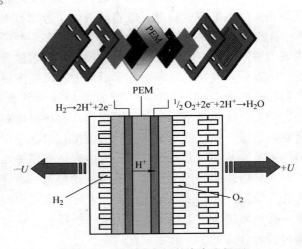

图 7-38 纳米膜负极的水产生机理

极供给氧化剂空气,氢在负极分解成正离子 $H^+$ 和电子 $e^-$。$H^+$ 进入电解液中,而 $e^-$ 则沿外部电路移向正极,在正极上,空气中的氧同电解液中的 $H^+$,吸收抵达正极上的 $e^-$ 形成水,当源源不断地从外部向燃料电池供给燃料和氧化剂时,PEMFC 可以连续发电。氢气是 PEMFC 的燃料,氧是 PEMFC 的氧化剂,可从空气中获取。氢气具有高的电化学反应活性,可从石油、天然气与甲醇等燃料中转化而得。PEMFC 用高分子膜作为电解质膜,负极产生 $H^+$ 穿过高分子膜到达正极,并在那里被还原。

PEMFC 的核心结构有薄膜、电极、催化剂层、气体扩散层及双极板。其中,薄膜是传导质子的高分子聚合物膜,其两面分别为正、负电极的催化剂层,即负

极与正极中间夹了一层高分子质子交换膜，电极、催化剂层与双极板间则还有一层气体扩散层。质子交换膜有传导氢离子的功能，其一侧供应氢气（正极），另一侧供应氧气（负极），且能隔绝两侧气体，而适当水分有助于膜内氢离子的传导，水是在负极产生的，水太多则会留在负极，使氧气输送受到影响，水不足会使质子交换膜过于干燥，增加氢离子阻抗，使质子传导功能变差。

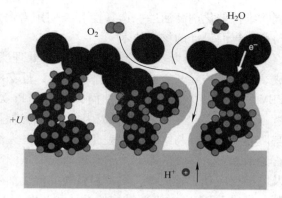

图 7-39　PEMFC 基本结构与原理图

### 7.7.1　PEMFC 的纳米结构薄膜与界面模型

　　PEMFC 是涉及聚合物、膜材料、热力学、电化学、界面及纳米能源等多学科的复杂系统，由于运行中的 PEMFC 不断产生热量，如不及时排出多余热量，其内部将逐渐升温，其强度、效率与输出电压将下降，界面极化效应增加，界面会遭到破坏，PEMFC 整体性能将迅速恶化。因此，必须重视 PEMFC 聚合物膜热力学与界面效应，这是 PEMFC 走向实用化的核心技术与必经之路。在 PEMFC 正极与负极间夹有高分子聚合物质子交换薄膜，$H^+$ 从正极通过这层质子交换膜到达负极，并在负极参加反应生成水。当质子交换膜的润湿状况良好时，由于电池内阻低，PEMFC 输出电压高，负载能力强；反之，当质子交换膜润湿状况变坏时，电池内阻增大，PEMFC 输出电压下降，负载能力降低。在新能源汽车大负载下，PEMFC 内部电流密度增加，电化学反应加强，PEMFC 负极侧水的生成也相应增多。此时，如不及时排水，负极将会被淹，正常的电化学反应被破坏，致使 PEMFC 失效。PEMFC 内部应保持适当湿度，并及时排出负极侧多余的水，这是确保 PEMFC 稳定运行及延长工作寿命的重要手段。因此，解决好 PEMFC 内的湿度调节及负极的排水控制，是研制大功率、高性能 PEMFC 系统的重要技术。

　　目前，PEMFC 正、负极都使用以 Pt 为主且造价昂贵的电催化剂，也就是催化剂层，是以碳粒作为载体的纳米 Pt 颗粒结构组成的，即纳米 Pt/C 核壳结构。催化剂层是电化学反应发生的地方，为了加快反应速度，催化剂层要有较大的反应面积，通常以缩小 Pt 粒径来增加反应面积，但负极催化剂层的生成物水若不能迅速移除，反应面积将被水淹没，会降低反应速度。性能优越的 Pt 催化层虽应用于新能源汽车能源领域，但储量稀少、制备困难、造价昂贵的 Pt，是 PEMFC 新能源汽车能源实用化的最主要障碍。如何大幅降低纳米复合催化剂中的 Pt 含量，同时维持催化剂高活性、选择性和长使用寿命,一直是 PEMFC 纳米催化剂研制与薄膜界面设计的核心技术。

PEMFC 电极为多孔纳米材料经疏水处理所形成的,由碳纳米管或石墨烯制成,是电子传导、反应及产物排出通路,且支撑质子交换膜与催化剂层,并加强 PEM 机械与热力学稳定性。然而,高活性 Pt 类纳米催化剂结构过于复杂,造价过于昂贵。因此,在 PEMFC 成为实用动力过程中,开展低 Pt 纳米电催化剂、电解质膜结构设计与纳米尺度表征至关重要。人们对催化剂、膜及电极界面演化过程的纳米热力学和能源动力学开展研究,试图阐明高聚物膜界面结构、催化活性及电极反应动力学规律,揭示膜材料的催化纳米结构稳定性和膜电极界面演化机制,指导 PEMFC 纳米新结构的设计和开发。

### 7.7.2 Pt 纳米电催化剂的结构设计与纳米能源系统模型

如何选择合适的 PEMFC 催化层内核金属,使外壳表面 Pt 原子在界面配体效应和应力效应作用下,发生有利于甲醇氧化和氧还原催化的电子结构改变;如何保持该纳米催化层结构的活性、稳定性与如何方便可控地获得该结构,是 PEMFC 膜与界面的关键问题。科学家设计了表层含 Pt 但内核非 Pt 的核壳结构电催化剂结构,针对甲醇电氧化及氧电还原等电极反应过程,探讨核壳结构及表面合金等模型催化剂中,内核非贵金属对壳层贵金属的应力效应、配体效应与壳层多组分间的界面协同效应等,如图 7-40 所示,并表征了亚层金属对表层 Pt 原子电子结构、高聚物膜化学性质的调控规律与匹配效应,获得了高活性和高稳定性的 Pt 壳/非 Pt 核的低 Pt 纳米电催化剂。人们利用构建模型预测纳米催化剂、电解质膜和膜电极的界面相容性,得到纳米电催化剂组成/结构/性质/功能之间的关系,为抗毒化、长寿命 PEMFC 纳米催化剂的研发提供指导。

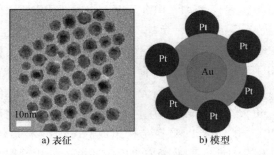

a) 表征   b) 模型

图 7-40 表层含 Pt、内核非 Pt 核壳结构电催化剂的界面设计与纳米尺度表征

人们考察内核非 Pt 对壳层 Pt 的应力效应与协同效应,表面电子性质与催化行为的关联,分析表面 Pt 原子的电子特性、关键中间体(H、CO、O 等)的吸附能与 Pt 界面偏析能等热力学特性,评估石墨烯纳米结构稳定性,设计了石墨

烯吡啶型二维平面结构,使膜结构保持了石墨烯原有的平面共轭大 π 键结构,具有良好的导电性,因而具有优异的催化活性,高聚物膜有效杂原子掺杂以吡啶型为主。人们巧妙地利用石墨烯吡啶型材料的层间限域效应,通过调制吡啶型材料层间距,在材料层间插入表面改性纳米核壳结构,表征了催化剂的高活性、高稳定性与高抗毒化性的实现途径。针对新能源汽车电源对功率密度的要求,人们构建了低 Pt 纳米催化剂、高离子电导率膜及纳米膜电极,将 PEMFC 的 Pt 用量降至目前用量的 1/20,并保持稳定工作超过 3000h。人们根据氧化还原反应动力学特性、内核金属应力效应与配体效应对壳层金属电子性质的影响,表征了内核非 Pt、表层合金与高聚物膜之间的协同效应、电子效应对催化性能的影响。

人们采用 Pt/Co 电极模型催化剂与差分电化学质谱表征技术,阐明理想表面(模型催化剂)与真实表面(纳米催化剂)之间的差别,并反馈修正理论模型。将通过电化学共沉积、与物理溅射方法获得双金属粒子附着界面,再通过电化学去合金化与吸附诱导重构法,获得贵金属表层富集的模型表面。在接近 PEMFC 实际工作条件下,考察对甲醇电氧化反应与氧化还原反应的催化行为,并根据理论计算与模型评估结果,人们采用自组装、表层取代还原、退火偏析与吸附诱导重构技术合成内核为 Pt、外壳含 Co 的核壳结构纳米催化剂,如图 7-41 所示,这种电氧化催化剂壳层双金属结构构筑方法,最大化提升了双功能组分间的协同催化效率。人们建立了催化剂结构 - 性质关系和性质 - 活性关系,形成了 PEMFC 催化剂构效关系,并从合金形成能、高聚物表面能和贵金属表面偏析能等方面,对 Co/Pt 双金属纳米核/壳催化结构进行活性与稳定性评估。

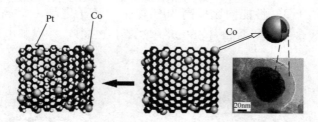

图 7-41　Pt/Co 双金属纳米电催化剂的纳米结构设计与纳米尺度表征

### 7.7.3　聚合物复合电解质膜的仿真与纳米通道调控

目前,聚合物电解质膜主要起传输离子和隔离反应物的功能,其很难完全隔离反应物分子(特别是甲醇分子)的渗透,导致"混合"电位效应,显著降低了 PEMFC 的能量转换效率。解决这一问题的关键是,通过纳米设计调控聚合物电解质膜的纳米通道,形成可同时促进离子传输和降低甲醇透过的高选择性纳米通道。人们采用 Ru 纳米多孔壳匹配低 Pt 纳米核,设计了可控多孔纳米离子传输通道，将多孔催化界面聚合引入非氟芳香聚合物电解质膜，获得了具有超薄阻醇层的纳米复合膜。纳米孔道表面富集氢键，有利于聚苯并咪唑或聚磺酰胺微孔有机聚合物电解质膜的形成。通过界面聚合方法，在膜表面形成超薄交联磺化聚磺酰胺阻醇层，实现离子传输及阻醇的协同优化，研究结果表明，高选择性纳米通道的微纳孔、有序化与亲/憎水性结构直接影响聚合物复合电解质膜传质、电化学反应、电池寿命和成本等诸因素。纳米结构膜电极不仅可实现分子、离子和电子的高效运输，全面提升 PEMFC 的性能，而且还有助于提升 Pt/Ru 催化剂和聚合物的利用率，降低 PEMFC 的成本。因此，核壳纳米结构的构筑及其界面功能是实现特定纳米膜与电极的关键技术。针对 PEMFC 低成本应用目标，通过优化设计 Pt/Ru 核壳结构，显著降低 Pt 用量，获取了低 Pt 核催化结构的聚合物电解质膜以及有选择性离子传输 Pt/Ru 纳米通道，降低了成本，为 PEMFC 实用化奠定了基础。科学家将无机纳米离子导体掺杂到电解质膜体相微区或表面修饰层，形成离子共域体，在致密膜材料微结构中形成纳米级离子通道，既强化了离子传输，又促进了阻醇效应，人们设计合成无机 - 有机组分有强共价键相连的酸性和碱性前驱体，共同进行溶胶 - 凝胶反应，实现分子内杂化，通过调控溶胶 - 凝胶反应过程和酸 - 碱对形成过程，形成纳米级离子通道，提高离子传输率和阻醇效率，如图 7-42 所示。通过界面聚合、静电吸附与空间构建等方法，阐明纳米结构膜电极界面结构性质及其与性能之间的内在联系，揭示了膜与电极界面演化的机制，实现膜、电极结构与界面功能的调控。新型膜与 Nafion 相比，成本降低到目前的 1/3，性能同比提高 30% 以上，离子电导率提高 150%，阻醇性能提高 1 个数量级，寿命超过 3600h，实现了 PEMFC 在燃料电池汽车上的示范应用。

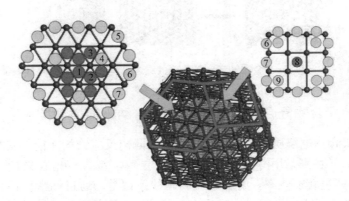

图 7-42 聚合物复合电解质膜与电极的八面体、四面体通道离子共域体

## 7.7.4 离子与电子高效输运纳米电极建模与界面演化机制

人们提出 Pt/C 有序化纳米结构膜电极与催化层的设计思路,建立膜电极与纳米催化层结构性能之间关系的表征模型。将电泳沉积、自组装、模板技术等引入到构建有序纳米结构膜电极与催化层中,不仅有利于显著提升界面的相容性及分子、离子和电子在纳米结构膜电极与催化层界面的传输与转移,而且是纳米膜电极集成化设计新技术。人们采用电沉积、自组装、模板技术等构建催化层与纳米膜电极,考虑催化层与膜电极纳米结构、取向和排列方式等,兼顾界面传质、分子、电子和离子输运机制,得到了有序纳米结构膜电极结构、Pt/C 催化界面演化机制与纳米尺度表征。以 Pt/C 催化层与离子聚合物为基本电极集成结构,匹配该结构与电子转移、离子传输行为的关系,构建有序化膜电极与 Pt/C 微纳米孔催化层结构,获得了 Pt/C 结构与聚合物界面状态以及催化剂与亲憎水性梯度分布的调控方法与影响规律。

科学家计算了 Pt 基模型催化剂表面的氧还原与甲醇氧化反应热量,构建 Pt 核壳结构纳米催化剂,通过界面聚合反应和两性离子型聚电解质静电核壳自组装方法,在质子传输膜的表面构筑纳米级的阻醇层,研究 Pt 核壳结构和自组装条件对阻醇层性能的影响,对该复合膜表面阻醇层的结构、形貌与稳定性测试,筛选合适的酸碱性聚电解质,设计膜内部具有质子传导功能的耐甲醇渗漏的纳米阻隔层,考察纳米阻隔层的形成机理及微观形貌对质子传导及阻醇性能的影响。以 Pt 纳米核壳结构为考察对象,构建新鲜的与老化后的纳米结构膜电极的理论预测模型,如图 7-43 所示。人们采用量子化学和分子动力学模拟相结合技术,分析两种核壳结构与电催化反应、离子和电子传输与转移关系,讨论核壳内各组分的最佳比例。通过不同纳米材料构建膜电极纳米孔通道扩散层,获取了新鲜与老化核壳孔隙率与电子电导率、传质阻力之间的关系。

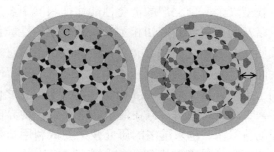

图 7-43　新鲜的与老化后的纳米结构膜电极的理论预测模型

人们建立氧还原与甲醇氧化反应的微观动力学本构关系,提出共聚物交联膜纳米通道结构与大自由体积和纳米结构的质子传输膜结构调控模型,揭示膜结构与纳米孔道对质子传输及保液能力的影响规律,筛选与 Pt 构成具有高催化活性的核壳结构催化剂的 Co 金属。人们通过界面聚合、静电自组装制备高效阻醇质子传输膜技术,揭示膜纳米孔道及分布与离子扩散、离子的传输选择性的关系,阐明纳米通道内离子的传输机制,获得高导电、高阻醇的新型质子传输复合膜。该高导电、高阻醇的新型质子传输复合膜的膜甲醇透过率比 Nafion 膜低一个数量级，获得氧还原催化剂，并实现其催化活性比现有 Pt/C 催化剂高 5 倍，优化设计与合成了低 Pt 核壳结构与高活性催化剂的新能源汽车 PEMFC。科学家研究基于石墨烯基底的过渡金属单晶表面的 Pt 单层的化学吸附性质和热力学性质，揭示表层富 Pt 催化剂活性、稳定性和选择性机理，筛选出低 Pt 高活性甲醇电氧化催化剂和耐甲醇的低 Pt 氧还原催化剂，提出高性能质子传输膜模型，建立完备微观构效关系与反应条件温和、环境友好的石墨烯香聚合物的合成方法。新型质子交换膜甲醇渗透系数为 Nafion 膜的 1/6~1/3，甲醇渗透系数为 Nafion 膜的 1/3，获得基于石墨烯基底的低 Pt 和非 Pt 的 PEMFC 催化剂。人们在 PEMFC 单电池和电堆上，实现对低 Pt 电催化剂与石墨烯基底的工况条件评估与筛选，基于石墨烯基底的纳米 Pt 吸附结构极大地促进了纳米离子传输通道的离子传输效率，石墨烯基底 Pt 吸附官能团的离子传输与高效阻醇电解质膜选择性纳米通道模型与技术思路，该技术应用于 PEMFC 的低 Pt 正、负极电催化剂结构，可筛选出兼具高活性、高稳定性和良好抗甲醇特性的低 Pt 纳米电催化剂，解决了基于石墨烯基底的 Pt 纳米催化结构与聚合物电解质膜的界面匹配与活性控制难题。

### 7.7.5 高聚物膜纳米催化结构界面模型与纳米尺度表征

实际应用的催化剂体系往往过于复杂，很难通过现有表征技术剖析相关催化界面的精细结构，阻碍了研究者对催化剂作用机理和反应构效关系的深入研究。负载型贵金属催化剂的催化性能往往与其中金属的组成、尺寸和形貌、载体的性质以及助剂等参数密切相关。对催化剂的性能优化设计，有赖于深入理解这些参数如何影响催化性能，并对其中的决定参数进行有效调控。目前研究以理想单晶表面为模型催化剂，利用借助表征技术与界面科学，对 PEMFC 催化技术发展起到了推动作用。然而，界面科学与真实催化之间存在着压力和材料两大鸿沟，近年来，这两大鸿沟一直在催生着推动聚合物界面科学发展的新思路与策略。在这样的背景下，越来越多的研究开始尝试利用结构和组成确定的纳米颗粒，构建高比表面积的模型纳米催化剂，以期在真实催化条件下，深入理解复杂催化机理。对于氧化物负载的贵金属纳米颗粒催化剂，载体与金属纳米颗粒之间存在着微妙的金属－氧化物界面协同效应，但实际催化剂却存在着其界面精细结构表征难被揭示的特点。PEMFC 具有能量转换效率高和环境友好等优点，是新能源汽车的理想动力源。但燃料电池新能源汽车的商业化，必须解决基于碳载 Pt（Pt/C）催化剂燃料电池新能源汽车的高成本问题。学术界综合利用电化学原位谱学、X 射线衍射、荧光分析、电子显微和能谱技术等，结合理论模拟研究石墨烯膜电极纳米结构和界面的变化与电池性能的关系，试图揭示界面变化的规律和界面演化的物理化学机制。

在接近燃料电池实际工作的条件下,考察石墨烯/Pt 纳米催化剂对甲醇电氧化反应与氧化还原反应的催化活性,学术界通过现场交流阻抗技术,研究催化电极在工作过程中内阻、电荷传递电阻等的变化规律,探讨催化电极稳定性的控制因素,反馈优化纳米电催化剂的设计,模拟实际应用工况,对 PEMFC 进行超过 5000h 的催化剂性能与稳定性评估。对于负载型贵金属催化剂,氧化物载体与金属纳米颗粒之间存在着微妙的金属－氧化物界面协同效应,因此,不同氧化物负载的金属纳米颗粒在催化反应中的表现有很大差异。科学家设计了空心框架结构,分子从三个方向都可以到达催化剂表面,Pt 利用率更高,如图 7-44 所示。该结构有局部的分相,Pt 在表面富集,具有更高的利用率,其活性比商业 Pt/C 高了不少倍。人们考察膜孔结构及聚集态结构对质子传输性能的影响,通过单体种类、聚合条件对共聚物分子量大小和分布、官能团的排布方式和含量等因素影响,根据离子聚合物状态、亲/憎水性梯度分布、聚合物分布及聚集体状态和结构等影响规律,构建纳米结构可控的三维空心结构。人们运用分子动力学方法模拟基本结构单元的动态行为,结合催化剂纳米结构表征,获得了有序化分子、电子与离子传输动力学的关系,可指导催化剂纳米结构设计和功能调控。

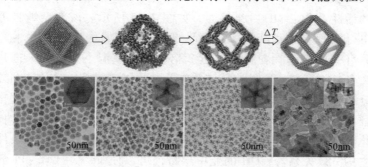

图 7-44 PtNi 纳米空心框架结构模型与纳米尺度表征(纳米空心框架的合成机制:Pt 纳米颗粒从三个方向都可以高效率地顺利抵达 PEMFC 催化剂表面,充分提高了 Pt 的利用率)

人们制备了贵金属－氧化物界面效应的模型纳米催化剂,结合亚埃级球差校正高分辨透射电子显微镜、同步辐射 X 射线吸收光谱、高灵敏低能离子散射谱等先进表征手段和理论模拟,深入研究了 Pt－FeNi(OH)$_x$ 界面协同促进 CO 催化氧化的机理。基于对催化机理的深入认识,人们进一步发展了更为实用 Pt 基催化剂的合成方法,使反应活性界面从传统催化剂的一维向三维发展,活性位与总 Pt 原子数的比例可达 50% 以上。新型催化剂不仅能在室温下实现 CO 的催化氧化,还可催化富氢条件下 CO 的选择性氧化和富氧下少量 $H_2$ 的清除,催化寿命可以长达 2 个月。在合成的 Pt/Fe(OH)$_x$ 核壳型复合纳米颗粒表面,构筑了 $Fe^{3+}$－

OH-Pt界面。并结合亚埃级球差校正高分辨透射电子显微镜、同步辐射X射线吸收光谱及高灵敏低能离子散射谱等先进表征手段，解析了所构建$Fe^{3+}$-OH-Pt界面的纳米精细结构。与传统Pt纳米颗粒催化剂相比，Pt/Fe(OH)$_x$复合纳米颗粒催化剂在催化CO氧化的活性得到显著提高。人们通过密度泛函计算方法，对$Fe^{3+}$-OH-Pt界面促进催化的机理进行了深入探讨，发现了CO一旦吸附于界面上Pt位点，即可与相邻的OH发生偶联，快速脱氢后生成$CO_2$，这表明界面上的OH是氧化CO的活性物种。$CO_2$脱附后，界面上生成了配位不饱和的低价Fe，这些Fe位点容易吸附并活化$O_2$，活化后的氧物种可氧化吸附于邻近Pt位点的CO分子，并在水汽的辅助下恢复到原有$Fe^{3+}$-OH-Pt活性界面，使得该过程可不断循环。实验上还观测到，$Fe^{3+}$-OH-Pt界面易在反应过程中失水，导致催化剂失活，而这个问题可通过引入$Ni^{2+}$来解决。

人们还发现，$Ni^{2+}$可与$Fe^{3+}$一起形成稳定的类水滑石结构，很好地稳定了$Fe^{3+}$-OH-Pt界面，使得催化剂的寿命得以大幅度提升。在还原性气氛下高温还原混合的Pt、Fe、Ni前驱体制备PtFeNi合金纳米颗粒，将合金纳米颗粒在空气中自然氧化合成出具有交织结构的新型Pt-FeNi(OH)$_x$复合纳米颗粒催化剂，该纳米催化剂表面凹凸不平，Pt与$Fe^{3+}$($Ni^{2+}$)OH$_x$三维相互交织在一起，拥有更为丰富的活性$Fe^{3+}$-OH-Pt界面，如图7-45所示。该新型纳米催化剂大幅提高了Pt的利用率，显著降低了催化剂的成本，该催化剂中Pt的利用率比核壳型Pt/FeNi(OH)$_x$纳米颗粒提高了近2倍，能在室温下实现CO的100%转化，持续工作2个月不衰减。通过油胺体系中乙酰丙酮铁热解的方法，科学家在5nm尺寸的单分散Pt纳米晶表面，沉积了亚单层的FeOH，并以X射线光电子能谱表征手段，证明了产物结构为FeOH，构建了Pt@FeOH核壳型模型纳米催化剂。该模型催化剂具有如下优势：Pt颗粒尺寸小，可直接在真实催化条件下测试性能，并确立构-效关系。FeOH的亚单层特征可以使$Fe^{3+}$-OH-Pt界面光谱表征免受非界面成分的影响。很好地展示了纳米科学如何推动核壳催化结构与催化界面科学的发展。以结构、组成均可调控的复合纳米颗粒为模型催化剂来深入研究催化剂的复杂界面效应，该技术也适用于其他催化体系与界面效应的研究，也将有助于开发更为高效、低廉的实用PEMFC，大力促进了PEMFC新能源汽车的技术发展。

学术界要把握好现有的技术优势和发展机遇，迎接实用化挑战。一方面是继续加快燃料电池实验室先进纳米与界面技术等研究步伐，另一方面，要特别重视进行燃料电池低成本化与实用化等技术的开发。不断揭示PEMFC纳米材料、结构与新能源汽车能量、功率之间的联系，实现高性能纳米催化剂、电解质膜和有序纳米结构膜电极的可控技术，设计和筛选新型催化剂、薄膜与电极。在此基础之上，开展PEMFC纳米材料的功能化研究（如抗毒化、高耐久性）以及实用化

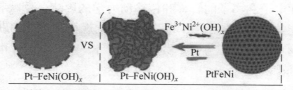

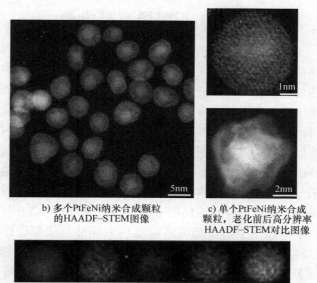

a) 核壳Pt–FeNi(OH)$_x$结构和交织Pt–FeNi(OH)$_x$结构的对比模型

b) 多个PtFeNi纳米合成颗粒的HAADF–STEM图像

c) 单个PtFeNi纳米合成颗粒，老化前后高分辨率HAADF–STEM对比图像

d) 单独Pt、Fe、Ni、Fe–Ni及Pt–Fe–Ni纳米粒子的STEM–EDS对比图像

图7-45　Pt–FeNi(OH)$_x$复合纳米颗粒催化剂的核壳结构、合成策略与表征

纳米电催化剂的研发。例如，不断研制表层含Pt而内核非Pt的核壳结构纳米电催化剂，从而实现Pt用量的显著降低。在后续研究中，学术界将自组装、表层取代还原、退火偏析与吸附诱导重构等纳米尺度方法引入PEMFC中，以期获得最大密度催化活性位点和高表面稳定性的微观结构等，使得宏观PEMFC动力能源系统多功能组分间的协同催化效率最大化。回顾PEMFC发展道路，有许多经验值得我们吸取和借鉴。为加快PEMFC的研究步伐，应从保证催化活性、提高发电效率、增强环保性能、延长寿命、降低造价与推进实用化等多方面综合考虑，以突破PEMFC发展技术的瓶颈。通过设计与合成不同纳米复合材料催化剂、薄膜与电极，构建膜电极选择性纳米通道，综合考虑催化剂结构和孔隙率等与电子电导、传质阻力之间的关系，提炼聚合物状态、催化剂和亲/憎水性梯度分布对催化剂与聚合物的分布、状态和结构等的影响规律，利用X射线衍射、电子显微和能谱技术等表征膜、电极界面、结构、形貌等的变化规律及与催化剂性能之间的关联。不断结合理论研究成果，发展界面演化的诊断方法和技术，探索纳米

结构对膜电极界面电子和离子的转移和传输动力学的影响，反映有序纳米结构的形成、结构与性能的关系，揭示 PEMFC 界面演化规律和本质，获取有序纳米膜电极结构与催化剂功能的调控方法，为高性能、长寿命 PEMFC 电驱动新型新能源汽车研发奠定基础。

## 7.8 石墨烯燃料电池

化石能源的快速消耗，迫使人类寻找能够可持续发展的能源替代品，包括可再生和可持续的能源技术。人们把可循环电池利用技术列入新型储能系统设计范畴，但是在技术中多少存在亟待解决的技术难题。从可持续发展能源角度，本节讨论了汽车燃料电池技术在能源和环境消耗方面问题，同时也对汽车电驱动电池纳米技术和系统设计做了重点介绍。同时，阐述了电能源体系目前状况和未来发展趋势，对燃料电池的复杂性和重要性进行了讨论。石墨烯燃料电池相对传统电池有更高比能量、比容量和低成本等优点，是新能源汽车能源领域的亮点。若能通过纳米石墨烯技术实现燃料电池比功率和长寿命等目标，将在新能源汽车领域具有诱人前景。本节总结了石墨烯燃料电池纳米模型与能源设计等方面的新进展，以汽车对燃料电池安全与节能的迫切需求为目标，根据石墨烯燃料电池转化为新能源汽车能源的产业化前景，分析了石墨烯模型、纳米尺度效应与能源系统。将石墨烯燃料电池的设计及汽车应用有机结合，提炼了石墨烯技术在燃料电池汽车中应用技术和存在问题，提出了新能源汽车燃料电池技术的攻关方向，并展望石墨烯燃料电池的应用前景。新能源汽车产业化进程在很大程度上取决于电池技术进步。当前全球诸多电池技术创新预示着这个进程加快，整个新能源汽车产业格局和商业模式都有可能发生预想不到变化。新能源汽车市场面临核心动力电池技术不成熟与工业应用困难等诸多挑战。高表面积、轻量化和稳定的石墨烯为燃料电池汽车实际应用开辟可能性，已成为能源领域新亮点，在能量储存、传输和转换等方面具有巨大潜在应用价值，吸引了全世界科学家的热情。但石墨烯能否真正促进能源领域核心技术发展仍需要探索，人们通过设计和控制石墨烯纳米能量系统设计出石墨烯燃料电池，石墨烯燃料电池汽车将成为新能源汽车发展的一个主要方向。

### 7.8.1 质子穿越燃料电池石墨烯薄膜的机理

燃料电池是将燃料具有的化学能直接变为电能的发电装置。与其他电池相比，具有能量转化效率高、无环境污染等优点。对于耐久性能量转化储存的新能源汽车的不断增长的需求，石墨烯电池展现出可控与可设计的性质，石墨烯具有大的比表面积和稳定性，兼备优秀导电性和热传导性，使其成为具有巨大潜力的车用燃料电池，人们建立了新能源汽车石墨烯燃料电池能量储存、转换与传输的新结构模型（图 7-46），并描述了新能源汽车石墨烯燃料电池物理化学耦合储能与控制机制，石墨烯是从石墨中剥离出来的、由碳原子组成的只有一层原子厚度的二维晶体，它是一个网状结构，且具有原子厚度，电荷在其中可快速迁移。这些优异性质，使得石墨烯可以应用很多产业并具备广阔前景。石墨烯改善离子种类和电荷载流子在燃料电池中的储存和扩散效率，提供了优良的催化性能，可实现用于清洁能源氢气产生的精细薄膜，特别是石墨烯 – Pt 复合结构具有优异的耐久性。人们规划了石墨烯在新能源汽车能源储存和转化方面的产业化路径，描绘了石墨烯在未来汽车能源应用中的发展蓝图。

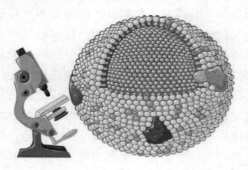

图 7-46　新能源汽车石墨烯燃料电池能量储存、转换与传输模型

传统燃料电池使用石墨或硅电极，会遭受电池电极与液体电解质特有的不良反应。用石墨烯代替传统电极可提高燃料电池稳定性和使用寿命，因为不需要复杂烦琐的掺杂设计使其保持稳定，所以石墨烯电池更轻薄。石墨烯与更广泛的电解质可以兼容，能提供更高的功率和能量密度，石墨烯与 Pt 良好匹配，可降低成本。因此，石墨烯燃料电池比传统电池更安全、寿命更长，在燃料电池汽车领域均有显著优势。随着新能源汽车大型电池组需求量的增加，石墨烯燃料电池成为汽车可持续能源的重要方向。相比于传统燃料电池更符合多元化、大型化的发展要求。石墨烯燃料电池技术实验室工作取得长足进步，其产业化技术也日益成为热点。要实现石墨烯燃料电池的产业化应用，还有诸多问题需解决。例如，如何进一步降低石墨烯 – Pt 燃料电池的成本仍是技术挑战；结构设计会限制电池尺寸，而尺寸反过来又限制电池的能量存储容量。因此，以往石墨烯电池只能应用在小型设备中，无法应用于新能源汽车等大型工业电池组。目前可能应用于产业化新能源汽车可持续能源石墨烯电池的技术还很有限，对高比容量、高能量密度的产业化汽车石墨烯燃料电池组研发与应用技术的工作也仍然十分稀少。

人们在宏量制备石墨烯的基础上，研究以石墨烯为催化剂载体，制备了石墨烯－Pt电极，实现了高效电催化反应，应用于高效率实验室汽车燃料电池。人们揭示了石墨烯与搭载Pt催化剂之间的相互作用，利用石墨烯独特的结构获得了高度分散、高稳定性、高活性的石墨烯－Pt催化剂。人们对石墨烯进行改性和修饰，设计了掺杂与修饰的石墨烯纳米能源系统，用石墨烯减少并部分替代在燃料电池中广泛使用的Pt。根据石墨烯的掺杂、表面修饰、功能化等对石墨烯在电催化反应的调变作用，制备出高比表面积、高导电率、高导热率的石墨烯燃料电池。人们将石墨烯电极与集流器、电解质集成，构建了基于纳米石墨烯电极的汽车燃料电池设计思路，建立了燃料电池中多孔石墨烯高比表面积、孔径分布与表面官能化等的模型，得出了燃料电池比电容、功率密度、循环性能等性能的定量表征。单层石墨烯的比表面积高，具有良好的导电性、导热性和高稳定性，而且通过进一步的修饰和掺杂可实现对石墨烯电子结构和表面特性进行有效调控，使得石墨烯在能源转化和存储中有着重要的应用。根据石墨烯与担载金属催化剂之间的相互作用，利用石墨烯独特的结构获得高度分散、高稳定性、高活性的负载金属催化剂；通过调变石墨烯的电子结构和表面特性来优化反应性能。在石墨烯改性和修饰的基础上，利用掺杂或修饰的石墨烯实现能源转化过程，石墨烯来减少并部分替代在燃料电池中广泛使用的Pt催化剂。人们掺杂、表面修饰石墨烯，实现了燃料电池的高比表面积、高电导率与高导热率功能，揭示了多孔石墨烯的高比表面积、孔径分布、表面官能化等对燃料电池比电容、功率密度、循环性能性能至关重要。

燃料电池可将燃料的化学能直接转化为电能，与普通电池相比，具有能量转化效率高、环境污染少、无须耗费充能时间等诸多优点。但是，由于燃料电池的核心质子传导膜存在燃料渗透等技术难题，极大限制了燃料电池大规模应用。质子传导膜是燃料电池的技术核心，汽车燃料电池使用氧和氢作为燃料，转变输入的化学能量成为电流。现有质子薄膜上常有燃料泄漏，降低了电池有效性。但质子可较容易地穿越石墨烯膜，而其他物质则很难穿越，从而解决燃料渗透难题，增加电池有效性。石墨烯相比氮化硼、$MoS_2$具有单原子层厚度的二维纳米质子传导膜，性能更佳，其他物质很难穿越，从而解决了燃料渗透的问题，如图7-47所示。此外，升高温度或加入催化剂可显著促进质子穿越的过程。人们还采用模拟了与Pt结合的石墨烯、氮化硼、$MoS_2$二维纳米材料的微观孔隙结构性能，解释了质子穿透石墨烯的机理。石墨烯不透水，却能让质子通过，用在燃料电池里作为超薄滤膜，质子通过石墨烯的能力显示，石墨烯可以作为把氢气从空气中分离的滤网，有助于从燃料电池的氢里获取电量。燃料电池能把氢气分解为质子和电子，从而把存储在氢中的化学能转化为电能。电子沿外部通道形成电流，质子则通过电池石墨烯膜流动。目前商用Nafion薄膜厚度约$10\mu m$，却仍不能完全防止氢泄漏，也无法让质子顺畅流动，因此减损了能量效率。若有超强超薄石墨烯滤膜，就可解决这两个难题，这正是石墨烯的优势，可得到质子通过石墨烯薄膜所需最小能量。

图 7-47 燃料电池中质子穿越石墨烯薄膜的基本原理

石墨烯薄膜更容易提取大气层中的氢，该进展在理论上达到了质子传导膜输运目标，有望为燃料电池和氢相关技术领域带来实际进步。但这项研究还在理论论证阶段，能否立即应用还需谨慎。还要考虑如何得到足够纯净与大片的石墨烯层，以及成本和寿命等因素。工业界关心能否大规模制造出符合要求的石墨烯燃料电池组，并使产品有过硬质量和可靠的标准。

### 7.8.2 石墨烯纳米电池能量传输表征方法

石墨烯的导电能力强，与其有关的能源技术也源源不断问世。石墨烯是单层碳原子，这些碳原子排列成六角形或细铁丝网围栏的形状。石墨烯拥有能导电电子，电子能量与其动量成正比。人们仿真三维石墨烯电极，它们会呈现出各种便于导电电子流畅传输的形状，如图 7-48a 所示。这些结构使得导电电子会表现得好像它们没有质量一样，电子流能以极快速度有序行进。该属性对于改进目前的燃料电池技术非常有用。石墨烯只有单个或者两个键，但石墨烯纳米结构可被设计出拥有两个或三个键；且石墨烯纳米复合结构并不仅局限于六角形，实际上石墨烯复合结构能以三明治、层合等形态存在，如图 7-48b 所示，人们模拟了不同形态的石墨烯，发现石墨烯纳米电极能产生活性通道，虽其形状不同，但石墨烯能以活性自由或锁止通道的形态存在。该结构形态便于的电子定向无衰减顺畅流动，不需朝石墨烯掺杂其他物质就能让燃料电池具有很强的导电能力，而传统物质的掺杂设计复杂繁难。尽管现在只能制造出尺寸较小的石墨烯产品，但令人鼓舞之处在于，其证明了不同形态石墨烯可产生活性通道，石墨烯应用新能源汽车燃料电池前景诱人。

人们研究了单分子尺度石墨烯物性，采用扫描电子显微表征 SEM 与高清透射电镜 HR-TEM 技术，测量了石墨烯中缺陷处在不同电压下的微分谱像，根据缺陷周围局域态密度随偏压的变化特点，得出石墨烯中载流子的迁移速度。利用 HR-TEM 表征，研究石墨烯膜的本征电子结构。确认并测量石墨烯膜的扶手椅

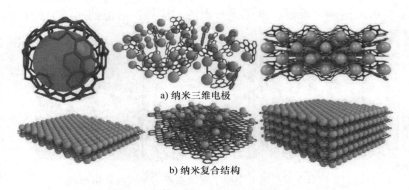

a) 纳米三维电极

b) 纳米复合结构

图 7-48　石墨烯燃料电池复合电极结构与能量传输模型

型边缘和锯齿型边缘的局域电磁性质。研究石墨烯不同边缘态对功能有机分子的物性的影响。探索功能复合体系对石墨烯电子结构的调控。石墨烯表面引入外来功能分子、金属原子（如高导电性的银）、磁性的钴等，如图 7-49 所示。揭示了石墨烯中存在杂质情况下的输运特性，杂质引起的局域化、局域态和非局域态间的转变等。人们发现石墨烯热力学控制倾向于生成更低能量的产物，而动力学控制是倾向于生成过渡态能垒更低的产物。

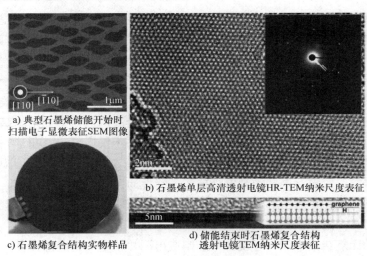

a) 典型石墨烯储能开始时扫描电子显微表征SEM图像

b) 石墨烯单层高清透射电镜HR-TEM纳米尺度表征

c) 石墨烯复合结构实物样品

d) 储能结束时石墨烯复合结构透射电镜TEM纳米尺度表征

图 7-49　单分子层纳米石墨烯的储能表征

电池容量经常会大幅度降低，尤其是当放电要求增加的时候。这些容量损失通常归结于有限的离子传输能力和较低的导电性，从而引发电极的自放电与衰减效应。若设计 Pt 基负极原位还原石墨烯结构，可改善燃料电池的导电性。人们发现在石墨烯和 Pt 间加入中间层可降低接触阻值，电极电路是由极窄细的石墨

# 第 7 章
## 基于电驱动的新能源汽车能量传输系统建模－仿真

烯丝制成，如图 7-50a 所示，石墨烯丝利用隧穿效应，使磁通量在超导丝中来回移动并突破势垒，这一点是常规的经典力学世界中不可企及的。石墨烯起到使电池稳定工作的作用。但制作集成电路中电阻的常规材料通常不能在很小的形态下为电路提供所需的足够的阻值。人们用石墨烯复合纳米结构制作出具有高阻值的、小巧紧凑的纳米电极，通过控制薄层中氧原子的成分浓度，能调节薄层电阻，氧原子成分越多，电阻阻值就越高。用石墨烯取代 Pt 既会影响承载电流的电子数量，也会影响电子在电极中传输的途径。人们表征了能够兼容绝大多数电解质需求的石墨烯结构，也描述了石墨烯－Pt 薄层交界的接触电阻特性，通过原子力显微技术完整表征的石墨烯纳米电极，如图 7-50b 所示，显示出放电速率依赖特性，影响电池阻抗，根据放电速率的成像技术可改善石墨烯电极的容量。

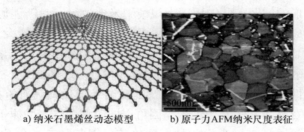

a) 纳米石墨烯丝动态模型　　b) 原子力 AFM 纳米尺度表征

图 7-50　石墨烯丝纳米电极

### 7.8.3　高比能量石墨烯电池的非局部纳米尺度建模－仿真

随着能源电池的广泛应用，石墨烯塑性变形控制及其工作性能的可靠性预测，成为近年研究的热点。尺度位于几百纳米的石墨烯塑性变形具有很多新特性，具有明显尺寸效应。塑性变形呈现很强的时空不连续性，在时间上，塑性应变发生突跳，以间歇的方式进行；在空间上，发生局部化塑性变形，晶体表面形成滑移线与滑移带。由于空间限制，能源存储机制发生变化，这些新特性给燃料电池的纳米石墨烯塑性研究带来挑战。在不同加载速率对电极性能及变形模式的影响下，纳米石墨烯电极存在临界应变率。低于该临界应变率，石墨烯屈服应力对应变率相对不太敏感；高于该应变率，屈服应力将随应变率的增加而增加。该临界应变率的大小由初始裂纹密度、裂纹平均自由程及裂纹运动障碍的强度决定。纳米塑性是当前石墨烯电池研究的热点，其塑性变形导致软化行为与块体电池截然相反。基于缺陷能量的非局部塑性理论，科学家提出了纳米尺度塑性变形中存储缺陷能量机制，反映了裂纹近程相互作用距离，非局部晶体塑性模型在纳米尺度裂纹和界面的相互作用，对锂电池性能有重要影响，而传统高阶模型仅能处理锂离子穿过或堆积在晶界上。本模型优点为它可以把"离子流"类比成能源传输中的"电流"，来处理其在晶界的堆积、扩散等行为。因此该模型弥补了现有模型的不足，拓宽了电池变形理论的应用。随着应变率的增加，裂纹微结构图案从均匀形态变成单一形态。裂纹滑移都集中到某一个特定滑移系内，并随之在晶体内部出现变形带。变形带的宽度随着应变率的增加而增加，其中的剪应力明显高于相邻区域，这些区域是电极中发生失效的位置，该研究为高应变率下纳米电池的变形及失效模式预测提供依据。在石墨烯中形成稳定裂纹连接的可能性很小，相对不太稳定的二重裂纹连接是裂纹网的主要组成部分。在变形过程中，一旦裂纹网中的裂纹连接被破坏或者从该有限空间中逃逸，裂纹增殖将停止，正常的塑性应变也将结束。随着裂纹逃逸的进行，控制电极强度和塑性的过程从裂纹扩展及相互作用转变为裂纹形核，随之出现电池失效行为。人们用非局部裂纹塑性模型对纳米电极塑性流动问题进行深入研究，该模型解决了电极能量理论中难以描述塑性变形的问题，并能用于大规模纳米电池组，对新能源汽车纳米电池的研究具有重要应用价值。

人们分析形貌可控的有助于石墨烯-Pt复合纳米晶中特定元素的各向异性生长机制，揭示了复合纳米晶中不同元素的各向异性生长规律和联系，对设计和制备具有高催化活性和长寿命的石墨烯-Pt复合纳米催化剂具有重要的指导意义。具有特定形状的石墨烯-Pt复合纳米晶因可以同时调节其表面原子排列结构和表面成分，在催化领域具有极为重要的应用价值。因其具有高催化活性的（111）表面结构，这种石墨烯-Pt复合纳米八面体对燃料电池氧化还原反应的催化活性达到商品铂纳米催化剂的10倍以上。但实验发现该复合八面体中镍富集于面心部位，在燃料电池酸性腐蚀环境的长期服役下，镍不断溶解，（111）表面结构不断破坏，如图7-51所示。从而催化活性逐渐下降，揭示出复合纳米八面体中不同元素的富集原因是进一步提高其寿命的关键。从更广泛的意义上说，在原子尺度理解纳米晶的生长机制对制备可控形状和可控表面成分的复合纳米燃料电池电极具有重要的指导意义。经典的晶体生长理论认为，纳米晶的各向异性生长是控制其形状的关键，并已在许多单金属纳米晶中得到证实。但复合纳米晶中不同元素的各向异性生长之间的规律和联系，目前的认识还很少。利用球差矫正高分辨扫描透射电子显微镜和电子能量损失谱谱学成像技术发现，复合纳米八面体的生长呈现出阶段式的各向异性生长模式。人们发现Pt沿（100）方向快速生长成一种分叉结构的六足体，石墨烯随后缓慢地沉积在具有原子台阶的凹形（111）面上，当形成平整的八面体表面后，纳米晶的生长自动停止，最终形成了铂富集于棱和角、石墨烯富集于面心的纳米八面体。这种新颖的生长模式不仅在几何上、也在成分上表现出高度的各向异性。这一发现丰富了复合纳米晶的形状可控生长理论，对进一步提高燃料电池催化剂的效率和寿命亦具有重要指导意义。

人们获得了单分子层厚度的薄膜。通过热组装方法得到厚度不足5nm的薄膜。该薄膜可以快速而精确地筛分尺寸差异为纳米尺度的氢气和二氧化碳分子，

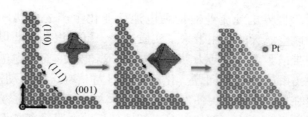

图7-51 形貌可控八面体复合纳米晶的各向异性生长机制

从而将后者有效截留。该纳米膜的渗透通量和分离选择性超过了传统的氢气/二氧化碳分离膜，能达到二氧化碳燃烧前捕获应用要求的膜。提高膜的渗透通量，关键是如何有效降低膜厚；提高膜的选择性，关键是如何在膜内构筑分子尺度的孔道。如何获得大面积且高结晶度的纳米片，以及如何有效控制纳米片在膜中的组装形态是关键技术。二维层状多孔石墨烯正在成为能源电极领域的热点，展示了二维层状石墨烯在薄膜领域的重要应用，石墨烯丰富的离子吸附多孔结构和可调的表面渗透网络结构，为燃料电池石墨烯纳米膜的设计合成提供了优良的结构基础。

高分子石墨烯复合膜在室温下具有高电导率，当达到转变温度时，电导率在1s左右降低7~8个数量级；当温度回到室温时，又马上恢复良好的导电性。利用含有这种复合电极制成的电池可在过热等异常情况下立刻停止工作，并且不会对其正常的性能造成影响，不会发生热逸散失控的情况。相比以往报道的电池，这种电池对温度变化的灵敏度提高了3~4个数量级。若将纳米颗粒包裹在石墨烯中，如图7-52所示，石墨烯的包裹不仅防止电解液的接触，还可以维持和纳米颗粒的接触，继续传递电荷到金属导线。更重要的是，石墨烯包覆纳米颗粒更加紧密，从而具有更强的纳米结构力学性能。对于新一代高能量密度电池来说，安全性一直是阻碍其迈向大规模应用的一个坎；响应慢、工作电压窗口小，这也是两个尤其需要解决的问题。人们设计快速、可逆响应的热敏高分子开关电池，由石墨烯包裹的尖刺状Ni纳米颗粒和高分子基体混合而成，具有良好的稳定性和较高的热膨胀系数。该简便可靠的石墨烯热敏高分子开关结构为电池安全性提供了全新思路，其结构设计思路是电池工作的一个新亮点，对后续工作有借鉴意义。

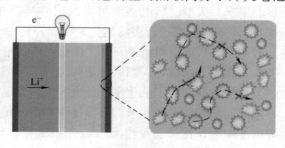

图7-52 电池石墨烯非均质结构

随着世界各国对电驱动电池产业的政策倾斜，电池作为新世纪发展的理想能源，越来越受到人们的关注。自锂电池在手提电脑、摄像机、移动通信设备中得

**新能源汽车电驱动 – 能量传输系统
建模、仿真与应用**

到普遍应用以后,世界电池企业对动力电池商业化生产的成功,不仅给移动电源、储能电网、航空航天的应用带来了实质进展,更给汽车行业以动力电源取代传统能源的愿望带来了希望和活力。研发安全、高能量的充电电池正是发展新能源汽车过程中急需解决的核心问题。化石能源日益枯竭、电驱动需求日益扩大,低碳能源应用迫在眉睫,这些促使发展全新技术来提高电驱动系统的转化和存储的效率,其重要性不言而喻。例如,对于低碳环保的电驱动新能源汽车,需要兼备高容量和高功率的电池,且能够在合理的体积和成本范围内,同时达到快速加速和长距离驾驶的要求。新能源汽车推广与市场化的主要挑战是成本高与续航里程低等,石墨烯燃料电池可能彻底改变现状:续航里程成倍增长,成本可能彻底降低。本节重点围绕高质量石墨烯这一主线,将石墨烯能源与燃料电池汽车相结合,分析了石墨烯精细结构、基本物性及其结构与物性的关联,为石墨烯燃料电池的研究提供基础;以大面积、高质量石墨烯为载体,以石墨烯燃料电池应用为导向,强调实验和理论之间的互相促进,有效实现石墨烯的掺杂,调控其物性,测量其储能等宏观特性和局域性能。对于以燃料电池汽车应用为目标的高比能量石墨烯,其实用化的关键指标包括能量转换效率、功率密度、成本与寿命等,这对燃料电池实用化提出了严峻挑战。电极和电解质是发展高性能电源之本,集成电极与电解质的石墨烯电极则是提高燃料电池性能的核心。只有从纳米石墨烯电极入手,才能协同解决制约燃料电池实用化问题。石墨烯电极、纳米结构与界面特性、电极性能的关联机制研究将成为热点。人们将发展石墨烯能源与电极界面、结构与功能的调控方法,分析制约石墨烯燃料电池的应用和成本的技术瓶颈,定量化表征石墨烯活性界面、离子电导率与电极性能的关系。

随着石墨烯燃料电池实验室技术的推进,新电池商业技术也随之不断面世,石墨烯燃料电池可提供更高的功率和能量密度,在可持续能源汽车动力电池等方面均有显著优势。随着新能源汽车大型电池组需求量的增加,石墨烯燃料电池成为新能源汽车可持续能源重要发展方向,相比于传统电池更符合多元化、个性化的发展要求。大型燃料电池组可采取层叠与串并联的技术思路,能源可采用3D与4D打印等新技术进行多功能化设计,在能源转化和传输效率方面可望显著提高。未来的石墨烯燃料电池,由于具有比传统电池更高的安全性、能量密度和更广的应用领域,必将对人们的生活和经济的发展做出更大的贡献。石墨烯燃料电池的设计与表征实现了从化学能到电能的转化,是石墨烯发展中的新亮点,开启了石墨烯能源发展的新领域。石墨烯燃料电池的应用范围覆盖可再生与可持续能源等广泛领域,在新能源汽车和电源系统等现代工业领域具有极其诱人的应用前景。

# 第8章 新能源汽车技术与应用

## 8.1 新能源汽车技术与应用理论

从新能源汽车电驱动系统建模技术，到仿真方法、再到应用理论，新能源汽车技术-应用的体系建设之路才刚刚开始。尤其是当越来越多的新能源汽车驶入普通消费者的生活时，技术与应用体系的成败将成为新能源汽车产业及市场能否良性增长的关键一环。完善和细化技术与应用体系将是新能源车企亟待补齐的短板。对于新能源汽车而言，这项功课显然更为繁重和艰巨。随着新能源汽车销量的不断增加，技术与应用体系是否完善，将更加直接影响用户体验和市场口碑。新能源汽车技术与应用是把新能源汽车工程研究、生产实践、经验积累中得到的科学知识创造性地应用在技术、经济和社会活动中，以满足汽车产业发展的目标。技术与应用活动包括：活动主体，指垫付活动资本、承担活动风险、享受活动收益的个人或组织，如企业、社会团体等；活动目标，所有技术实践活动都有明确的目标，但不同活动主体的目标是不同的，如企业目标是利润、提高市场占有率等；应用环境，评价技术实践活动成果的价值；活动后果，指活动实施后对活动主体目标产生的影响，如有用的和无用的后果、直接的和间接的后果、正面的和负面的后果等。因此，新能源汽车技术与应用的任务就是对新能源汽车技术进行有效规划、组织、协调和控制，最大限度地提高新能源汽车技术的有用效果，降低或消除负效果。新能源汽车技术与应用研究使该技术实践活动正确选择和合理利用有限资源，挑选最佳技术方案，从而获得最大的应用效果。

新能源汽车技术与应用的关系是对立统一的辩证关系：应用是技术进步的目的，技术是达到应用目标的手段，是推动应用发展动力；技术与应用还存在相互制约和相互矛盾的一面。

新能源汽车技术与应用研究技术和应用的相互关系，探讨两者相互促进、协调发展。新能源汽车技术与应用分析属于事前主动控制，要求人们面对未来，对可能后果合理预测。只有提高预测准确性，客观把握未来的不确定性，才能提高新能源汽车决策的科学性。技术创新是应用发展的不竭动力，目前，哪里技术最活跃，哪里应用增长就最快。新能源汽车技术－应用过程是不断深入、不断反馈的动态规划过程。例如，新能源汽车工程项目前期工作流程，如图8-1所示。

图8-1 新能源汽车工程项目前期工作流程

未来新能源汽车ICV技术－应用过程的基本步骤，如图8-2所示：

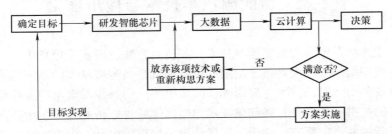

图8-2 ICV技术－应用过程的基本步骤

新能源汽车技术与应用特征：综合性——处理技术、应用、环境与社会等关系；应用性——应用相关学科知识解决技术中遇到的应用难题；系统性——保证系统平衡；数量性——通过大数据分析计算；预测不确定性——事前估计和预测。对于新能源汽车应用系统，投入的资金、花费的成本、获取的收益，都可视为以货币形式体现的现金流入或先进流出。现金流量就是指一项特定的应用系统在一定时期内（年、半年、季等）现金流入或现金流出或流入与流出数量的代数和。投资的构成如图8-3所示。

新能源汽车工程项目流动资金指企业购置劳动对象、支付工资及其他生产周转费用所垫付的资金。流动资金分别在生产和流通领域以储备资金、生产资金、成品资金、结算资金、货币资金五种形态存在并循环。项目生产经营期成本费用、新能源汽车技术－应用中的成本概念与传统概念不完全相同，是对未来发生费用的预测和估算，影响因素不确定，不同方案有不同的数据。为便于计算，在新能源汽车技术－应用中将工资及福利费、折旧费、修理费、摊销费、利息支出进行归并后分别列出，另设一项"其他费用"将制造费用、管理费用、财务费用和销售费用中扣除工资及福利费、折旧费、修理费、摊销费、维简费、利息支

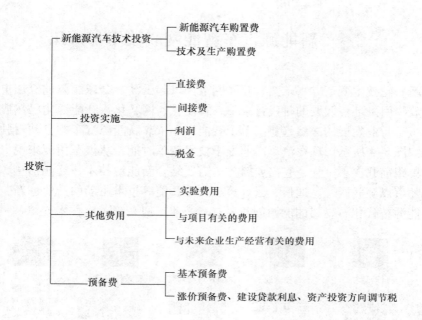

图 8-3 新能源汽车工程项目投资构成

出后的费用列入其中。

年总成本费用 = 外购原材料 + 外购燃料动力 + 工资及福利费 + 修理费 + 折旧费 + 维简费 + 摊销费 + 利息支出 + 其他费用

折旧费是指在固定资产的使用过程中,随着资产损耗而逐渐转移到产品成本费用中的那部分价值。将折旧费计入成本费用是企业回收固定资产投资的一种手段。按照国家规定的折旧制度,企业把已发生的资本性支出转移到产品成本费用中去,然后通过产品的销售,逐步回收初始的投资费用。经营成本是指项目从总成本中扣除折旧费、维简费、摊销费和利息支出以后的成本,即:

经营成本 = 总成本费用 − 折旧费 − 维简费 − 摊销费 − 利息支出

在新能源汽车技术与应用分析中,为便于计算和分析,可将总成本费用中的原材料费用及燃料和动力费用视为变动成本,其余各项均视为固定成本。之所以做这样的划分,主要目的就是为盈亏平衡分析提供前提条件。项目收入是估算项目投入使用后生产经营期内各年销售产品或提供劳务等所取得的收入。销售产品收入称销售收入,提供劳务的收入称营业收入。销售收入是项目建成投产后补偿成本、上缴税金、偿还债务、保证企业再生产正常进行的前提,它是进行利润总额、销售税金及附加和增值税估算的基础数据。

## 8.2 新能源汽车智能网联技术与应用

在新一轮技术变革方兴未艾、互联网浪潮风起云涌、全球能源危机加重以及汽车排放物引发环境问题的时代背景下，智能化、网联化、新能源化已然成为未来全球汽车行业发展的必然趋势。单个智能汽车依靠新能源汽车的自动驾驶技术变革，如图 8-4 所示。现在汽车产业处于技术变革时期，从汽车角度来说，这次技术变革跟前几次不一样，它需要跨界，需要结合新能源技术、智能信息、网联技术。随着以互联网+、通信、云计算、人工智能等技术驱动的产业创新，以及以清洁能源替代化石燃料的能源创新，汽车产业正迎来第 4 次技术变革——智能

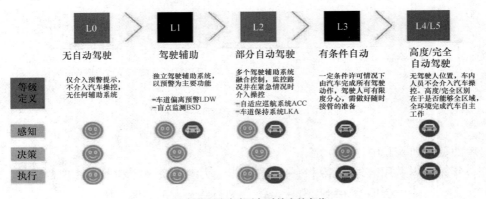

a) 新能源汽车自动驾驶技术的变革

b) 汽车能源系统主要变革

图 8-4 汽车主要能源和智能体系的变革

网联汽车技术，如图8-4b所示。未来新能源汽车将是 ICV（Intelligent Connected Vehicle，ICV），ICV通过移动互联在智能网联的大系统里，这种互联包括车内网、车际网和车云网等。ICV需要大数据和云计算等支持，是指车联网与单个智能汽车的有机联合，搭载先进的车载传感器、控制器、执行器等装置，并融合现代通信与网络技术，实现车与人、车、路、云等智能信息交换共享，实现安全、舒适、节能、高效行驶，并最终可替代人来操作的新一代汽车。

要推进智能网联技术发展，需依靠人工智能技术，包含云智能、大数据智能、新能源智能等，ICV发展需要有车路信息融为一体的技术体系，需要有准确的交通信息网络，包括地图、定位等。智能网联存在于一个复杂体系中，要建立一些相关支撑平台。ICV计算平台就是未来汽车的"大脑"，ICV能够像人的眼睛一样感知、决策，其所需要的计算硬件、软件，组成这样一个系统，称为ICV计算大脑，如图8-5a所示。这些技术能够支撑复杂汽车系统所需的全要素网联化感知，包括人车交互行为认知。建立ICV自主可控技术体系，包括共性基础技术、信息安全、数据、生产、销售等，如图8-5b所示。要建人工智能（Artificial Intelligence，AI）产业体系，过去只谈核心零部件，现在核心零部件、商业模式都和过去定义不一样，要建立新的AI体系，以此推动AI产业发展，如图8-5c所示。推动汽车产业与交通、电子信息产业的融合，建设ICV基础数据交互平台，如图8-5b所示。目前在行业内，汽车制造商有自己的车联网体系，充电桩制造商有自己的桩联网平台，汽车运营商（如分时租赁、专车）也有自己的数据平台。这些大数据平台之间如何互容互通，实现数据共享、挖掘和应用是需要每个行业参与者共同迎接的挑战。

ICV是在新能源汽车的基础上增加先进传感器、激光雷达、毫米波雷达摄像机、控制器及执行器等，通过AI系统和信息终端实现"人-车-路-云"等的信息交换。ICV具备智能的环境感知能力，能够自动分析汽车行驶的安全和及时处理突发状况，如图8-6a所示。通过AI替代人为操作，ICV可以按照人的意愿到达目的地并获得良好的交互体验。ICV的突出特点是智能驾驶，主要是利用导航系统对汽车所在道路位置进行精准定位，并与道路资料库中的数据相结合，在智能交通网络的环境下，准确寻找到通往目的地的最佳路径。ICV可以利用驾驶控制系统，对道路状况信息进行获取及分析，通过调整汽车速度来保持汽车与其他车辆的安全距离，避免在行驶过程中与其他汽车发生安全事故，如图8-6b～图8-6d所示。若因系统故障发生事故，ICV会自动启动紧急报警系统，联络指挥中心报告位置以及其他关键信息，以便等待救援行动等，如图8-6e所示。

ICV超越传统汽车产业范畴，与人工智能、信息通信、大数据等新技术和新兴产业跨界相连，构建起新的汽车产业生态，如图8-7a所示。它带来的不仅是汽车产品和汽车行业的深刻变革，也将对人类的出行方式和城市交通体系带来重要变化。我国将把握第四次汽车技术变革的历史机遇，立足汽车产业的创新，构

新能源汽车电驱动－能量传输系统
建模、仿真与应用

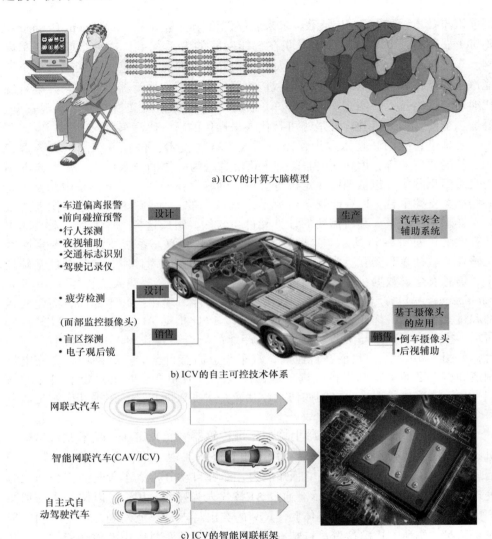

a) ICV的计算大脑模型

b) ICV的自主可控技术体系

c) ICV的智能网联框架

图 8-5　基于智能与网联的 ICV 技术

建具有新型 ICV 产业生态。加大对智能交通的基础性、公益性系统投入的同时，引导社会和民营资本参与 ICV 的研发，发挥资本市场的力量，引导新的业态健康规范发展，创新 ICV 的运营模式。国家完善管理规范，有计划、有步骤、有重点地推动技术创新、产业培育、环境建设和规模化应用，创造有利于 ICV 发展的大环境。城市应完善道路的规划、交通路面标识等基础设施，提高专用通信系统的覆盖率，实现"人－车－路－云"之间的互联互通，基于云端的 ICV 分为感知层、认知层、决策层、控制层与执行层，如图 8-7b 所示。特别是汽车动态信息、状态实时获取、环境智能感知、车路信息交互等技术，发展迅猛。同时，还要持

a) 基于雷达预警系统的ICV智能交通仿真场景

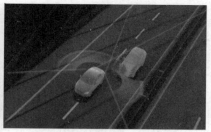
b) 基于雷达预警系统的ICV盲区避让场景

c) 基于智能预警系统的紧急制动仿真场景

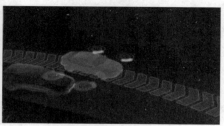
d) 基于智能预警系统的紧急避让仿真场景

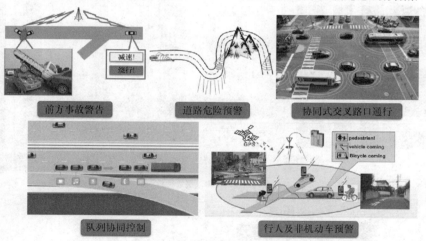
e) ICV的智能交通网络环境

图 8-6　ICV 的智能交通网络环境预警系统框架

续加强车内通信的安全研究。例如，V2X 通信技术是 Vehicle – to – Everything 技术，并非一般意义的汽车联网技术，而是通过汽车 GPS、传感器、摄像头和图像处理等电子组件，按照约定通信协议和数据交互标准，进行无线通信和交换的大系统网络。其实现汽车与一切可能影响汽车的实体实现信息交互，目的是减少事故、减缓拥堵、降低污染及提供其他信息服务，如图 8-7c 所示。V2X 包含 V2V、V2I、V2C 及 V2P。车 – 车（Vehicle – to – Vehicle，V2V）用做汽车间信息交互

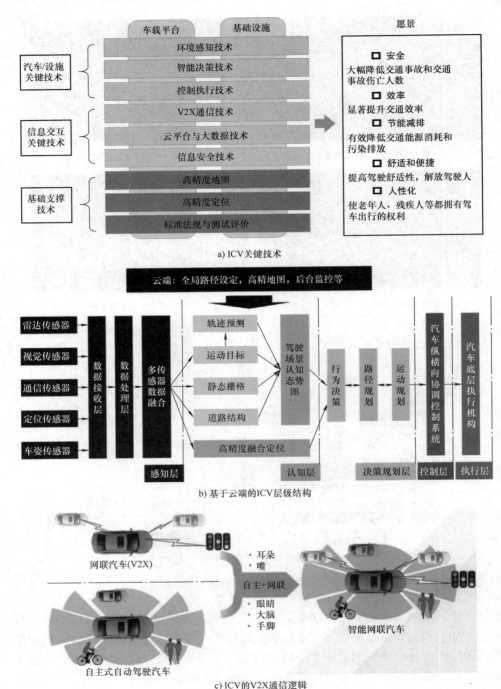

图 8-7　ICV 的基础设施与信息安全技术框架

图 8-7 ICV 的基础设施与信息安全技术框架（续）

和提醒，典型应用是汽车间防碰撞安全系统。车－基础设施（Vehicle – to – Infra-structure，V2I），汽车与道路、其他基础设施，例如交通灯、路障等通信，获取交通灯信号时序等道路管理信息。车－行人（Vehicle – to – Pedestrian，V2P）是车与道路上行人或非机动车安全互动警告、信息安全交换等。车与云端（Vehicle to Cloud，V2C）是车与云端的互联互通，实现汽车自组网及多种异构网络之间的通信，保障实时性、可服务性等，如图 8-7d 所示。

目前应建立 ICV 安全保障机制，加强对 ICV 网络安全的监管，保护好用户的个人信息，加强数据跨境流动管理，加大对跨行业资源整合的力度，促进产业协同发展。突破激光雷达、高精度传感器、汽车芯片、云端平台等核心技术，满足 ICV 的应用要求。打造 ICV 的"四基"：基础材料、基础工艺、基础零部件、基础技术。ICV 是跨学科、跨领域的高新技术载体，这对 ICV 技术提出了更高要求，如图 8-8a 所示。随着高速无线局域网的发展和成熟，在可预见的未来，ICV 技术将朝着可感知、可连接、标准化、个性化等方向发展。只有在实现"车车通信""车路通信"以及"车内联网"等网联化之后，才能真正迎来无人智能驾驶，如图 8-8b 所示。可见 ICV 可加强汽车、道路和人三者之间的联系，形成保障安全、提高效率、改善环境、节约能源的综合交通系统。为了解决无人智能驾驶的安全问题，预警系统也可能成为一个发展方向，如图 8-8c 所示。然而，多种预警系统必然会使得代码量成倍增加，网联化的数据沟通将达到 GB 级，未来 10～20 年可达 TB 级，由此给车载智能系统中软件以及硬件设备带来的压力，将是亟待解决的新问题。

在智能化时代，ICV 是人工智能、物联网、云计算、能源存储等高新技术的重要载体。这将打破汽车传统产业、技术和价值链，提供重大机遇。在 ICV 的车载视觉、激光雷达、毫米波雷达等高性能器件、底层操作系统、专用芯片等关键基础零部件领域。例如激光雷达系统预警仿真中的每一个圆圈都是一个激光束产生的数据，激光雷达的线束越多，对物体的检测效果越好，激光雷达产生的数

a) ICV在环仿真架构    b) ICV仿真网联通信

c) ICV预警架构

图 8-8  ICV 车–路仿真架构

据,将会更容易检测到路边的环境变化等,如图 8-9a 所示。目前,核心技术与产品主要被国外企业所垄断,我国虽有强大的互联网产业基础,但与汽车产业的结合尚停留在信息服务、后市场等领域,还需要深入到汽车智能化和网联化的决策与控制的层面。ICV 关键车载预警智能技术如图 8-9b 所示。

未来车载式和网联式技术将走向技术融合,通过优势互补,提供安全性更好、自动化程度更高、使用成本更低的解决方案。汽车的智能化、网联化发展趋势锐不可当,车内信息安全不可忽视,ICV 的双系统架构是未来提高无人驾驶安全性能的首选方案。实现人与车、车与车、车与交通公共设施之间的互联,真正实现汽车网联化。同时,充分挖掘发挥智能交通和智能生活的潜力。ICV 无论在用户体验升级、出行服务与安全、汽车高效共享方面都有巨大的需求。汽车智能网联化是一个由智联系统逐渐取代生物人实施驾驶操作的过程。技术的核心挑战在于汽车系统必须具有深度的学习能力,这就要求在交通层、汽车层、系统层、组建层实现全面的数字化应用。在诸如 5G 通信、高性能 AI 计算平台、核心感知组件、大数据与云计算、共享商业模式等方面上投入更多,为汽车产业创造良好

# 第8章 新能源汽车技术与应用

a) 激光雷达技术智能场景仿真　　　　b) ICV智能预警系统结构

图 8-9　ICV 关键车载预警智能技术

的物质与科技基础。在新技术变革的形势下，抓住汽车新能源化、智能化、网联化发展的机遇，实现整车及关键零部件核心技术的自主突破，形成我国技术的领先优势。抓住共享经济发展机遇。目前汽车逐渐渗透到人们日常生活中的方方面面，发挥信息科技新时代未来汽车产品所具备的多行业多领域深度交叉融合特点，完成制造业转型升级。新能源化、智能化、网联化是未来汽车技术的发展方向，新能源汽车和 ICV 将成为我国汽车产业未来发展的两大战略机遇。借助于移动互联网、大数据和云计算等新一代信息技术的革命性突破，ICV 将成为安全、舒适、便捷移动的智能互联终端，把人从驾驶过程中解放出来，如图 8-10 所示。

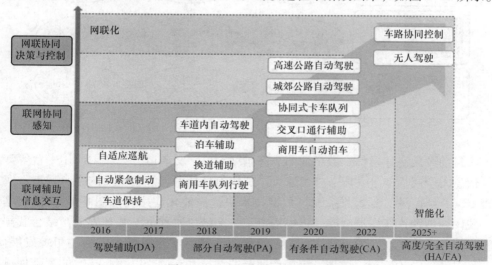

图 8-10　ICV 网联化技术进展

发挥我国新能源汽车产业、互联网产业用户规模大的优势，以新能源汽车为载体，推进 ICV 产业化体系构建、智能交通系统建设及车联网产业应用。集聚相关行业和领域的资源，突破 ICV 的关键技术。通过顶层统筹策略，达到以新能源＋智能化＋网联化为特征的汽车产业升级目标。该顶层设计思想可总结为：围绕汽车配置交通资源，整合车联网资源链，如图 8-11 所示。

基于顶层设计和协同创新的原则，整合现有资源开展产业前瞻技术、共性关键技术和跨行业融合性技术的研发，通过产学研用协同合作的机制创新、原始创新、集成创新、引进消化吸收再创新等手段，实现产业在核心技术、关键技术和支撑技术的突破发展。推动车企与互联网企业交叉创新，重点攻克环境感知、智能决策、协同控制等核心技术，促进传感器、车载终端、操作系统等研发与产业化应用。支撑企业在 ICV 全球竞争中占领技术制高点。ICV 融合协同技术体系架构如图 8-12 所示。

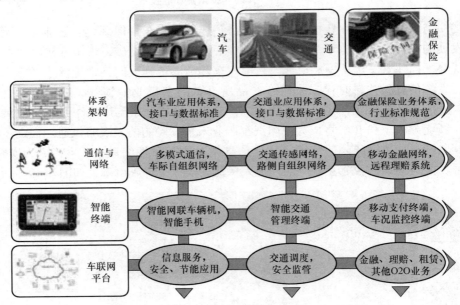

图 8-11 ICV 顶层设计框架

目前开展高速通信、数字地图、高精度定位、交通运行大数据应用平台等涉及信息安全层面的公共服务技术建设。加快信息技术与汽车工业的融合发展，实现 ICV "互联网＋多能源系统" 关键技术快速商业化应用，如图 8-13 所示。基于我国新能源汽车发展战略，以电动汽车为突破口实现 ICV 快速发展。结合我国卫星信号系统建设，发展自主的高精度数据系统，实现 ICV 产业自主可控发展。通过对芯片、传感器、地理系统等产业链关键技术支持，以核心技术的突破促进产品体系的建立和完善，提升自主创新能力，提升产业竞争力，建设 ICV 领域自主化数据中心，推进建设数据交换与分析产业链。

通过对芯片、传感器、操作系统等产业链关键环节技术创新的大力支持，以

# 第8章
## 新能源汽车技术与应用

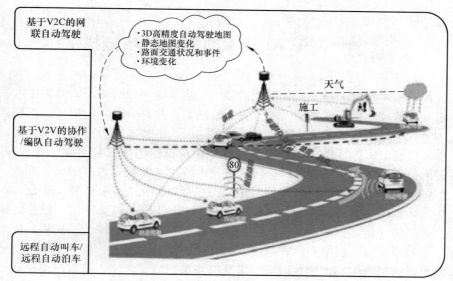

图 8-12　ICV 融合协同技术体系架构

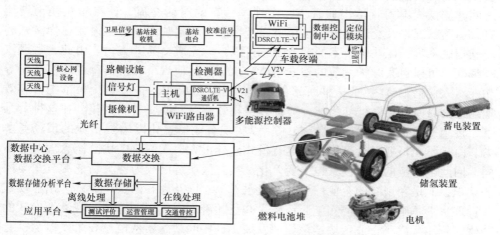

图 8-13　ICV 互联网 + 汽车的硬件系统

核心技术的突破促进产品创新体系的建立和完善，提升骨干企业自主创新能力，提升产业竞争力。开展 ICV 领域整车及关键零部件自主化能力建设和自主企业培育，推进建设零部件产业链并培育自主品牌企业集群。通过政策扶持、资本援助等途径支持自主企业收购、兼并具有核心技术和品牌优势的国外整车和零部件企业，逐步打造一批生产规模和经济体量大、技术研发能力强的我国自主品牌世界级 ICV 制造企业巨头，抢占未来全球竞争的制高点。为 ICV 社会文明的形成及扩大我国汽车工业的全球影响力做好基础支撑工作。

183

## 8.3　基于 AI 技术的 ICV 区块链技术

区块链技术与 ICV 达成合作的潜力巨大，区块链可以解决无人驾驶中的很多技术难题，像数据存储、平台问题、安全性问题、共享机制等，都可以利用区块链技术实现，这些也都是区块链技术的强项。区块链技术能为 ICV 带来提升，保证数据真实性。ICV 时代正在到来，这其中涉及技术包括安全驾驶、通信导航、视觉智能化以及各种识别技术等。区块链技术解决了车联网数据的核心痛点，可对大数据进行 AI 处理，并加盖时间戳，存进区块链中，在未来某一时刻，需要验证原始数据的真实性时，对相关数据做同样 AI 处理，如果评估一致，则说明数据真实。传递信息更快速准确。区块链技术的特点是去中心化，ICV 发出指令无须上传到第三方数据中心，若每辆 ICV 都是一个数据中心，减少了信息流通的时间成本，通过去中心化的共识机制提高内部系统的安全性、私密性，保证信息安全。在区块链的交互方面，区块链包含了以太网的智能合约，可以在每辆汽车之间建立低成本的直接沟通管道，实现车－车的对话交流，让汽车互换天气信息，道路状况以及交通数据，甚至可以把你的自动驾驶汽车租出去或在你离开的时候搭载乘客，区块链技术的智能合约可以自动完成交易并支付。由此，每辆汽车都变成可以自我维护调节的独立个体，执行与其他汽车交换信息或核实身份等功能。人们借助 AI 技术从事商品与服务的区块链应用，扩展了交易范围，有效地缩短交易时间、降低交易成本、提高交易效率，并使交易安全化。在这种背景下，传统制造企业纷纷应用 AI 技术，以实现企业信息化以增强企业的市场竞争力。由于不同行业的管理模式和运行模式差异很大，人们对区块链概念理解也不同，因此区块链的实施模式也千变万化。实施区块链已成为各大新能源汽车集团的共识，但是在现有的企业信息化建设水平上，以及现有的供应模式、销售模式和管理水平基础上，如何实施区块链，并且随着宏观应用环境和微观管理模式的变化，新能源汽车行业区块链该如何发展，这些问题需要从信息技术发展与社会应用发展规律出发进行冷静的思考和研究。新能源汽车工业按照本身的生产与市场的发展规律，其区块链的体系具有基本模式，即新能源汽车工业形成了从原材料供应、新能源汽车零件加工、零部件配套、整车装配到新能源汽车分销乃至售后服务的供应－制造－销售－服务体系，该体系如图 8-14 所示。

近年来，全球新能源汽车产业发生着巨大的变化，主要表现在新能源汽车工业市场的全球化与制造的全球化，包括原有设备制造商（Original Equipment Manufacturer，OEM）技术转移、全球化的生产加工和材料采购、世界范围的分销渠道，同时由于客户需求直接并强烈地驱动着产品的开发、生产、销售与服务的全过程，因此更加注重客户关系管理（Customer Relationship Management，CRM），

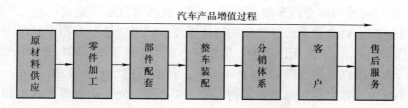

图 8-14  ICV 的区块链体系

注重客户对产品的越来越趋于多样化、复杂化和个性化需求。因此新能源汽车制造企业的管理已突破了单一企业的范围,将客户、营销网络和供应商等的相关资源纳入了管理的范围,利用 AI 建立虚拟公司,以信息的形态及时反映物流活动和相应的资金状况,真正实现物流、资金流、信息流的实时、集成、同步的控制,从而保证"增值"的实现。分散的、单一企业的系统模式已不能满足新能源汽车工业的发展,而基于区块链的区块链模式满足如上需求,成为的新能源汽车行业的区块链结构,如图 8-15 所示。此结构有如下特点:

1)新能源汽车制造商为了实现全球的广域网络采购(iProcurement),要分离许多零部件生产协作配套厂,使它们成为供应商,从而减少低利润的企业,精简公司的投资,通过区块链平台,新能源汽车制造商与上游供应商(新能源汽车部件供应商、零件供应商、原材料供应商)将组成一个有效的上游零部件产品 AI。新能源汽车制造商将致力于新能源汽车的设计和研发,几乎不生产新能源汽车部件的企业,将供应商送来的新能源汽车部件进行最后组装,然后打上自己的品牌。

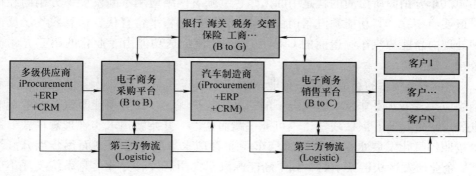

图 8-15  ICV 行业区块链结构模式

2)当网上支付体系、安全保密、认证体系非常完善,网络用户数量很大,大量网络用户个性化需求通过新能源汽车制造商的 CRM 系统快速形成"批量定制"成为可能,已形成的"定制批量"订单触发新能源汽车制造商的区块链系统,拉动其"批量生产"。CRM 对产品的营销过程进行管理,包括市场活动、客户管理及售后服务三大环节的管理。

3）原材料及新能源汽车零部件供应商、新能源汽车制造商的物流配送体系与其主业剥离，社会化、专业化的物流体系逐步完善，第三方物流配送中心完成新能源汽车产品 AI 物流配送功能。信息流：上游供应商的 CRM ——→第三方物流系统——→新能源汽车制造商的 iProcurement，新能源汽车制造商的 CRM ——→第三方物流系统——→客户需求。第三方物流配送中心通过先进的管理、技术和信息交流网络，对商品的采购、进货、储存、分拣、加工和配送等业务过程进行科学、统一、规范的管理，使整个商品运动过程高效、协调、有序，从而减少损失、节省费用，实现最佳的应用效益和社会效益。

4）新能源汽车制造商的区块链系统定位于企业内部资金流与物流的全程一体化管理，即实现从原材料采购到产品完成整个过程的各种资源计划与控制，主要目标仍是以产品生产为导向的成本控制。企业各种资源的计划与控制通过信息系统集成，形成企业内部各业务系统间通畅的信息流，通过 iProcurement 与上游供应商连接，通过 CRM 与下游分销商和客户连接，形成 AI 中各企业的信息集成，提高整个 AI 的效率。基于 AI 技术，企业在应用区块链系统实现内部资金流、物流与信息流一体化管理的基础上，借助 iProcurement、区块链与 CRM 集成一体化运行便可以帮助企业实现对整个 AI 管理。

5）网络应用是一个非常强大和健康的应用体系，它无情打击低效率和浪费，自动攻击不合理的利润与迫害性的垄断。网络应用中不存中间人和中间人的抽成（disintermediation）情况，中间人就是一种低效率，网络将使他们绝迹。现有新能源汽车分销商所扮演的就是中间人角色，随着网络应用不断发展，分销商经销渠道逐步萎缩，其新能源汽车销售功能由区块链销售平台替代，信息收集、反馈和处理由新能源汽车制造商的 CRM 完成，物流配送功能由专业化的第三方物流公司完成。

图 8-15 所示的新能源汽车行业区块链发展模式是在整个社会信息化建设和网络应用发展水平非常成熟情况下的一种理想模式，在我国新能源汽车行业现有发展水平下，要开展区块链，不可能一蹴而就，一开始就追求实现理想模式，而要按照信息化发展水平和新能源汽车行业管理水平的逐步提高而逐步展开。当 ICV 企业研发区块链技术时，如果新能源汽车集团研发各专业信息系统委托不同单位，没有统一规划和有效集成，成为独立信息孤岛。虽然下游销售物理网络覆盖比较完善，但销售信息由人工或 Web 形式反馈，未实现分销商和客户信息有序管理。在此种现实情况下，实施区块链的方案应该从实际出发，先从上游材料采购入手，然后进行企业内部系统的实施，最后进行下游销售领域客户关系管理系统的实施，形成比较完善的区块链实施方案，如图 8-16 所示。

我国新能源汽车企业采购的原材料及外协件量大面广、供应商多、分布地域广，ICV 集团区块链采购可归纳如下几点：

# 第8章 新能源汽车技术与应用

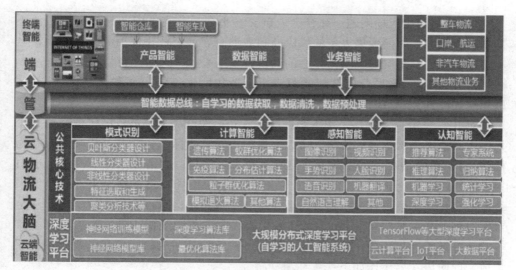

a) 区块链技术逻辑脉络

b) 区块链技术应用模型

图 8-16 基于区块链技术 ICV 工业流程

1）厂家有内部驱动力。区块链采购使买卖双方的交易成本大大降低，交易效率高、交易透明化。数十亿近百亿的采购量通过区块链采购其成本节约非常明显。

2）对企业采购部门的管理模式稍做变革就可以适应区块链采购的要求，企业的震动不大，从管理的角度看阻力较小，可以很快实施并见实效。而实施区块链和 CRM 要对企业内部的组织机构、业务流程、企业的营销渠道及管理模式做较大的调整，难度较大。

3）容易解决入场问题。纯粹区块链交易平台，存在供应商先进交易平台还是需求商先进、如何聚集大量的供应商和需求商进行交易并且不流失的问题，但实施以新能源汽车制造集团为核心的区块链采购平台，这些都容易解决。

4）区块链采购平台拥有新能源汽车制造集团丰富供应商和交易量等资源，赢利模式较好，竞争门槛高。

对 ICV 公司，无论是采购生产性产品或营运性产品，都可以区块链采购平台与供应商洽谈采购物料的价格，可以采取的方式有招标（包括公开招标和限制招标两种）、反向拍卖（即采购方列出所要购买的物品，邀请多家供应商进行逆向报价），采用这种方式可以充分地让采购价格趋于市场价格，甚至更低。历年来企业信息化建设投资较大，但平台不统一，形成各个信息孤岛，效率不高。甚至对同一种业务（如设备管理），不同的二级厂家请不同的机构开发，形成互不兼容的业务系统，集团公司迫切需要每个业务系统在公司内的统一和各业务系统的集成。此阶段主要工作如下：

1）对集团公司内部的各业务系统进行整合。对现有的人力资源管理、财务管理、设备管理、质量管理、物资库存、销售管理、生产管理等专门业务进行分析，实现同一业务其信息管理系统实现统一，在开发技术上要与 Web 技术相适应。

2）各业务信息系统实现集成，为以后实施功能完备的区块链系统做准备。

区块链采购平台的采购由面向原材料供应商为主，逐步转到面向零部件供应商，采购业务也逐步转向零部件采购。区块链系统中的功能要随之扩充，增加对区块链系统的管理，包括零部件设计、制造、采购管理，以及整车设计和整车制造管理，这由零部件供应商与整车生产企业、设计单位与整车生产企业战略联盟决定。

## 8.4 新能源汽车等值 – 不确定分析与更新应用

新能源汽车等值指在考虑时间因素的情况下，不同时点的绝对值不等的资金可能具有相等的价值。利用等值的概念，可把一个时点的资金额换算成另一时点的等值金额，如"折现""贴现"等。在市场应用下，如何广开资金来源渠道，并且使筹措的资金、币种及投入时序与项目建设进度和投资使用计划相匹配，确保项目建设和运营顺利进行，是 ICV 项目决策时必须专门考虑的问题。按不同投资主体的投资范围和项目的特点，可将项目分为：公益性项目——由政府拨款建设；基础性项目——由政府投资主体承担；竞争性项目——企业为基本的投资主体，主要向市场融资。项目资金总额构成如图 8-17 所示。

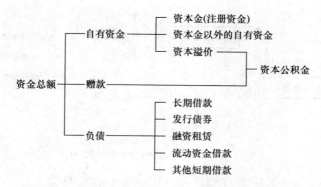

图 8-17 新能源汽车工业项目资金总额构成

资本金：指投资项目总投资中必须包含一定比例的、由出资方实缴的资金。除了主要由中央和地方政府用财政预算投资建设的公益性项目等部分特殊项目外，大部分投资项目都应实行资本金制度：实物、货币、无形资产。对于无形资产，必须经过有资格的评估机构依照法律法规评估作价。以工业产权、非专利技术作价出资的比例不得超过资本金总额的20%，但国家对采用高新技术成果有特别规定的除外。国内融资来源渠道如图 8-18 所示。

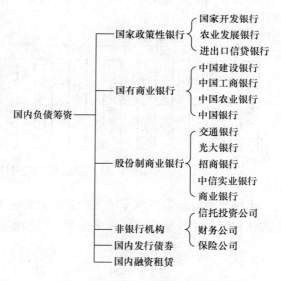

图 8-18 国内融资来源渠道

在对融资项目进行新能源汽车技术与应用分析时，应用效果评价是项目评价的核心内容，为了确保投资决策的科学性和正确性，研究应用效果评价方法十分必要。方便起见，若假定项目风险为零，即不存在不确定因素，方案评价时能得到完全信息。应用效果评价指标体系如图 8-19 所示。

但以上体系有假设前提，即不存在不确定因素，方案评价时能得到完全信息。但是，未来实际发生的情况与事先的估算、预测可能有大的出入。为了提高应用评价的准确度和可信度，尽量避免和减少投资决策的失误，有必要对投资方案做不确定性分析，为投资决策提供客观、科学的依据。该项目净现值的期望值大于零，是可行的。若净现值大于零的概率不够大，说明项目存在一定的风险。

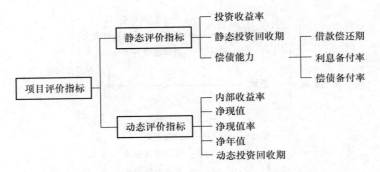

图 8-19　新能源汽车应用效果评价指标体系

一个新能源汽车项目要经历投资前期、建设期及生产经营期三个时期，其全过程如图 8-20 所示。

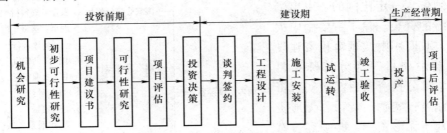

图 8-20　新能源汽车项目产业化流程

市场预测是新能源汽车项目产业化分析的基础，通过对市场的分析，运用技术方法和应用手段推测市场未来前景。市场预测方法如图 8-21 所示。

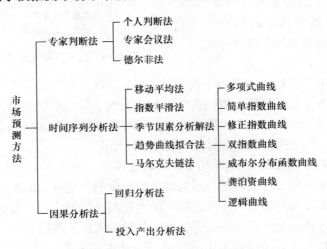

图 8-21　新能源汽车市场预测方法

# 第 8 章
## 新能源汽车技术与应用

新能源汽车是企业生产的物质技术手段，新能源汽车的质量和技术水平是一个国家工业化水平的重要标志，是判定一个企业技术创新能力、开发能力的重要标准，也是影响企业和国民应用各项新能源汽车技术－应用指标的重要因素。为了促进企业的技术进步和提高应用效益，需对新能源汽车整个运行期间的新能源汽车技术与应用状况进行分析和研究，明确和判定新能源汽车是否更新、何时更新、如何更新等问题，为决策提供依据。新能源汽车更新源于新能源汽车的磨损，磨损分为有形磨损和无形磨损，新能源汽车磨损是有形磨损和无形磨损共同作用的结果。新能源汽车的有形磨损（物质磨损）是指新能源汽车在使用（或闲置）过程中所发生的实体磨损。第 1 类有形磨损指外力作用下（如摩擦、受到冲击、超负荷或交变应力作用、受热不均匀等）造成的实体磨损、变形或损坏；第 2 类有形磨损指自然力作用下（生锈、腐蚀、老化等）造成的磨损。新能源汽车的无形磨损（精神磨损）表现为新能源汽车原始价值的贬值，不表现为新能源汽车实体的变化和损坏。第 1 类无形磨损：新能源汽车制造工艺改进→制造同种新能源汽车的成本降低→原新能源汽车价值贬值。第 2 类无形磨损：技术进步→出现性能更好的新型新能源汽车→原新能源汽车价值贬值。

新能源汽车更新的中心内容是确定新能源汽车的应用寿命：

1）自然寿命（物理寿命）。它是指新能源汽车从全新状态下开始使用，直到报废的全部时间过程。自然寿命主要取决于新能源汽车有形磨损的速度。

2）技术寿命。它是指新能源汽车在开始使用后持续的能够满足使用者需要功能的时间。技术寿命的长短，主要取决于无形磨损的速度。

3）应用寿命。是从应用角度看新能源汽车最合理的使用期限，它是由有形磨损和无形磨损共同决定的。具体来说是指能使投入使用的新能源汽车等额年总成本（包括购置成本和运营成本）最低或等额年净收益最高的期限。在新能源汽车更新分析中，应用寿命是确定新能源汽车最优更新期的主要依据。

新能源汽车更新应站在咨询者的立场分析问题：新能源汽车更新问题的要点是站在咨询师的立场上，而不是站在旧资产所有者的立场上考虑问题。咨询师并不拥有任何资产，故若要保留旧资产，首先要付出相当于旧资产当前市场价值的现金，才能取得旧资产的使用权。这是新能源汽车更新分析的重要概念。新能源汽车更新分析只考虑未来发生的现金流量：在分析中只考虑今后所发生的现金流量，对以前发生的现金流量及沉入成本，因为它们都属于不可恢复的费用，与更新决策无关，故不需要再参与应用计算。只比较新能源汽车的费用：通常在比较更新方案时，假定新能源汽车产生的收益是相同的，因此只对它们的费用进行比较。新能源汽车更新分析以费用年值法为主：由于不同新能源汽车方案的服务寿命不同，故通常都采用年值法进行比较。新能源汽车零部件有形磨损的不均衡性，决定了新能源汽车修理的可行性。

新型新能源汽车更新分析，就是假定企业现有汽车可被其应用寿命内等额年总成本最低的新能源汽车取代。在市场应用条件下，受需求量的影响，许多企业在现有汽车的自然寿命期内，考虑是否停产并变卖现有汽车，这类问题称为现有汽车的处置决策。现有汽车的处置决策仅与旧汽车有关，且假设旧汽车自然寿命期内每年残值都能估算出来。汽车超过最佳期限之后，就存在更新的问题。对更新方案进行综合比较，可通过计算方案在不同使用年限内的总费用现值，根据使用年限，按照总费用现值最低的原则进行方案选优。

## 8.5 新能源汽车应用的价值分析理论

新能源汽车技术与应用除了要评价投资项目的应用效果和社会效果外，还要研究如何用最低的寿命周期成本实现产品、作业或服务的必要功能。应用价值是一门技术与应用相结合的学科，它既是一种管理技术，又是一种思想方法。国内外的实践证明，推广应用价值能够促使社会资源得到合理有效的利用。应用价值（Value Engineering，VE），亦称价值分析（Value Analysis，VA），是研究如何以最低的寿命周期成本，可靠地实现对象（产品、作业或服务等）的必要功能，而致力于功能分析的一种有组织的新能源汽车技术 – 应用思想方法和管理技术。

新能源汽车应用价值的原理涉及三个概念，即价值、功能和寿命周期成本。

1. 价值（Value）

汽车应用价值是指汽车能够满足人们需要的效益关系，是表示汽车的属性和功能与人们需要间的效用、效益或效应关系。

2. 功能（Function）

功能是对象能满足某种需求的一种属性。具体来说，功能是功用、效用。分类如下：

（1）使用功能（Use Function）和品味功能（Esteem Function）

使用功能是对象所具有的与新能源汽车技术与应用用途直接有关的功能；品味功能是与使用者的精神感觉、主观意识有关的功能，如美观、豪华等。

（2）基本功能（Basic Function）和辅助功能（Supporting Function）

基本功能决定对象性质和存在的基本要素；辅助功能是为更好实现基本功能而附加的一些因素。

（3）必要功能（Necessary Function）和不必要功能（Unnecessary Function）

必要功能是为满足使用者的要求而必须具备的功能；不必要功能是与满足使用者的需求无关的功能。

（4）不足功能（Insufficient Function）和过剩功能（Plethoric Function）

不足功能是尚未满足使用者需求的必要功能；过剩功能是超过使用者需求的功能。

3. 寿命周期成本（Life Cycle Cost）

1）寿命周期：从产生到结束为止的期限。

2）寿命周期成本（寿命周期费用）。

寿命周期成本是指整个寿命周期过程中发生的全部费用，如图 8-22 所示，包括生产成本——产品从研发到用户手中为止的全部费用；使用成本——用户在使用过程中发生的各种费用。因此，寿命周期成本 = 生产成本 + 使用成本，即 $C = C_1 + C_2$。

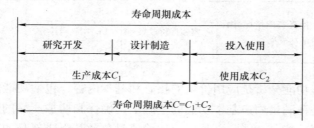

图 8-22 寿命周期成本应用

新能源汽车应用价值的工作程序见表 8-1。应用价值的应用范围广泛，其活动形式也不尽相同，因此在实际应用中，可参照这个工作程序，根据对象的具体情况，应用应用价值的基本原理和思想方法，考虑具体的实施措施和方法步骤。但是对象选择、功能分析、功能评价和方案创新与评价是工作程序的关键内容，体现了应用价值的基本原理和思想，是不可缺少的。

表 8-1 新能源汽车应用价值的工作程序

| 应用价值工作阶段 | 设计程序 | 工作步骤 | | 应用价值对应问题 |
| --- | --- | --- | --- | --- |
| | | 基本步骤 | 详细步骤 | |
| 准备阶段 | 制定工作计划 | 确定目标 | 1. 对象选择 | 1. 这是什么 |
| | | | 2. 信息搜集 | |
| 分析阶段 | 规定评价（功能要求事项实现程度的）标准 | 功能分析 | 3. 功能定义 | 2. 这是干什么用的 |
| | | | 4. 功能整理 | |
| | | 功能评价 | 5. 功能成本分析 | 3. 它的成本是多少 |
| | | | 6. 功能评价 | 4. 它的价值是多少 |
| | | | 7. 确定改进范围 | |

（续）

| 应用价值工作阶段 | 设计程序 | 工作步骤 | | 应用价值对应问题 |
|---|---|---|---|---|
| | | 基本步骤 | 详细步骤 | |
| 创新阶段 | 初步设计（提出各种设计方案） | 制定改进方案 | 8. 方案创造 | 5. 有其他方法实现这一功能吗 |
| | 评价各设计方案，对方案进行改进、选优 | | 9. 概略评价 | 6. 新方案成本是多少 |
| | | | 10. 调整完善 | |
| | | | 11. 详细评价 | |
| | 书面化 | | 12. 提出提案 | 7. 新方案能满足功能要求吗 |
| 实施阶段 | 检查实施情况并评价活动成果 | 实施评价成果 | 13. 审批 | 8. 偏离目标了吗 |
| | | | 14. 实施与检查 | |
| | | | 15. 成果鉴定 | |

新能源汽车功能分析是应用价值的核心和基本内容，包括功能定义和功能整理。其目的就是在满足用户基本功能的基础上，确保和增加产品的必要功能，剔除或减少不必要功能。功能定义是对应用价值对象及其组成部分的功能所做的明确表述。功能整理是对定义出的功能进行系统分析、整理，明确功能之间的关系，分清功能类别，建立新能源汽车功能系统框架图，如图 8-23 所示。其步骤如下：

1）分析产品的基本功能和辅助功能。
2）明确功能的上下位和并列关系。

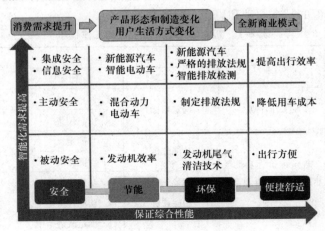

图 8-23　新能源汽车功能系统框架图

3）建立功能系统。

新能源汽车产业投资风险识别是风险分析和管理的一项基础性工作,其主要任务是明确风险存在的可能性,为风险测度、风险决策和风险控制奠定基础。风险识别的一般步骤如下:

1）明确所要实现的目标。

2）找出影响目标值的全部因素。

3）分析各因素对目标的相对影响程度。

4）根据对各因素向不利方向变化的可能性进行分析、判断、并确定主要风险因素。

例如,智能网联汽车与传统汽车的风险模块对比如图8-24所示。

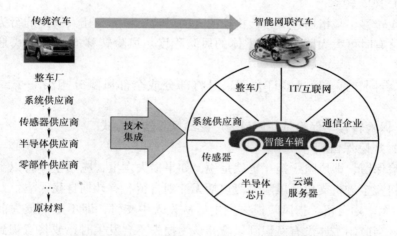

图8-24 智能网联汽车与传统汽车产业投资的风险模块对比示意图

度量风险大小不仅要考虑损失或负偏离发生的大小范围,更要综合考虑各种损失或负偏离发生的可能性大小,即概率。概率分为客观概率和主观概率:客观概率是指用科学的数理统计方法,推断、计算随机事件发生的可能性大小,是对大量历史先例进行统计分析得到的;主观概率是当某些事件缺乏历史统计资料时,由决策人自己或借助于咨询机构或专家凭经验进行估计得出的。实际上,主观概率也是人们在长期实践基础上得出的,并非纯主观的随意猜想。风险控制的四种基本方法是风险回避、损失控制、风险转移和风险保留。

（1）风险回避

风险回避是投资主体有意识地放弃风险行为,完全避免特定的损失风险。简单的风险回避是一种消极的风险处理办法,因为投资者在放弃风险行为的同时往

往也放弃了潜在的目标收益,所以,在以下情况下会采用这种方法:

1) 投资主体对风险极端厌恶。
2) 存在可实现同样目标的其他方案,其风险更低。
3) 投资主体无能力消除或转移风险。
4) 投资主体无能力承担该风险,或承担风险得不到足够的补偿。

(2) 损失控制

损失控制不是放弃风险,而是制定计划和采取措施降低损失的可能性或者是减少实际损失。控制的阶段包括事前、事中和事后三个阶段。事前控制的目的主要是为了降低损失的概率,事中和事后的控制主要是为了减少实际发生的损失。

(3) 风险转移

风险转移,是指通过契约,将让渡人的风险转移给受让人承担的行为。通过风险转移有时可大大降低应用主体的风险程度。风险转移的主要形式是合同和保险:

1) 合同转移。通过签订合同,可将部分或全部风险分担给一个或多个参与者。
2) 保险转移。保险是使用最为广泛的风险转移方式。

(4) 风险保留

风险保留,即风险承担。也就是说,如果损失发生,应用主体将以当时可利用的任何资金进行支付。风险保留包括无计划自留、有计划自我保险:

1) 无计划自留。指风险损失发生后从收入中支付,即不是在损失前做出资金安排。当应用主体没有意识到风险并认为损失不会发生时,或将意识到的与风险有关的最大可能损失显著低估时,就会采用无计划保留方式承担风险。一般来说,无资金保留应当谨慎使用,因为如果实际总损失远远大于预计损失,将引起资金周转困难。

2) 有计划自我保险。指可能的损失发生前,通过做出各种资金安排以确保损失出现后能及时获得资金以补偿损失。有计划自我保险主要通过建立风险预留基金的方式来实现。

随着新能源汽车国际贸易和国际资本流动越来越迅速,特别是各个国家和地区之间的新能源汽车应用联系越来越紧密,人们不仅重视并展开对世界新能源汽车应用周期的研究,且主要集中在对世界新能源汽车应用周期的产生、形成与传播机理的研究。国内外新能源汽车产业投资品的替代弹性,是国际新能源汽车应用周期传导的重要变量,新能源汽车技术冲击是造成新能源汽车应用波动的根源,投资中易波动的智能技术模块如图 8-25 所示。

# 第 8 章
新能源汽车技术与应用

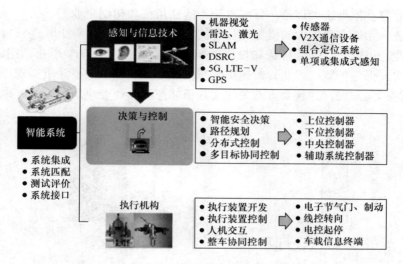

图 8-25 投资易波动的智能技术模块

## 8.6 新能源汽车应用效果评价方法

　　从中长期看,新能源汽车消费市场正在加速成熟,近几年随着国家对新能源汽车行业加大投入,国内掀起了投资新能源汽车热潮,各种投资争先涌入这一行业。然而,在这种"造车热潮"的背后,部分入局者并没有比较明晰的发展思路,对市场也存在一定程度上的误识。这种单纯考虑短期利润盲目跟风的非理性投资,导致部分新建项目开工不久即陷入困顿停滞状态,这不但给投资者带来了损失,还会危害整个新能源汽车工业健康发展。相对于新能源汽车项目一上马就追求"做大",力图迅速建立规模应用的做法,选择先建立应用规模,等"做强"之后再分期建设逐步扩产"做大"到规模应用。这种"发挥有限资金的最大效益,滚动投入,先做强再做大"的做法,一方面可以最大限度地控制投资沉淀成本;另一方面,又可最大限度利用好投资在滚动经营中的"扩张效应"。例如,如果在一年内同样投入 100 亿元给某新能源汽车企业,一次性投入与分多次投入的效果大为不同,其原理如图 8-26 所示。前者由于是一次性投入,故其 100 亿元在第一季度季即整体沉淀;而后者由于是分次投入,第一季度只需沉淀 25 亿元,另 75 亿元还可以用于经营其他短期项目;依此类推,后者实际可以用 100 亿元的资金办 250 亿元才能办到的事,而前者是 100 亿元资金办 100 亿元的事。这就是滚动发展、分步到位与巨资投入、一次性到位显著区别。沉淀的资金和快速流动起来的资金形成巨大的投资价值反差,后者能形成显著的示范效应和广泛的带动效应。依据这个理论,目前对于当前独角兽和初创企业的投资、融资、改革与改造,无疑有着极大的借鉴和显著的启示意义。同时,对于某些资金尚不充裕的企业,可以充分降低融资和投资的风险性,为新能源汽车产业稳定、健康、有序的发展保驾护航。因此,新能源汽车产业的发展,不但要注重微观新能源汽车技术的迅猛发展,并且要重点关注宏观新能源汽车产业应用理论的支撑作用。

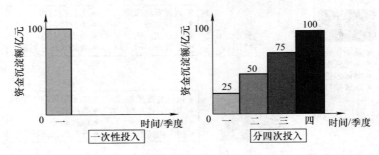

图 8-26 投资效果对比图

质量投诉在本季度投诉总量中仍占绝大多数,其中产品质量中电机和变速器的投诉有所增加。报告显示,2018 年第三季度用户对新能源汽车质量的投诉在总投诉量中仍占多数,相比上个季度,产品质量问题的投诉比率呈上升趋势。具体比率为质量问题投诉 67.1%,服务问题投诉 32.9%,如图 8-27 所示。

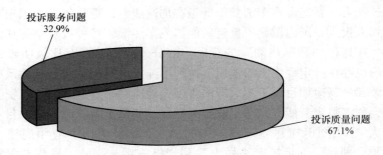

图 8-27 新能源汽车用户投诉问题构成

从投诉情况看,2018 年第三季度一次投诉解决率比以往有所下降,二次及多次投诉呈上升趋势。本季度新能源汽车投诉解决比率分别为一次投诉解决率 73.5%,二次投诉解决率 16.2%,三次投诉解决率 10.3%,如图 8-28 所示。

新能源汽车产品质量投诉分析主要从以下七个方面进行:

1)**车身附件及电气**:车体锈蚀和裂纹,空调制冷、制热不正常,车窗升降机等不能正常工作,座椅的质量,车内噪声,车身振动,起动机、发电机及电动刮水器、照明、转向灯、组合仪表等不能正常工作。

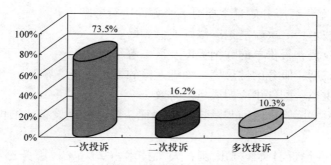

图 8-28 新能源汽车投诉解决率构成

2）电机：达不到厂家标称的功率指标，异响、噪声、振动异常等问题。
3）电池系统：功率密度和能量密度均达不到厂家标称的指标等问题。
4）变速器：换档困难，有异响、跳档、乱档、发热等问题。
5）前后桥及悬架系统：车桥、传动轴、悬架异响，避振器漏油等问题。
6）制动系统：存在拖滑、制动距离超过标准、异响、跑偏等现象。
7）轮胎：轮胎动平衡问题，导致车身抖动，有磨损、爆裂、龟裂等现象。

新能源汽车质量问题中，电机、电池系统、制动系统、前后桥及悬架系统投诉比例上升。其中，变速器问题主要表现在挂档混乱、挂档困难等方面；电机问题主要现象是持续动力不足；轮胎、车身附件、空调系统的投诉比率比以往有明显减少。统计显示，本季度由于新能源汽车质量问题引发新能源汽车用户投诉中，需要维修才能使用、生产缺陷的投诉比以往所增加。在新能源汽车用户的投诉要求构成中，提出维修、换车、退车的比率本季度有所提高，其中，购买 1 年的新车重要部件出现质量问题，是引发换车、退车的根本原因。具体构成如下：提出维修的占 68.1%；提出赔偿占 12.8%；提出换车占 8.5%；提出退车占 5.8%；提出召回占 3.1%；其他要求占 1.7%，如图 8-29 所示。

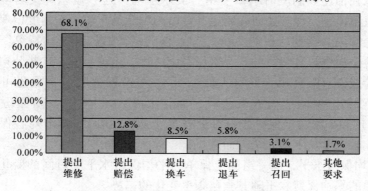

图 8-29 新能源汽车用户投诉要求构成

新能源汽车售后服务质量主要对五个方面进行考察：
1）人员技术：一次就能把车修好或保养好。
2）服务收费：报价单的详细程度及员工解释情况。
3）服务态度：服务的诚恳度，处理返修的方式和程序等。
4）配件供应：配件供应的质量及时效。
5）其他：实际维修时间与承诺时间对比，维修检测设备、泊位和进出设施等情况。

服务质量的投诉具体构成比例：人员技术占 23.6%，服务态度占 13.7%，服务收费占 15.6%，配件问题占 40.5%，其他占 6.6%，如图 8-30 所示。

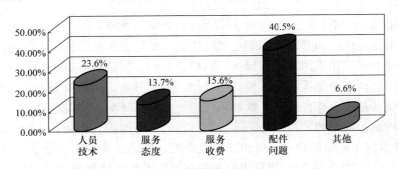

图 8-30　新能源汽车服务质量问题投诉构成

在新能源汽车保险中，世界上绝大多数的保险公司都实行了奖惩制度，即对上一保险年度没有发生索赔的投保人，在下一年度续保时给予保费上的优待，而对于上一保险年度发生索赔的投保人，则在下一保险年度提高其续期保费。该制度在我国被称为无赔款优待（No-Claim Discount，NCD），有时也被称作奖惩系统（Bonus-Malus System，BMS）。由于"无赔款优待"不包含提高续期保费的含义，所以在描述该制度时本章使用"奖惩系统"这一概念。我国车险费率实施市场化改革以来，保险公司均制定了自己的车险条款和费率制度，保险公司的最高优待金额均为续期保费的 30%，但具体的优待措施却各具特色。本节对我国财产保险公司中最具特色的几个奖惩系统进行了比较分析，这些公司是中国人民财产保险股份有限公司（简称人保）、平安财产保险股份有限公司（简称平安）、太平洋财产保险股份有限公司（简称太平洋）、大众保险股份有限公司（简称大众）和华泰财产保险股份有限公司（简称华泰）。本节对各保险公司奖惩系统的比较主要从下述几个方面进行：

1）平均保费水平，即一组固定保单的平均保费水平随时间的变化趋势，以及个体保单的平均保费水平随其索赔频率变化的趋势。
2）奖惩系统的风险区分度，即当奖惩系统进入稳定状态时（即保单组合在各保费等级的分布进入稳定状态),属于各个保费等级的保单在索赔频率上的差异程度。

3)奖惩系统的弹性,即当奖惩系统进入稳定状态时,索赔频率与平均保费水平之间的相对变化关系。

我国新能源汽车保险的奖惩系统呈现多样化趋势,但从平均保费水平所表现出的差异来看,华泰的奖惩系统最具竞争优势:它吸引低风险的投保人,而排斥高风险的投保人。当大多数投保人认识到这一点时,就会出现不利于其他保险公司的逆选择现象,最终迫使其他保险公司调整它们的奖惩系统。可以预料,当各个保险公司的奖惩系统存在比较明显的差异时,逆选择现象就不可避免,保险公司调整其奖惩系统的压力就不会消失。进而导致新能源汽车保险市场出现大的波动,可以考虑由保险监管管理委员会或者保险同业公会出面,协调制定具有指导意义的奖惩系统,引导各保险公司对奖惩系统的调整行为。

在实证分析中,轮廓是由研究人员事先按照某种因子结构(Factorial Structure)采用部分因子正交实验加以设计的。实证分析有三个主要目的:确定消费者赋予某个预测变量(水平)的贡献和效用(Utilities)以及属性的相对重要性;寻找消费者可接受的某种产品的最佳市场组合,这种组合最初可能并没有被消费者所评价;模拟市场,估计市场占有率和市场占有率变化。在许多实证分析研究中,获得属性水平的效用值往往并不是市场研究的最终目的,更主要的是寻找产品/服务的最佳市场组合,模拟消费者的市场选择和估计市场占有率,这种市场占有率是基于消费者偏好的市场份额。同时也可以模拟一种新产品进入市场以后,市场占有率的变化。

决定能描述新能源汽车产品/服务特征的重要属性是实证分析的最重要的一步。所有正面和反面的因素都要考虑,而且要包括所有决定性的关键属性在内。当属性决定之后,还要选择每个属性的水平。各属性所含的水平数目应尽可能平衡,研究表明:一个属性的水平数目增加时,即使起点保持不变,该属性的相对重要性也会提高。水平的范围(从低到高)可以比实际范围低一些或高一些,但不能设定得太离谱,脱离了消费者的真实偏好和理解。决定消费者对产品/服务的某种属性组合的总效用如何计算,也就是要决定不同属性间是如何关联的。最常用和最基本的法则是加法模式,它认为消费者只是把每个属性的水平效用值相加起来就可以得到某种产品/服务的总效用。采用加法模式时,消费者需做的评估较少,也容易获得效用值的估计值。当选定了属性和水平之后,就要去创造轮廓,即构造不同属性和水平的组合方式。当属性和水平的数目都不多的时候,可以把属性和水平的所有组合视为轮廓集合,让消费者去评价,这种方法称为全因子设计。因为全轮廓法可以利用部分因子设计减少消费者评价的数目,所以全轮廓法是最主要和最常用的方法,它要求被访者每次针对产品/服务的所有属性进行评价。轮廓可以完全用文字描述，也可以辅助于图片或实物模型，一般需要将轮廓制作成卡片。排序法的主要优点是可能比较可靠，当轮廓的数目不多，例如少于 20 个的时候，排序法要比评分法容易；缺点是比较难以执行，因为排序法就是将所有的轮廓制成卡片，让消费者依偏好排列顺序，卡片的编号从 $1 \sim n$，$n$ 是轮廓总数，编号越小表示越偏好。而且排序只能在个人面访的时候才有可能。评分法要求消费者在一个等级量表上，给出偏好得分。定量的评分比较容易分析和执行，但消费者采用评分法做判断时，区别能力较排序法差。常用的评分方法是从 $1 \sim 9$ 的量表偏好得分，也可以用百分制，数字越大表示越偏好。

新能源汽车应用实证分析的结果必须加以检验和评估，目的是评价在消费者个体层次和消费者群体层次上实证分析模型的正确性。实证分析模型正确预测消费者偏好的能力也可以评估。实证分析的结果可以在消费者个体层次上进行解释，也就是对每一个消费者的偏好计算不同属性水平的效用值和属性的相对重要性，并且分析个体对产品/服务的不同组合的偏好反应；也可以对结果在消费者群体层次上进行解释，获得整个群体消费者不同属性水平的效用值和属性的相对重要性；也可以按照某种属性将消费者进行分类，例如认为价格属性最重要的或者效用值相似的消费者归成一类（集合），然后分析其与整个群体或不同类之间的偏好反应；寻找市场最佳组合和模拟市场占有率有时候是采用实证分析的最主要目的，研究人员应根据不同的研究目的来确定进行分析的层次。在全轮廓法下如何处理太多的组合，构造适当的组合轮廓，使之既有代表性又在消费者评估能力范围内，就变得格外重要。一般采用实验设计方法，也就是部分因子正交实验设计方法来减少组合轮廓数目到一可处理的范围之内，同时又保持属性间的正交性。

选择有关新能源汽车的七个属性，包括价格、颜色、音响、售后服务、动力性、双系统和安全气囊。其中，价格、颜色和音响各有三个水平，其他分别有两个水平。若采用全因子设计，有 $3 \times 3 \times 3 \times 2 \times 2 \times 2 \times 2 = 432$ 种组合轮廓，远远超过消费者的理性判断范围，因此采用正交排列法来减少组合轮廓，故上述研究中的组合轮廓的最小数目为 $(3+3+3+2+2+2+2) - 7 + 1 = 11$。当用这个最小数目来研究时，说明消费者的估计误差就有困难，一般推荐的组合轮廓数目应该是最小数目的 $1.5 \sim 2$ 倍。可选择 16 个组合轮廓，另外为了检验模型拟合选择了 4 个 Holdout，这 4 种组合在实证分析中不参与效用的计算，只用来进行检验模型拟合效果。共 20 种不同组合，制作成 20 张辅有某款新能源汽车彩色图片的卡片，按评分法依次让被访者从 $1 \sim 9$ 给出评分，1 代表肯定不购买，9 代表肯定购买，见表 8-2。

表8-2 群体分析新能源汽车效用值和属性相对重要性

| 属性 | 水平 | 全体效用值 | 全体属性相对重要性 | 男性效用值 | 男性属性相对重要性 | 女性效用值 | 女性属性相对重要性 |
|---|---|---|---|---|---|---|---|
| 价格 | 20万元人民币<br>28万元人民币<br>39万元人民币 | 0.2743<br>0.0712<br>−0.3455 | 18.13% | 0.3219<br>0.1283<br>−0.4502 | 18.44% | 0.1587<br>−0.0675<br>−0.0913 | 17.38% |
| 颜色 | 金属银灰色<br>金属深蓝色<br>金属正红色 | 0.1840<br>0.1181<br>−0.3900 | 15.08% | 0.1585<br>0.0972<br>−0.2557 | 15.40% | 0.2460<br>0.1687<br>−0.4147 | 18.31% |
| 音响 | 卡座两扬声器系统<br>环绕四扬声器系统<br>环绕六扬声器系统 | −0.2836<br>−0.1065<br>0.3900 | 16.63% | −0.2859<br>−0.1070<br>0.3930 | 16.32% | −0.2778<br>−0.1052<br>0.3829 | 17.39% |
| 售后服务 | 一年/2万km<br>两年/4万km | −0.2422<br>0.2422 | 9.93% | −0.2390<br>0.2390 | 10.01% | −0.2500<br>0.2500 | 9.71% |
| 动力性 | 五速自动变速器<br>四速电控自动变速器 | −0.0668<br>0.0668 | 11.40% | 0.0208<br>−0.0208 | 9.34% | −0.2798<br>0.2798 | 16.42% |
| 双系统 | 有双系统<br>无双系统 | 0.4401<br>−0.4401 | 18.01% | 0.4988<br>−0.4988 | 15.31% | 0.2976<br>−0.2976 | 10.85% |
| 安全气囊 | 有安全气囊<br>无安全气囊 | 0.4905<br>−0.4905 | 18.82% | 0.4841<br>−0.4841 | 15.19% | 0.5060<br>−0.5060 | 13.95% |

从表8-2中可以发现，当消费者考虑购买某款新能源汽车时，考虑的因素依次是价格、颜色、音响、售后服务、动力性、双系统和安全气囊。从效用值分析可以看出，效用值越大表明消费者越偏好该属性水平；在价格方面，消费者偏好低价格20万元人民币，其他依次是28万元和39万元；颜色消费者最偏好金属银灰色，其他依次是金属深蓝色、金属正红色；音响系统消费者最偏好环绕六喇叭扬声系统，其他依次是环绕四喇叭、卡座两喇叭扬声系统；售后服务偏好2年/4万km；动力性偏好四速电控自动变速器；也都偏好有防抱死制动系统和有安全气囊。从不同性别来看，男性和女性在购买某款新能源汽车时的考虑因素略有不同，男性考虑因素排在前三位的与整个群体的看法一直，依次是价格、音响和颜色，男性相对女性更关注是否有双系统；而女性列在前三位的考虑因素则依次是音响、价格和动力性，这说明女性更看重新能源汽车的音响系统，更注重驾驶操作性（动力性能），也比较关注是否有安全气囊；从属性水平的效用值来

看,男性偏好五速自动变速器,而女性偏好四速电控自动变速器。为了比较新能源汽车基于七种不同属性水平组合的消费者偏好,可以通过计算所有可能的轮廓组合的效用值,以寻找消费者偏好的最佳新能源汽车配置。表8-3给出了排在前15位效用值最大的组合形式。

表8-3 近年排在前15位的新能源汽车效用值最大的组合形式

| | 价格/万元 | 颜色 | 音响系统 | 售后服务 | 动力系统 | 电机 | 安全气囊 | 效用值 |
|---|---|---|---|---|---|---|---|---|
| 1 | 39 | 金属银灰色 | 环绕六喇叭 | 2年/4万km | 五档自动 | 有 | 有 | 7.625 |
| 2 | 20 | 金属银灰色 | 环绕六喇叭 | 2年/4万km | 五档自动 | 有 | 有 | 7.625 |
| 3 | 28 | 金属银灰色 | 环绕六喇叭 | 2年/4万km | 五档自动 | 有 | 有 | 7.625 |
| 4 | 39 | 金属银灰色 | 环绕六喇叭 | 1年/2万km | 五档自动 | 有 | 有 | 7.5 |
| 5 | 39 | 金属银灰色 | 环绕六喇叭 | 2年/4万km | 四档电控自动 | 有 | 有 | 7.5 |
| 6 | 20 | 金属银灰色 | 环绕六喇叭 | 1年/2万km | 五档自动 | 有 | 有 | 7.5 |
| 7 | 20 | 金属银灰色 | 环绕六喇叭 | 2年/4万km | 四档电控自动 | 有 | 有 | 7.5 |
| 8 | 28 | 金属银灰色 | 环绕六喇叭 | 1年/2万km | 五档自动 | 有 | 有 | 7.5 |
| 9 | 28 | 金属银灰色 | 环绕六喇叭 | 2年/4万km | 四档电控自动 | 有 | 有 | 7.5 |
| 10 | 39 | 金属银灰色 | 环绕六喇叭 | 1年/2万km | 四档电控自动 | 有 | 有 | 7.375 |
| 11 | 39 | 金属银灰色 | 环绕四喇叭 | 2年/4万km | 五档自动 | 有 | 有 | 7.375 |
| 12 | 20 | 金属银灰色 | 环绕六喇叭 | 1年/2万km | 四档电控自动 | 有 | 有 | 7.375 |
| 13 | 28 | 金属银灰色 | 环绕六喇叭 | 1年/2万km | 四档电控自动 | 有 | 有 | 7.375 |
| 14 | 20 | 金属银灰色 | 环绕四喇叭 | 2年/4万km | 五档自动 | 有 | 有 | 7.375 |
| 15 | 28 | 金属银灰色 | 环绕四喇叭 | 2年/4万km | 五档自动 | 有 | 有 | 7.375 |

从表8-3可以看出,在基于七种属性的所有水平的组合中,消费者偏好的15种最佳某款新能源汽车配置是银灰色的、环绕六扬声器系统、有防抱死制动系统、有安全气囊,另外五速自动变速器的配置要好于四速电控自动变速器,2年/4万km的售后服务要好于1年/2万km的售后服务,但对消费者的选择影响不大;再有就是价格,前面分析知道价格是消费者购买某款新能源汽车的最重要因素,但是,实际上价格因素在这里并不重要,也就是说,只要其他属性的配置满足了消费者的需求,三种价格消费者都愿意购买。实证分析的数据分析是非常丰富的,研究人员可以根据不同的市场营销目的,模拟不同的市场,寻找最佳的市场营销方案,估计市场占有率。同时,实证分析也可以针对每一个消费者分析该消费者的不同偏好结构,获得对每一个消费者类似于前面群体分析的结论。在新能源汽车行业的市场研究中,必须明确采用实证分析是否是最佳研究方案,假

定消费者在做出购买决定时是考虑新能源汽车的各方面性能的，包括价格、品牌、颜色、动力性、舒适性、安全性、售后服务、安全气囊、配件价格等，消费者必须基于这些特征（也就是产品属性）做出权衡。在决定产品/服务的属性和水平时，应请教从事新能源汽车工业的专家、学者与客户等，分析消费者在购买新能源汽车时的消费行为。

# 附 录

## 附录 A  电驱动控制基本术语和概念

### 1. 电驱动控制的基本术语

电驱动控制系统的基本术语如下：

1）电驱动控制：用芯片或单片机等系统控制电机或设备等，使被控对象的被控量按预定规律变化。

2）电驱动控制系统：能对被控对象的被控量（或工作状态）进行控制的芯片或单片机系统。

3）被控对象（又称受控对象）：指工作状态需要加以控制的电机、装置、设备或过程。

4）被控量：表征被控对象工作状态等且需要加以控制的物理量，也是电驱动控制系统的输出量。

5）给定值（又称为参考输入或规定值）：希望被控量趋近的数值。

6）扰动量（又分为内扰和外扰）：引起被控量发生不期望的变化的各种内部或外部的变量。

7）控制器（又称调节器）：组成控制系统的两大要素之一（另一大要素为被控对象），是起控制作用的设备或装置等。

8）负反馈控制原理：将系统的输出信号反馈至输入端，与给定的输入信号相减，所产生的偏差信号通过控制器变成控制变量去调节被控对象，达到减小偏差或消除偏差的目的。

### 2. 电驱动控制的基本原理

典型的电驱动控制系统的基本组成可用图 A-1 的框图来表示。其中的基本环节如下：

1）测量、变送元件：测量被控量的变化，并使之变换成控制器可处理的信号（大多是电信号）。

2）执行机构：将控制器发来的控制信号变换成操作调节机构的动作。

3）调节机构：可改变受控对象的被控量，使之趋向给定值。

4）控制器：按照预定控制规律将信号、数据等变换或处理成控制量。

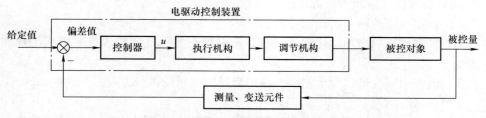

图 A-1　典型电驱动控制系统的基本组成

3. 电驱动控制系统的基本控制方式

电驱动控制系统的基本控制方式有开环控制、闭环控制和复合控制等：开环控制适用于控制任务要求不高的场合；新能源汽车工程上大部分电驱动控制系统为闭环控制，要求控制的精确性、可靠性与安全性等；对控制任务要求较高，且扰动量可测量的系统，多采用复合控制。

4. 电驱动控制系统的分类

电驱动控制系统的分类如下：

1）按给定输入的形式分类：稳定控制系统、动态控制系统、标定控制系统与软－硬件控制系统等。

2）按控制结构特性分类：线控系统、机电耦合控制系统等。

3）按信号是否连续分类：连续（时间）控制系统、离散（时间）控制系统。

4）按控制方法等分类：PID 控制、逻辑门限控制、最优控制、模糊控制与神经网络控制系统等。

5. 对电驱动控制系统的性能要求

对控制系统的性能要求是稳定性、快速性、准确性、可靠性、安全性和鲁棒性等。

6. 电驱动控制系统的典型输入信号

电驱动控制系统的典型输入信号有阶跃、斜坡、抛物线、脉冲、正弦信号等。

7. 电驱动控制系统的数学模型

电驱动控制系统的数学模型是描述电驱动控制系统输入、输出以及内部各变量的静态和动态关系的数学表达式。控制系统的数学模型有多种形式：代数方程、微分方程、传递函数、差分方程、脉冲传递函数、状态方程、框图、结构图、信号流图和静态/动态关系表等。电驱动控制系统数学模型的求取，可采用解析法、半解析法或实验法等。系统的数学模型关系到整个系统的分析和研究，建立合理的数学模型是分析和研究电驱动控制系统重要基础。

（1）微分方程

用解析法建立系统微分方程的步骤如下：

1）确定系统的输入、输出变量。

2）根据系统的物理、化学等机理，依据列出各元件的输入、输出运动规律的动态方程。

3）消去中间变量，写出输入、输出变量的关系的微分方程。

（2）传递函数

1）定义：传递函数是在零初始条件下，系统（或环节）输出量拉氏变换与输出量的拉氏变换之比。

2）性质

① 传递函数是线性系统在复频域里的数学模型。

② 传递函数只与系统本身的结构与参数有关，与输入量的大小和性质无关。

③ 传递函数与微分方程有相通性，两者可以相互转换。

3）表达形式：设系统的动态方程为 $n$ 阶微分方程，即

$$a_0 y^{(n)} + a_1 y^{(n-1)} + \cdots + a_{n-1} y' + a_n y = b_0 r^{(m)} + b_1 r^{(m-1)} + \cdots + b_{m-1} r' + b_m r \quad (n > m)$$

则系统的传递函数为

$$G(s) = \frac{Y(s)}{R(s)} = \frac{b_0 s^m + b_1 s^{m-1} + \cdots + b_m}{a_0 s^n + a_1 s^{n-1} + \cdots + a_n}$$

传递函数也可写成分子、分母多项式因式分解的形式，即

$$G(s) = \frac{Y(s)}{R(s)} = \frac{k(s+z_1)(s+z_2)\cdots(s+z_m)}{(s+p_1)(s+p_2)\cdots(s+p_n)} = \frac{k \prod_{i=1}^{m}(s+z_i)}{\prod_{j=1}^{n}(s+p_j)}$$

式中，$k$ 为传递系数，$k = \dfrac{b_0}{a_0}$；$z_i$ 为分子多项式的根，又称为系统的零点；$p_j$ 为分母多项式的根，又称为系统的极点。

4）典型环节的传递函数：一个电驱动控制系统，可以认为是由一些典型环节（一些元件和部件）组成的。常见的典型环节及其传递函数有以下几种：

① 比例环节：$G(s) = \dfrac{Y(s)}{R(s)} = k$

② 积分环节：$G(s) = \dfrac{Y(s)}{R(s)} = \dfrac{1}{Ts}$

③ 微分环节（理想）：$G(s) = \dfrac{Y(s)}{R(s)} = T_d s$

（实际）： $G(s) = \dfrac{Y(s)}{R(s)} = \dfrac{k_d T_d s}{1 + T_d s}$

④ 惯性环节： $G(s) = \dfrac{Y(s)}{R(s)} = \dfrac{k}{1 + Ts}$

⑤ 二阶振荡环节： $G(s) = \dfrac{Y(s)}{R(s)} = \dfrac{1}{T^2 s^2 + 2T\xi s + 1} = \dfrac{\omega_n^2}{s^2 + 2\xi\omega_n s + \omega_n^2}$

⑥ 迟延环节： $G(s) = \dfrac{Y(s)}{R(s)} = e^{-\tau s}$

（3）结构图

1）结构图的基本形式如图 A-2 所示。

结构图是反映系统各个元、部件的功能和信号流向的图解表示法，它是一种数学模型，利用结构图可以求出系统的输入对输出的总的传递函数。

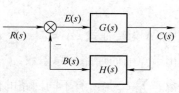

图 A-2 结构图的基本形式

开环传递函数： $G_o(s) = G(s)H(s) = \dfrac{B(s)}{E(s)}$

闭环传递函数： $G_b(s) = \dfrac{G(s)}{1 + G_o(s)} = \dfrac{G(s)}{1 + G(s)H(s)} = \dfrac{C(s)}{R(s)}$

2）结构图的等效变换基本法则

① 串联的等效变换如图 A-3 所示。

$$G(s) = \dfrac{C(s)}{R(s)} = G_1(s) G_2(s)$$

② 并联的等效变换如图 A-4 所示。

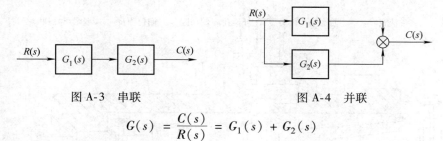

图 A-3 串联　　　　图 A-4 并联

$$G(s) = \dfrac{C(s)}{R(s)} = G_1(s) + G_2(s)$$

③ 反馈联接的等效变换为

$$G_b(s) = \dfrac{C(s)}{R(s)} = \dfrac{G(s)}{1 \pm G(s)}$$

式中，当负反馈时，分母中的"±"号为"+"号；当正反馈时，分母中的"±"号为"−"号。

（4）信号流图

信号流图是结构图的一种简易画法，它与结构图在本质上没有什么区别，只是形式上的不同。

信号流图中的有关术语包括源节点、阱节点、混合节点、前向通路、回路、不接触回路。

(5) 梅逊（Mason）公式

应用梅逊公式可以不经任何结构变换，一步写出系统的总的传递函数，是一个十分有用的数学工具。梅逊公式如下：

$$G(s) = \frac{C(s)}{R(s)} = \frac{1}{\Delta}\sum_{k=1}^{n} p_k \Delta_k$$

式中，$\Delta$ 为特征式，$\Delta = 1 - \sum L_a + \sum L_a L_b - \sum L_a L_b L_c + \cdots$；$n$ 为从输入节点到输出节点前向通路的总条数；$p_k$ 为从输入节点到输出节点第 $k$ 条前向通路总传递函数；$\sum L_a$ 为所有不同回路的传递函数之和；$\sum L_a L_b$ 为所有两两互不接触回路的传递函数乘积之和；$\sum L_a L_b L_c$ 为所有三个互不接触回路的传递函数乘积之和；$\Delta_k$ 为与第 $k$ 条前向通路不接触部分的 $\Delta$ 值。

## 附录 B　电驱动线控系统机械结构

**1. 单腔制动主缸**

单腔制动主缸的结构如图 B-1 所示。

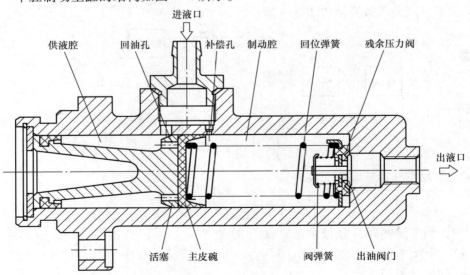

图 B-1　单腔制动主缸

## 2. 制动主缸的设计流程

制动主缸的设计流程如图 B-2 所示。

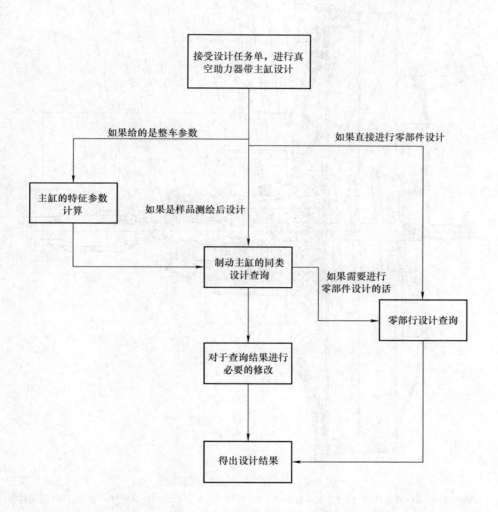

图 B-2　制动主缸的设计流程图

## 3. 单膜片真空助力器的结构

单膜片真空助力器的结构如图 B-3 所示。

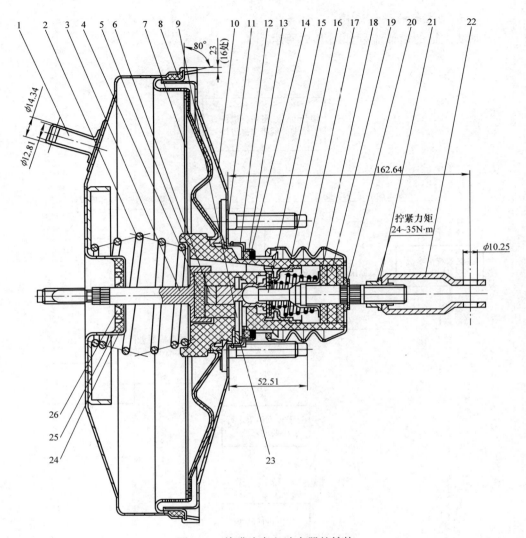

图 B-3 单膜片真空助力器的结构

1—前壳总成 2—回位弹簧 3—主缸推杆总成 4—反馈盘 5—主缸推杆挡圈 6—顶块 7—皮膜衬板 8—皮膜 9—锁片 10—后壳总成 11—皮膜挡圈 12—后壳套 13—后壳密封垫圈 14—后壳密封圈 15—控制阀总成 16—活塞体 17—后壳防尘罩 18—海绵过滤圈 19—毛毡过滤圈 20—开口挡圈 21—推杆叉锁止螺母 22—推杆叉 23—锁片垫 24—前壳密封胶圈 25—前壳密封圈骨架 26—弹性挡圈

单膜片真空助力器控制结构局部示意图如图 B-4 所示。

4. 双膜片真空助力器的结构

双膜片真空助力器的结构如图 B-5 所示。

双膜片真空助力器控制结构局部示意图如图 B-6 所示。

附录

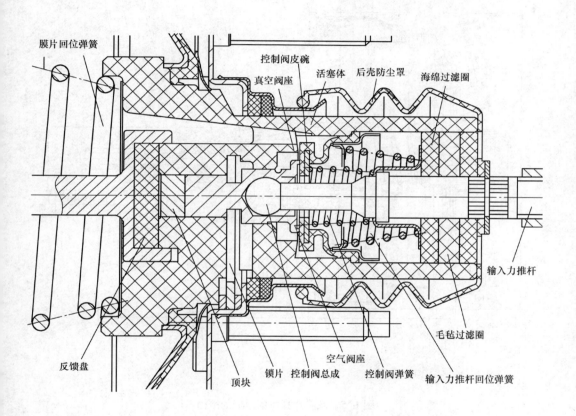

图 B-4　单膜片真空助力器控制结构局部示意图

# 新能源汽车电驱动-能量传输系统建模、仿真与应用

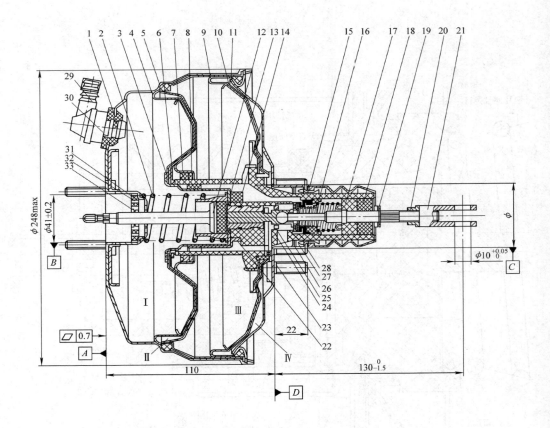

图 B-5 双膜片真空助力器的结构

1—前壳总成 2—活塞体回位弹簧 3—第二皮膜衬板总成 4—第二橡胶皮膜 5—第二后壳 6—第二皮膜密封圈骨架 7—第二后壳密封圈 8—密封圈垫圈 9—第一橡胶皮膜 10—第一皮膜衬板总成 11—第一后壳总成 12—主缸推杆总成 13—反馈盘 14—O形密封圈 15—防尘罩 16—控制阀总成 17—毛毡过滤圈 18—海绵过滤圈 19—开口挡圈 20—推杆叉锁止螺母 21—推杆叉 22—两腔隔开密封套 23—U形锁片 24—活塞体 25—连接锁套 26—弹性挡圈 27—密封圈垫圈 28—后壳密封圈 29—单向阀总成 30—单向阀密封圈 31—弹性挡圈 32—前壳密封圈骨架 33—前壳密封胶圈

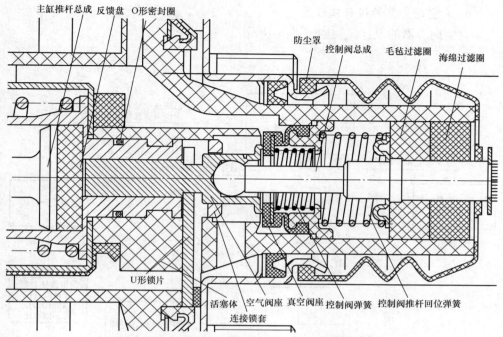

图 B-6 双膜片真空助力器控制结构局部示意图

5. 双膜片真空助力器的工作原理

双膜片真空助力器的结构共轴设计如图 B-7 所示。

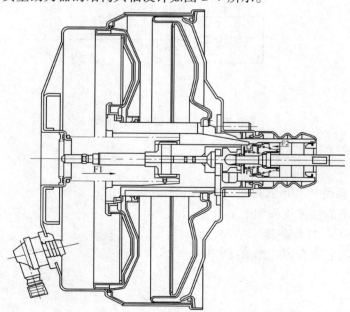

图 B-7 双膜片真空助力器结构共轴设计思路

6. 真空助力器的设计流程图

真空助力器的设计流程如图 B-8 所示。

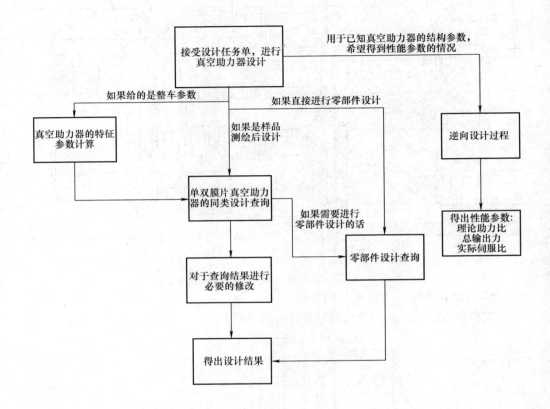

图 B-8　真空助力器的设计流程

7. 专家系统的整体流程

专家系统的整体流程如图 B-9 所示。

8. 可控式离心离合器

可控式离心离合器如图 B-10 所示。

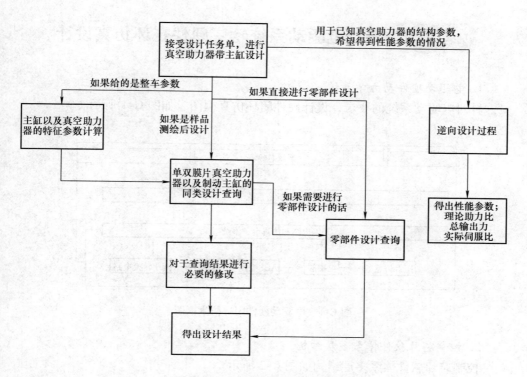

图 B-9 专家系统的整体流程

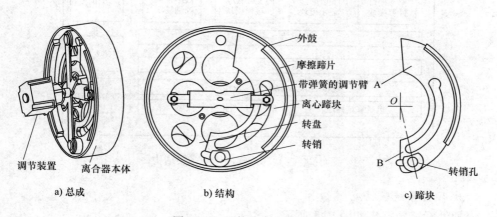

图 B-10 可控式离心离合器
A—制动蹄片 B—制动蹄槽

# 附录 C 典型电驱动系统软-硬件在环仿真设计

## 1. 电驱动硬件动力学系统

针对电驱动系统的要求,设计硬件闭环仿真框图,如图 C-1 所示。

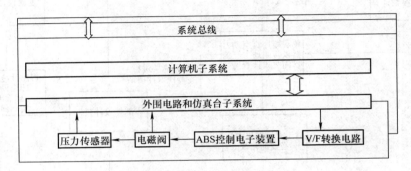

图 C-1 电驱动硬件闭环仿真框图

## 2. 控制芯片软件体系多层结构

控制芯片软件体系多层结构如图 C-2 所示。

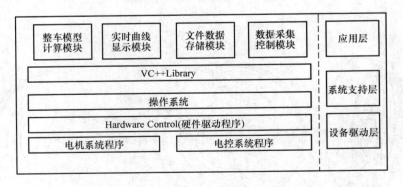

图 C-2 控制芯片软件体系多层结构

## 3. 硬件系统数据流

硬件系统数据流如图 C-3 所示。

## 4. 闭环硬件系统混合仿真设计

闭环硬件系统混合仿真设计,如图 C-4 所示。

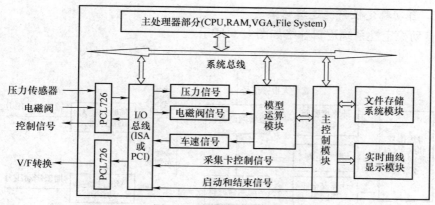

图 C-3 硬件系统数据流

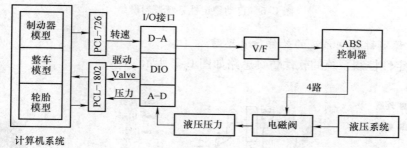

图 C-4 闭环硬件系统混合仿真设计框图

## 5. 自动稳定性系统仿真设计

自动稳定性系统仿真设计框架如图 C-5 所示。

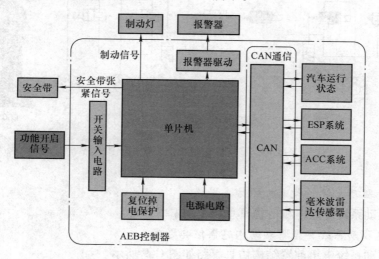

图 C-5 自动稳定性系统仿真设计框架

6. 自动稳定性系统逻辑脉络

自动稳定性系统逻辑脉络如图 C-6 所示。

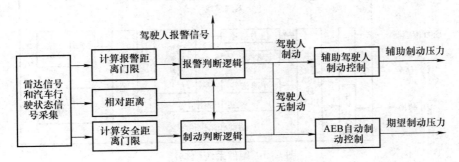

图 C-6　自动稳定性系统逻辑脉络

7. 稳定性控制系统的软件仿真思路

稳定性控制系统的软件仿真思路如图 C-7 所示。

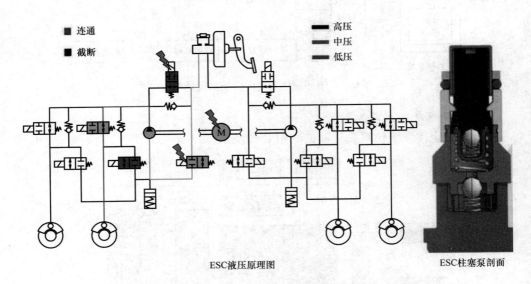

图 C-7　稳定性控制系统的软件仿真思路

8. 电驱动系统轮毂电机的仿真思路

电驱动系统轮毂电机的仿真思路如图 C-8 所示。

9. 电驱动系统典型驱动结构建模仿真思路

电驱动系统电机前置结构仿真思路如图 C-9 所示。

图 C-8　轮毂电机电驱动系统仿真思路

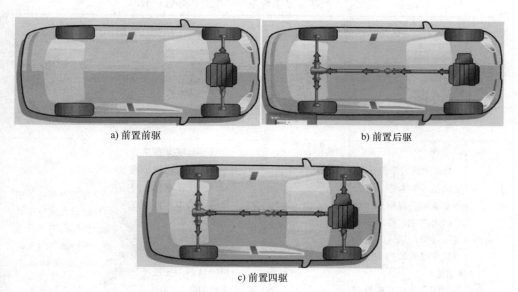

图 C-9　电驱动系统电机前置结构仿真思路

串联式混合动力汽车典型驱动结构仿真思路如图 C-10 所示。

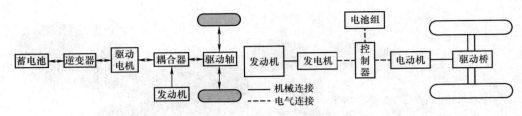

图 C-10　串联式混合动力汽车典型驱动结构仿真思路

并联式混合动力汽车典型驱动结构仿真思路如图 C-11 所示。

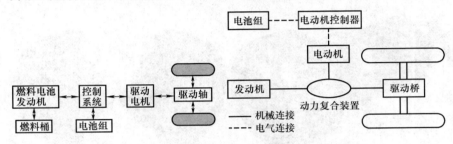

图 C-11　并联式混合动力汽车典型驱动结构仿真思路

汽车驱动系统电机典型结构特性比较见表 C-1。

表 C-1　汽车驱动系统电机典型结构特性比较

| | 前置前驱 | 前置后驱 | 后置后驱 | 全轮驱动 |
|---|---|---|---|---|
| 典型结构示意图 | 4×2 | 4×2<br>6×2<br>6×4<br>8×4 | 4×2<br>6×2<br>6×4 | 4×4<br>6×6<br>8×8 |
| 说明 | 轿车的典型布置形式，发动机、离合器、变速器安装在一起形成所谓的动力总成，传动轴从变速器两端通过万向联轴器连接到转向驱动轮（前轮）<br>应用条件：前轴轴荷≥后轴轴荷 | 货车的典型布置形式，传动轴从前部发动机舱连接到驱动桥（后桥），影响地板的布置，因此乘用车只有大型车型才采用这种布置形式（地板需布置贯通前后的鼓包）<br>应用条件：后轴轴荷≥前轴轴荷 | 只有足够大后悬的汽车才能采用这种布置方式，一般在布置上与前置后驱类似，只是方向变了。解放了汽车前部（特别是驾驶区）的布置空间，但不利于发动机的散热，且地板后部必须抬高<br>应用条件：后轴轴荷≥前轴轴荷 | 只有越野车才采用这种驱动方式与单轴驱动相比需增加分动器，前后轴同时驱动势必造成驱动效率损耗 |

(续)

| | 前置前驱 | 前置后驱 | 后置后驱 | 全轮驱动 |
|---|---|---|---|---|
| 电动汽车优势 | 轮毂电机的应用可以释放前仓空间,方便与电池的布置 | 轮边电机和轮毂电机的应用可以淘汰这种布置方式 | 轮边电机和轮毂电机的应用可以解放后部空间,使设计低地板客车成为可能 | 轮毂电机的应用可以极大地简化全轮驱动车的布置 |

## 10. 智能网联汽车智能化等级与相关特性

智能网联汽车智能化等级与相关特性对比见表 C-2。

### 表 C-2 智能网联汽车智能化等级与相关特性对比表

| 智能化等级 | 等级名称 | 等级定义 | 控制 | 监视 | 失效应对 | 典型工况 |
|---|---|---|---|---|---|---|
| | 人监控驾驶环境 | | | | | |
| 1(DA) | 驾驶辅助 | 系统根据环境信息执行转向和加减速中的一项操作,其他驾驶操作都由驾驶人完成 | 人与系统 | 人 | 人 | 车道内正常行驶,高速公路无车道干涉路段,泊车工况 |
| 2(PA) | 部分自动驾驶 | 系统根据环境信息执行转向和加减速操作,其他驾驶操作都由驾驶人完成 | 人与系统 | 人 | 人 | 高速公路及市区无车道干涉路段,换道、环岛绕行、拥堵跟车等工况 |
| | 自动驾驶系统("系统")监控驾驶环境 | | | | | |
| 3(CA) | 有条件自动驾驶 | 系统完成所有驾驶操作,根据系统请求,驾驶人需要提供适当干预 | 系统 | 系统 | 人 | 高速公路正常行驶工况,市区无车道干涉路段 |
| 4(HA) | 高度自动驾驶 | 系统完成所有驾驶操作,特定环境下系统会向驾驶人提出响应请求,驾驶人可以对系统请求不进行响应 | 系统 | 系统 | 系统 | 高速公路全部工况及市区有车道干涉路段 |
| 5(FA) | 完全自动驾驶 | 系统可以完成驾驶人能够完成的所有道路环境下的操作,不需要驾驶人介入 | 系统 | 系统 | 系统 | 所有行驶工况 |

## 11. 稳定性调开关阀动力学建模

稳定性调开关阀动力学建模如图 C-12 所示。

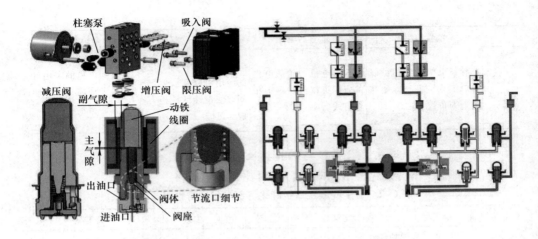

图 C-12　稳定性调开关阀动力学建模

## 12. 基于伺服电动机的线控转向系统

基于伺服电动机的线控转向系统如图 C-13 所示。

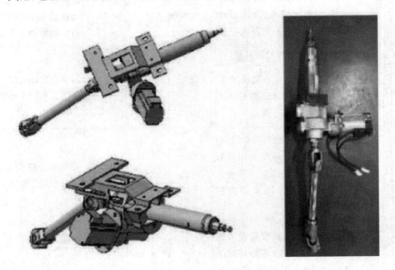

图 C-13　基于伺服电动机的线控转向系统

## 13. 线控转向系统建模与仿真思路

线控转向系统建模与仿真思路如图 C-14 所示。

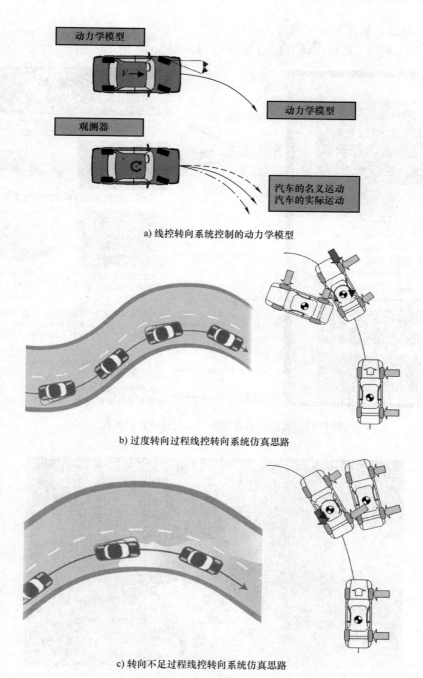

a) 线控转向系统控制的动力学模型

b) 过度转向过程线控转向系统仿真思路

c) 转向不足过程线控转向系统仿真思路

图 C-14 线控转向系统建模与仿真思路

## 14. 智能网联汽车建模与仿真思路

智能网联汽车建模与仿真思路如图 C-15 ~ 图 C-23 所示。

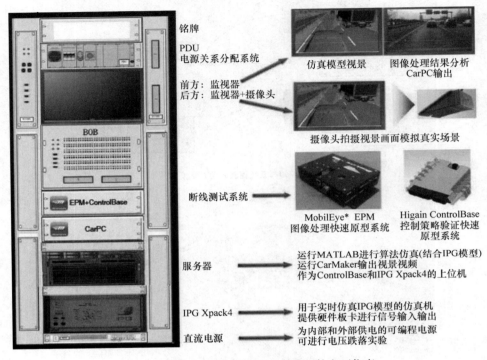

图 C-15　智能网联新能源汽车交通硬件在环仿真

图 C-16　智能网联汽车智能交通环境与场景 V2X 仿真模型

图 C-17　智能网联汽车充电桩和无线充电平台仿真模型

图 C-18　智能网联汽车车–车、车–人、车–路之间通信仿真模型

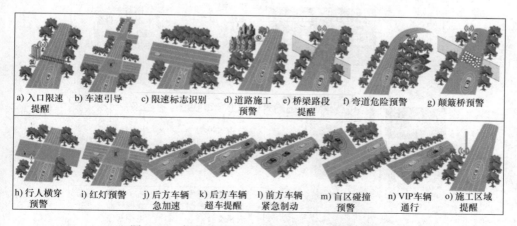

图 C-19　智能网联汽车自动驾驶测试场仿真模型

新能源汽车电驱动-能量传输系统
建模、仿真与应用

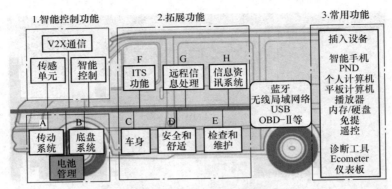

图 C-20　智能网联汽车信息安全仿真模型

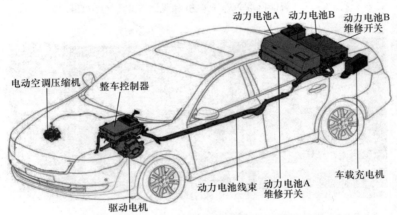

图 C-21　智能网联汽车新能源系统仿真模型

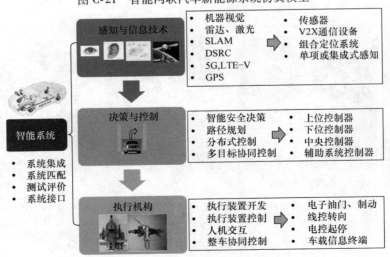

图 C-22　智能网联汽车智能系统逻辑脉络

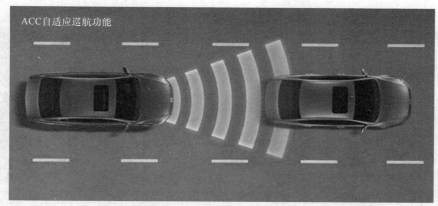

a) 自适应巡航功能

b) 前碰撞预警功能

c) 自动紧急制动功能

图 C-23　智能网联汽车道路预警功能仿真环境

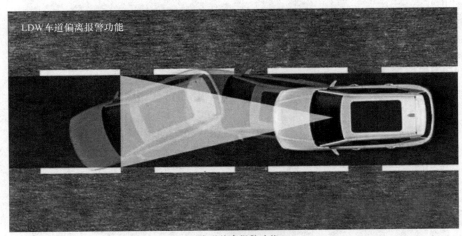

d) 车道偏离报警功能

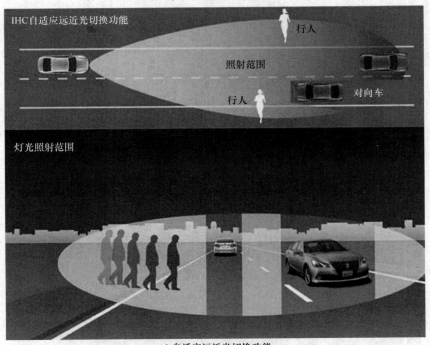

e) 自适应远近光切换功能

图 C-23　智能网联汽车道路预警功能仿真环境（续）

## 附录 D　电驱动系统典型结构原理与电路设计

新能源汽车电驱动系统典型结构原理与电路设计如图 D-1 ~ 图 D-24 所示。

| 汽车类型 | 动力系统 | 电池类型 | 充电源 |
| --- | --- | --- | --- |
| ① 纯电动汽车 | 电动机 | 可充电电池 | 电力输入及再生制动系统 |
| ② 插电式混合动力汽车 | 内燃机及电动机 | 可充电电池 | 电力输入及再生制动系统及内燃机 |
| ③ 混合动力汽车 | 内燃机及电动机 | 可充电电池 | 再生制动系统及内燃机 |
| ④ 燃料电池电动汽车 | 电动机 | 燃料电池/燃料电池结合可充电电池 | 压缩氢输入及再生制动系统 |

图 D-1　新能源汽车电路系统类型比较

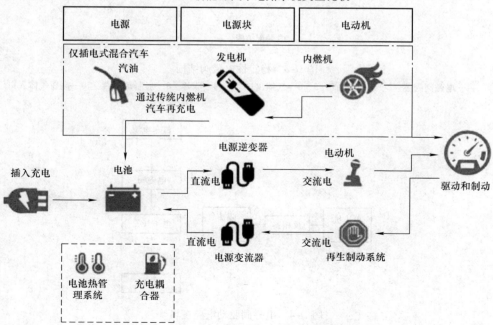

图 D-2　插电式混合动力汽车电路逻辑脉络

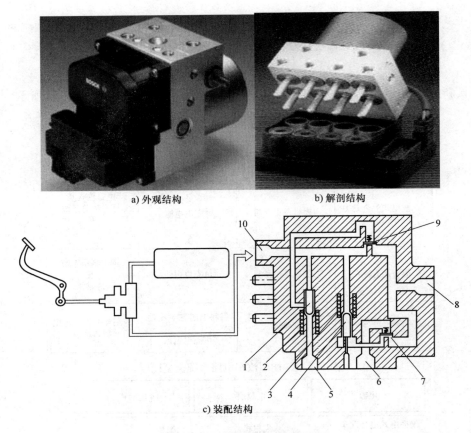

图 D-3 稳定性电磁阀结构

1、4—电磁阀阀芯 2、3—电磁阀 5、6—气体出口 7、9—膜片 8—通制动分泵 10—高压气体入口

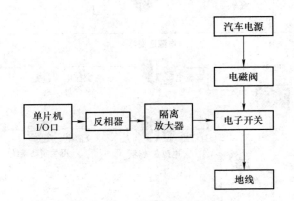

图 D-4 电磁阀驱动电路逻辑

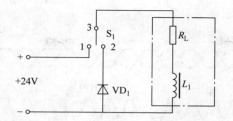

图 D-5　电磁阀保护电路

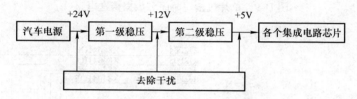

图 D-6　ECU 电源原理图

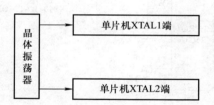

图 D-7　CPU 时钟电路

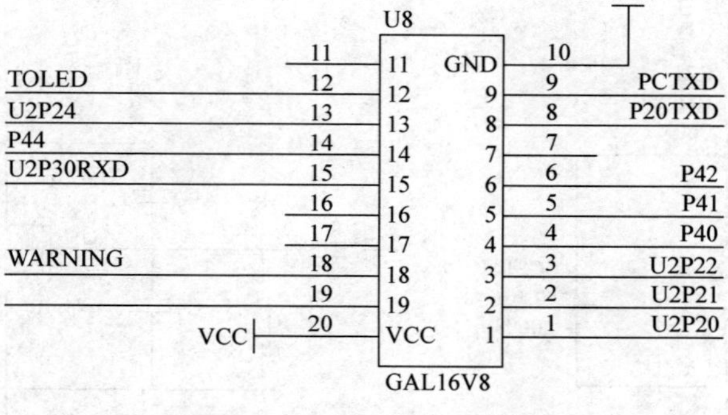

图 D-8　可编程逻辑器件连接电路

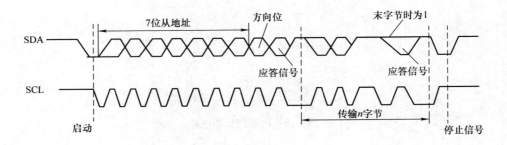

图 D-9 单片机读写时序和数据传送电路

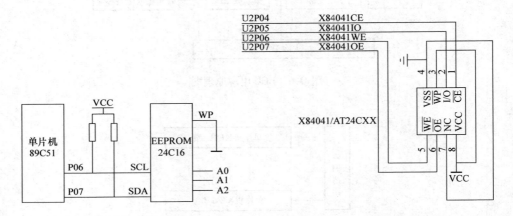

图 D-10 单片机连接电路原理框图　　　　图 D-11 执行机构连接电路原理图

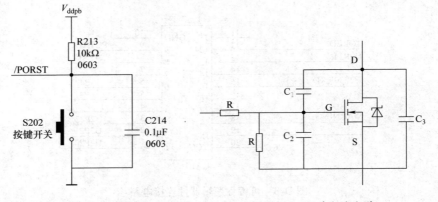

图 D-12 复位芯片引脚复位电路　　　　图 D-13 驱动电流电路

附录

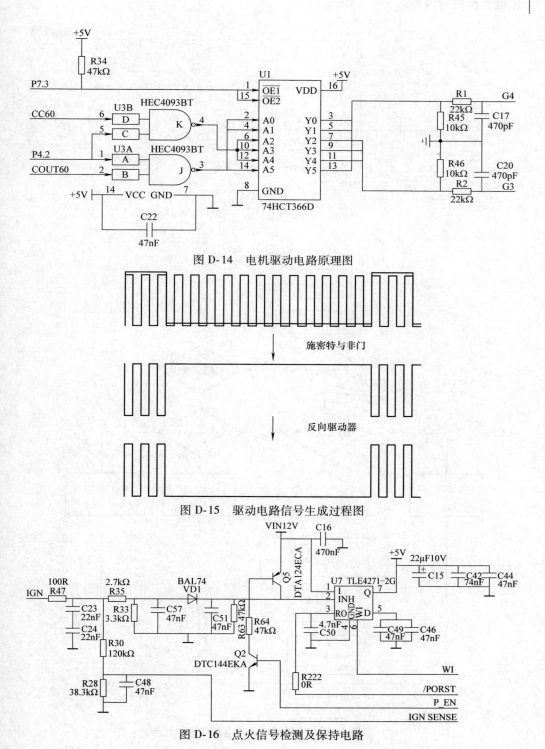

图 D-14 电机驱动电路原理图

图 D-15 驱动电路信号生成过程图

图 D-16 点火信号检测及保持电路

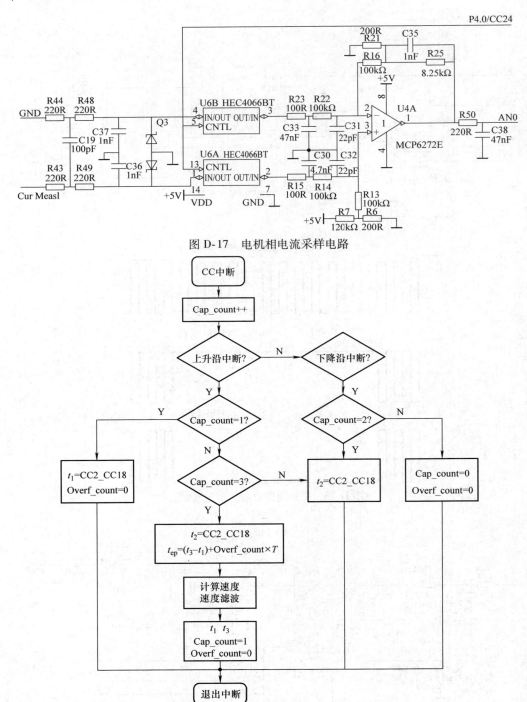

图 D-17　电机相电流采样电路

图 D-18　电机转速采样电路框图

附录

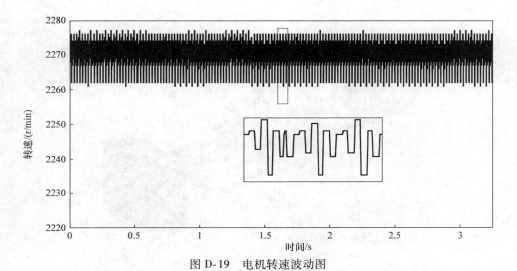

图 D-19　电机转速波动图

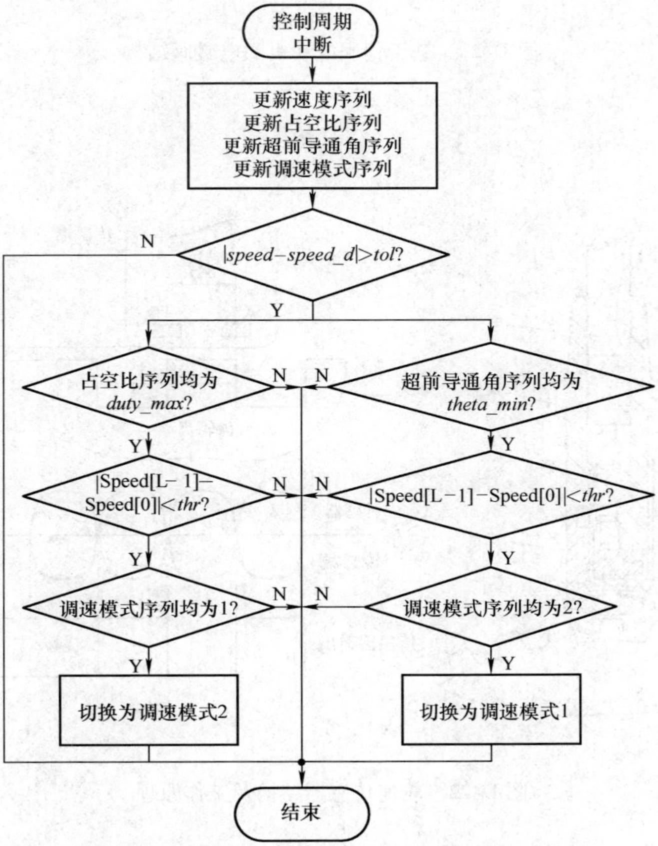

图 D-20　电机调速模式切换框图

237

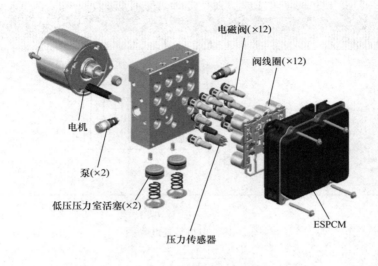

图 D-21　基于伺服电动机的电磁阀结构

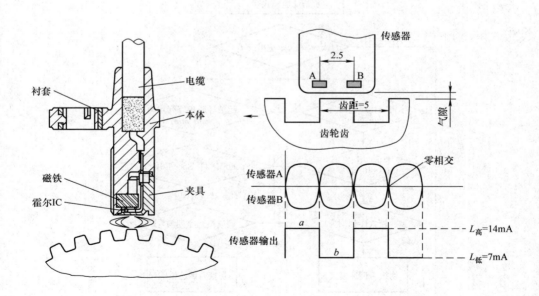

图 D-22　轮速传感器结构及工作原理

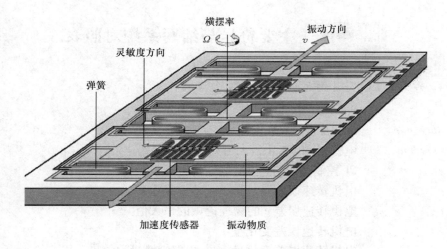

图 D-23 加速度传感器结构及工作原理

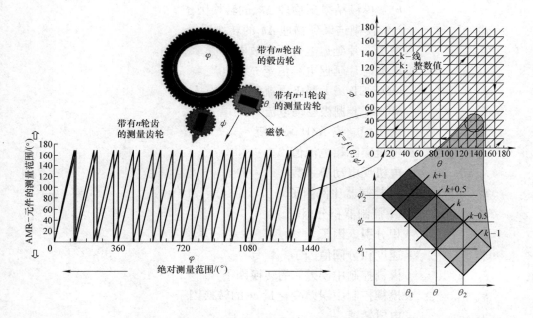

图 D-24 转向角传感器结构及工作原理

# 附录 E　主要符号与缩写系统对照表

1. 第 3 章主要符号对照表

| 符号 | 含义 |
|---|---|
| $C_D$ | 电源芯片电路中延迟电容容值 |
| $duty\_min$ | 电机驱动 PWM 最小占空比 |
| $duty\_max$ | 电机驱动 PWM 最大占空比 |
| $e_j$ | PI 控制器第 $j$ 个控制周期的被控量误差 |
| $e$ | 电机转速误差 |
| $e_{max}$ | 电机转速误差 $e$ 的物理论域的最大值 |
| $ec$ | 电机转速误差变化量 |
| $ec_{max}$ | 电机转速误差变化量 $ec$ 的物理论域最大值 |
| $f$ | 驱动 PWM 信号频率 |
| $f_{T7}$ | 定时器 T7 的工作频率 |
| $f_{KP}$ | $k_p$ 解模糊结果到物理 $\Delta k_p$ 的转换因子 |
| $f_{KI}$ | $k_i$ 解模糊结果到物理 $\Delta k_i$ 的转换因子 |
| $I_{DWD}$ | 电源芯片延迟电容恒定放电电流 |
| $I_{DWC}$ | 电源芯片延迟电容恒定充电电流 |
| $I_D$ | MOSFET 最大漏极电流 |
| $I_g$ | MOSFET 栅极驱动电流 |
| $I_{SENSE}$ | 电机相电流 A/D 采样值 |
| $I_m$ | 电机实际相电流值 |
| $k_{emf}$ | 电机反电动势系数 |
| $k_p$ | PI 控制器比例因子 |
| $k_i$ | PI 控制器积分因子 |
| $K_I$ | 积分引入因子 |
| $K_s$ | 速度积分阈值因子 |
| $k_e$ | 模糊控制中误差 $e$ 的转换因子 |
| $k_{ec}$ | 模糊控制中误差变化量 $ec$ 的转换因子 |
| $n$ | 电机转速 |
| $Q_g$ | MOSFET 总栅极充电电荷量 |
| $R_{DS,on}$ | MOSFET 导通内阻 |
| $R_g$ | MOSFET 栅极匹配电阻 |
| $speed$ | 电机的计算转速 |

| 符号 | 含义 |
|---|---|
| speed_d | 电机期望转速 |
| $t_{ep}$ | 电机转子电周期,即连续两个上升沿之间的时间长度 |
| theta_min | 弱磁控制中最小超前导通角 |
| $t_{hr}$ | 调速模式切换策略中电机转速变化率阈值 |
| $t_{on}$ | MOSFET 导通时间 |
| $t_{off}$ | MOSFET 关断时间 |
| $t_{open}$ | 弱磁控制时的超前导通时刻 |
| tol | 电机调速误差允许阈值 |
| $T_{T7}$ | 定时器 T7 的溢出周期值 |
| $t_{WI.tr}$ | 电源芯片看门狗触发时间 |
| $t_{WD.L}$ | 电源芯片延迟电容充电时间 |
| $t_{WD.P}$ | 电源芯片延迟电容充放电周期 |
| $u$ | 电机绕组电压 |
| $u_k$ | PI 控制器第 $k$ 个控制周期的控制器输出量 |
| $\Delta u_k$ | 第 $k$ 个控制周期时相比于 $k-1$ 的控制器输出增量 |
| $U_D$ | 电源芯片电路中延迟电容端电压 |
| $U_{DS,max}$ | MOSFET 源漏极最大工作电压 |
| $U_{DD}$ | MOSFET 漏极电压 |
| $U_{GS}$ | MOSFET 栅源级电压 |
| $U_{GS,th}$ | MOSFET 栅源级导通阈值电压 |
| $U_{LDW}$ | 电源芯片电路中延迟电容下阈值电压 |
| $U_{UDW}$ | 电源芯片电路中延迟电容上阈值电压 |
| $x_{avr}$ | 模糊控制中解模糊后输出清晰值 |
| $\Phi_f$ | 电机磁通量 |
| $\theta$ | 弱磁控制时超前导通角 |
| $\mu xi$ | 某论域元素的函数隶属度 |
| Cap_count | 转速计算时霍尔信号上升沿中断次数 |
| Controlmode | 控制模式序列 |
| Duty | 电机占空比序列 |
| Overf_count | 转速计算时定时器 T7 溢出次数 |
| Theta | 超前导通角序列 |

2. 第 4 章主要符号对照表

| 符号 | 含义 |
|---|---|
| $a_x$ | 汽车纵向加速度 |
| $d_p$ | 制动总泵活塞直径 |
| $e_{auto}$ | 自动驾驶压力控制误差 |

| 符号 | 含义 |
|---|---|
| $e_{driver}$ | 驾驶人驾驶压力控制误差 |
| $F_n$ | 地面支撑力 |
| $F_p$ | 制动总泵活塞受力 |
| $g$ | 重力加速度 |
| $J$ | 车轮转动惯量 |
| $l$ | 丝杆导程 |
| $m$ | 整车质量 |
| $m_1$ | 制动总泵前腔活塞质量 |
| $m_2$ | 制动总泵后腔活塞质量 |
| $P$ | 制动总泵制动压力 |
| $P_a$ | 制动总泵实际制动压力 |
| $P_g$ | 制动管路液压压降 |
| $P_{max}$ | 制动总泵最大制动压力 |
| $P_{target}$ | 目标制动压力 |
| $P_{VCU}$ | 整车控制器目标制动压力 |
| $q_1$ | 制动总泵前腔制动液流速 |
| $q_2$ | 制动总泵后腔制动液流速 |
| $R$ | 车轮行驶半径 |
| $t$ | 制动响应时间 |
| $T_b$ | 制动器制动力矩 |
| $T_m$ | 电机转矩 |
| $\mu$ | 路面附着系数 |
| $v$ | 汽车车速 |
| $X_{pedal}$ | 制动踏板位移 |
| $\lambda$ | 滑移率 |
| $\lambda^*$ | 最优滑移率 |

3. 主要缩写系统对照表

| 缩写 | 含义 |
|---|---|
| ABS | 防抱死制动系统（Anti-lock Braking System） |
| ACC | 自适应巡航（Adaptive Cruise Control） |
| ADC | 模数转换（Analog Digital Conversion） |
| AEB | 自动紧急制动（Automatic Emergency Braking） |
| BA | 制动辅助系统（Brake Assist System） |
| BPV | 制动压力波动（Brake Pressure Variation） |
| BWS | 线控制动系统（Brake by Wire System） |
| CAN | 控制器局域网络（Controller Area Network） |

## 附录

| | | |
|---|---|---|
| CPU | 中央处理器（Central Processing Unit） | |
| DEHB | 分布式电子液压制动系统（Distributed Electro-hydraulic Brake System） | |
| ECB | 电子控制制动系统（Electronically Controlled Brake System） | |
| ECU | 电子控制单元（Electronic Control Unit） | |
| EDWCS | 电驱动线控稳定性系统（Electric Drive Wire Control Stability System） | |
| EMB | 电子机械制动系统（Electro-mechanical Brake System） | |
| EPB | 电子驻车制动系统（Electronic Parking Brake System） | |
| ESC | 电子稳定性控制系统（Electric Stability Control） | |
| EVB | 电子真空助力器（Electronic Vacuum Booster） | |
| HAS | 液压制动系统（Hydraulic Actuation System） | |
| IBC | 集成式制动系统（Integrated Brake Control System） | |
| I/O | 输入/输出（Input/Output） | |
| PCB | 印制电路板（Printed Circuit Board） | |
| PGU | 压力产生单元（Pressure Generation Unit） | |
| PI | 比例积分（Proportional-integral） | |
| PID | 比例积分微分（Proportional-integral-derivative） | |
| PWM | 脉冲宽度调制（Pulse Width Modulation） | |
| USIC | 串口模块（Universal Serial Interface Channel Unit） | |

# 参考文献

[1] WALKER P D, RAHMAN S A, ZHU B, et al. Modelling, simulations, and optimisation of electric vehicles for analysis of transmission ratio selection [J]. Advances in Mechanical Engineering, 2013, 5: 340 – 435.

[2] HONG S, SON H, LEE S, et al. Shift control of a dry – type two – speed dual – clutch transmission for an electric vehicle [J]. Proceedings of the Institution of Mechanical Engineers, Part D: Journal of Automobile Engineering, 2016, 230 (3): 308 – 321.

[3] ZHOU X, WALKER P, ZHANG N, et al. Numerical and experimental investigation of drag torque in a two – speed dual clutch transmission [J]. Mechanism and Machine Theory, 2014, 79: 46 – 63.

[4] QIN D T, YAO M Y, CHEN S J, et al. Shifting process control for two – speed automated mechanical transmission of pure electric vehicles [J]. International Journal of Precision Engineering and Manufacturing, 2016, 17 (5): 623 – 629.

[5] LACERTE M O, POULIOT G, PLANTE J S, et al. Design and experimental demonstration of a seamless automated manual transmission using an eddy current torque bypass clutch for electric and hybrid vehicles [J]. SAE International Journal of Alternative Powertrains, 2016, 5 (2015 – 01 – 9144): 13 – 22.

[6] MOUSAVI M S R, PAKNIYAT A, WANG T, et al. Seamless dual brake transmission for electric vehicles: Design, control and experiment [J]. Mechanism and Machine Theory, 2015, 94: 96 – 118.

[7] FANG S, SONG J, SONG H, et al. Design and control of a novel two – speed uninterrupted mechanical transmission for electric vehicles [J]. Mechanical Systems and Signal Processing, 2016, 75: 473 – 493.

[8] LI L, SONG J, LI H Z, et al. comprehensive prediction method of road friction for vehicle dynamics control [J]. Proceedings of the institution of mechanical engineers part D – Journal of Automobile Engineering, 2009, 223 (8): 987 – 1002.

[9] 杨财,李亮,宋健,等. 基于轮胎力观测器的路面附着系数识别算法 [J]. 中国机械工程, 2009, 20 (7): 873 – 876.

[10] 王伟玮. ESC 液压执行单元的动态特性分析与综合仿真平台的建立 [D]. 北京:清华大学, 2011.

[11] 胡婷,宋健,李磊. AMT 汽车雪地模式控制系统的仿真 [J]. 系统仿真技术, 2007, 3 (3): 129 – 133.

[12] 李亮,宋健,于良耀. 低附路面汽车动力学稳定性控制系统控制策略 [J]. 机械工程学

报，2008，44（11）：229-235.
- [13] 黄全安. 汽车自动变速系统控制器开发平台研究 [D]. 北京：清华大学，2011.
- [14] 褶文伟. 大中型商用车蓄能式电动液压助力转向系统开发 [D]. 北京：清华大学，2015.
- [15] 黄卫华. 模糊控制系统及应用 [M]. 北京：电子工业出版社，2012.
- [16] 李永，宋健. 车辆电子电磁器件力学 [M]. 北京：人民交通出版社，2010.
- [17] 于良耀. 汽车动力学稳定性控制系统控制器开发平台研究 [D]. 北京：清华大学，2007.
- [18] 董景新，吴秋平. 现代控制理论与方法概论 [M]. 北京：清华大学出版社，2016.
- [19] 厉天威，阮江军，黄道春，等. 大规模电磁场数值计算中并行迭代方法的比较 [J]. 电工技术学报，2007，8（12）：88-90.
- [20] 邹继斌，王骞，张洪亮. 横向磁场永磁直线电动机电磁力的分析与计算 [J]. 电工技术学报，2007，8（9）：13-17.
- [21] 李亮，宋健，于良耀. 汽车动力学稳定性控制系统仿真平台研究 [J]. 系统仿真学报，2007（7）：1597-1600.
- [22] 白志红，周玉虎. 电磁铁的动态特性的仿真你与分析 [J]. 电力学报，2004，3（7）：90-94.
- [23] 郑军. 基于CAN总线的牵引力控制系统的开发 [D]. 北京：清华大学，2005.
- [24] 宋健，杨财，李红志，等. AYC系统基于多传感器数据融合的路面附着系数估计算法 [J]. 清华大学学报（自然科学版），2009（5）：101-104.
- [25] 王玉海. 拟人式自动变速系统控制方法研究与控制器开发 [D]. 北京：清华大学，2005.
- [26] 周艳霞. 汽车驱动防滑系统控制算法研究与开发 [D]. 北京：清华大学，2007.
- [27] 张雷. 分布式驱动电动汽车制动系统关键技术研究 [D]. 北京：清华大学，2015.
- [28] 付永领，祈晓野. AMESim系统建模与仿真 [M]. 北京：北京航空航天大学出版社，2006.
- [29] 孔磊，宋健. 基于虚拟仪器技术的道路实验测试系统 [J]. 电子技术应用，2005（10）：33-35.
- [30] 葛安林. 汽车自动变速理论与设计 [M]. 北京：机械工业出版社，1993.
- [31] 刘金琨. 先进PID控制MATLAB仿真 [M]. 2版. 北京：电子工业出版社，2004.
- [32] 瞿翔洲. 牵引力控制系统（TCS）的硬件在环仿真分析 [D]. 北京：清华大学，2002.
- [33] 司利增. 汽车计算机控制 [M]. 北京：人民交通出版社，2000.
- [34] 余志生. 汽车理论 [M]. 3版. 北京：机械工业出版社，2000.
- [35] 刘惟信. 汽车设计 [M]. 北京：清华大学出版社，2006.
- [36] 陈家瑞. 汽车构造 [M]. 3版. 北京：机械工业出版社，2011.
- [37] 李永，宋健. 电动车辆能量转换与回收技术 [M]. 北京：机械工业出版社，2016.
- [38] 贾豫东. 用于电子稳定程序的汽车模型和控制策略 [D]. 北京：清华大学，2003.
- [39] 薛春宇. 仿真技术在ESP研发中的应用研究 [D]. 北京：清华大学，2005.
- [40] 陆良. 汽车供电系统智能化 [D]. 北京：清华大学，2010.
- [41] 李永，宋健. 非均质材料电磁力学与功能设计 [M]. 北京：国防工业出版社，2010.

[42] 杨财. 汽车驱动防滑控制方法及动力学稳定性综合控制策略研究 [D]. 北京：清华大学, 2009.

[43] 王学辉. 中华轿车 ESP 的初步研究 [D]. 北京：清华大学, 2006.

[44] 郑智忠. 基于卡尔曼滤波的汽车质心侧向速度估计方法研究 [D]. 北京：清华大学, 2007.

[45] 王伟玮, 宋健, 李亮, 等. 高速开关阀在高频 PWM 控制下的比例功能研究 [J]. 清华大学学报（自然科学版）, 2011.

[46] 李永, 宋健. 车辆稳定控制技术 [M]. 北京：机械工业出版社, 2013.

[47] 祈雪乐, 宋健, 王会义, 等. 基于 AMESim 的汽车 ESP 液压控制系统建模与分析 [J]. 机床与液压, 2005 (8)：115 – 116, 122.

[48] MOUSAVI M S R, PAKNIYAT A, WANG T, et al. Seamless dual brake transmission for electric vehicles: Design, control and experiment [J]. Mechanism and Machine Theory, 2015, 94: 96 – 118.

[49] NISHIJIMA M, OOTANI T, KAMIMURA Y, et al. Accelerated discovery of cathode materials with prolonged cycle life for lithium – ion battery [J]. Nat Commun, 2014, 5: 4554 – 4560.

[50] NISHIMURA S, NATSUI R, YAMADA A. Superstructure in the Metastable Intermediate – Phase Li2/3FePO4 Accelerating the Lithium Battery Cathode Reaction [J]. Angew. Chem. Int. Ed., 2015, 54: 1 – 4.

[51] WANG H, LIANG Y, GONG M, et al. An ultrafast nickel – iron battery from strongly coupled inorganic nanoparticle / nanocarbon hybrid materials [J]. Nat Commun, 2012, 3: 917 – 925.

[52] LI W, YAO H, YAN K, et al. The synergetic effect of lithium polysulfide and lithium nitrate to prevent lithium dendrite growth [J]. Nat Commun, 2015, 6: 7436 – 7444.

[53] ESHETU G G, ARMAND M, SCROSATI B, et al. Energy Storage Materials Synthesized from Ionic Liquids [J]. Angew Chem Int Ed., 2014, 53: 13342 – 13359.

[54] LI C, HAN X, CHENG F, et al. Phase and composition controllable synthesis of cobalt manganese spinel nanoparticles towards efficient oxygen electrocatalysis [J]. Nat Commun, 2015, 6: 7345 – 7353.

[55] LIN M C, GONG M, LU B G, et al. An ultrafast rechargeable aluminium – ion battery [J]. Nature, 2015, 483: 177 – 183.

[56] LIN F, MARKUS I M, NORDLUND D, et al. Surface reconstruction and chemical evolution of stoichiometric layered cathode materialsfor lithium – ion batteries [J]. Nat Commun, 2015, 6: 3529 – 3537.

[57] NYKVIST B, NILSSOR M. Rapidly falling costs of battery packs for electric vehicles [J]. Nature Climate Change, 2015, 5: 329 – 332.

[58] TANG Y, ZHANG Y, LI W, et al. Rational material design for ultrafast rechargeable lithium – ion batteries [J]. Chem. Soc. Rev, 2015, 44: 5926 – 5940.

[59] GOODENOUGH J B, PARK K S. The Li – ion rechargeable battery: A perspective [J]. J Am Chem Soc, 2013, 135: 1167 – 1176.

# 参考文献

[60] SUN Y, LEE H W, SHE Z W, et al. High – capacity battery cathode prelithiation to oset initial lithium loss [J]. Nature Energy, 2016, 1: 1 – 7.

[61] ZHANG K, HU Z, TAO Z, et al. Inorganic & organic materials for rechargeable Li batteries with multi – electron reaction [J]. Science China Materials, 2014, 57: 42 – 58.

[62] JIANG J, ZHU J, AI W, et al. Encapsulation of sulfur with thin – layered nickel – based hydroxides for long – cyclic lithium – sulfur cells [J]. Nature Commun, 2015, 6: 8622 – 8629.

[63] KIM S W, PEREIRA N, CHERNOVA N A, et al. Structure Stabilization by Mixed Anions in Oxyfluoride Cathodes for High – Energy Lithium Batteries [J]. Acs Nano, 2015, 98: 122 – 129.

[64] CLEMENT R, BRUCE P G, GREY C P. Review—Manganese – Based P2 – Type Transition Metal Oxides as Sodium – Ion Battery Cathode Materials [J]. Journal of The Electrochemical Society, 2015, 162: A2589 – A2604.

[65] MATTS I L, DACEK S, PIETRZAK T K, et al. Explaining Performance – Limiting Mechanisms in Fluorophosphate.

[66] HWANG J Y, OH S, MYUNG S T, et al. Radially aligned hierarchical columnar structure as a cathode material for high energy density sodium – ion batteries [J]. Nature Commun, 2015, 6: 6865 – 6872.

[67] WANG Y, RICHARDS W D, ONG S P, et al. Design principles for solid – state lithium superionic conductors [J]. Nature Mater, 2015, 126: 55 – 61.

[68] THACKERAY M M, WOLVERTONB C, ISAACS E D. Electrical energy storage for transportation—approaching the limits of, and going beyond, lithium – ion batteries [J]. Energy Environ Sci, 2012, 39: 221 – 228.

[69] LIU T, LSEKES M, YU W J, et al. Cycling batteries via LiOH formation and decomposition [J]. Science, 2015, 350: 530 – 533.

[70] CHO W, MOON B, WOO S G. Size effect of cathode material for magnesium rechargeable batteries. Bull Korean Chem Soc [J]. 2015, 36: 1209 – 1214.

[71] GROGER O, GASTEIGER H A, SUCHSLANDC J P. Review Electromobility: Batteries or Fuel Cells [J]. Electrochem Soc, 2015, 162: 2605 – 2622.

[72] ZHAO L D, TAN G J, HAO S Q, et al. Ultrahigh power factor and thermoelectric performance in hole – doped single – crystal SnSe [J]. Science, 2016, 351: 141 – 144.

[73] MACFARLANE D, FORSYTH M, HOWLETT P, et al. Ionic liquids and their solid – state analogues as materials for energy generation and storage [J]. Nature Rev Mater, 2016, 1: 1 – 15.

[74] WANG C, ZHANG G, GE S, et al. Lithium – ion battery structure that self – heats at low temperatures [J]. Nature, 2016, 2: 79 – 85.

[75] WANG J, TANG H, ZHANG L, et al. Multi – shelled metal oxides prepared via an anion – adsorption mechanism for lithium – ion batteries [J]. Nature Energy, 2016. 1: 56 – 62.

[76] SUN Y, LIU N, CUI Y. Promises and challenges of nanomaterials for lithium – based rechargeable batteries [J]. Nature Energy, 2016, 2: 71 – 83.

[77] SUN Y, CUI Y. High-capacity battery cathode prelithiation to offset initial lithium loss [J]. Nature Energy, 2016, 1: 38-47.

[78] WANG H Q, GUO·Z P, et al. A Strategy for Configuration of an Integrated Flexible Sulfur Cathode for High-Performance Lithium-Sulfur Batteries [J]. Angew. Chem. Int. Ed. 2016, 55, 121-126.

[79] BAI S, LIU X, ZHU K, et al. Metal-organic framework-based separator for lithium-sulfur batteries [J]. Nature Energy, 2016, 2: 94-99.

[80] LIM H, CHO K, KANG K. Rational design of redox mediators for advanced Li-$O_2$ batteries [J]. Nature Energy, 2016, 3: 66-75.

[81] GAO X, CHEN Y, JOHNSON L, et al. Promoting solution phase discharge in Li-$O_2$ batteries containing weakly solvating electrolyte solutions [J]. Nature Materials, 2016, 2: 51-59.

[82] LI W, LIU J, ZHAO D. Mesoporous materials for energy conversion and storage devices [J]. Nature Rev Mater, 2016, 1: 23-41.

[83] CHEN Z, HSU P, LOPEZ J, et al. Fast and reversible thermoresponsive polymer switching materials for safer batteries [J]. Nature Energy, 2016, 3: 38-46.

[84] KREUER K D. Fuel cells: selected entries from the encyclopedia of sustainability science and technology [M]. New York: Springer Press, 2013.

[85] DEBE M K. Electrocatalyst approaches and challenges for automotive fuel cells [J]. Nature, 2012, 486, 43-51.

[86] FRANCO A A. Polymer electrolyte fuel cells science, applications, and challenges [M]. Boca Raton: CRC Press, 2013.

[87] CHAN K Y, LI C Y. Electrochemically enabled sustainability [M]. Boca Raton: The Chemical Rubber Company Press, 2014.

[88] FENG Y, YANG J H, LIU H, Y et al. Selective electrocatalysts toward a prototype of the membraneless direct methanol fuel cell [J]. Sci Rep, 2014, 4: 3813-3820.

[89] TANG J, LIU J, TORADA N L, et al Tailored design of functional nanoporouscarbon materials toward fuel cell applications [J]. Nano Today, 2014, 9: 305-323.

[90] FENG Y, YANG J H, LIU H, et al. Selective electrocatalysts toward a prototype of the membraneless direct methanol fuel cell [J]. Sci Rep, 2014, 4: 3813-3820.

[91] JANG J H, LEE E, PARK J, et al. Rational syntheses of core-shell Fex@Pt nanoparticles for the study of electrocatalytic oxygen reduction reaction [J]. Sci Rep, 2013, 3: 2872-2880.

[92] DEVER D O, CAIRNCROSS R A, ELABD Y A. Nanofiber cathode catalyst layer model for a proton exchange membrane fuel cell [J]. Journal of Fuel Cell Science and Technology, 2014, 11: 1007-1020.

[93] KULIKOVSKY A A. Understanding catalyst Layer degradation in PEM fuel cell through polarization curve fitting [J]. Electrocatalysis, 2014, 5: 221-225.

[94] VINAYAN B P, NAGAR R, RAJALAKSHMI N, et al. Novel Platinum-Cobalt alloy nanoparticles dispersed on nitrogen-doped graphene as a cathode electrocatalyst for PEMFC applica-

tions [J]. Adv Funct Mater, 2012, 10: 1002 – 1010.

[95] SUN S H, ZHANG G X, GAUQUELIN N, et al. Single – atom catalysis using Pt/graphene achieved through atomic layer deposition [J]. Sci Rep, 2013, 3: 1775 – 1783.

[96] CHEN C, KANG Y J, HUO Z Y, et al. Highly crystalline multimetallic nanoframes with three – dimensional electrocatalytic surface [J]. Science, 2014, 343: 1339 – 1343.

[97] CHEN G X, ZHAO Y, FU G, et al. Interfacial effects in iron – nickel hydroxide – platinum nanoparticles enhance catalytic oxidation [J]. Science, 2014, 344: 495 – 499.

[98] DING W, WEI Z D, CHEN S G, et al. Space – confinement – induced synthesis of pyridinic – and pyrrolic – nitrogen – doped graphene for the catalysis of oxygen reduction [J]. Angew Chem, 2013, 125: 11971 – 11975.

[99] RACCICHINI R, VARZI A, PASSERINI S, et al. The role of graphene for electrochemical energy storage [J]. Nat mater, 2014, 38: 417 – 426.

[100] BONACCORSO F, COLOMBO L, YU G, et al. Graphene, related two – dimensional crystals, and hybrid systems for energy conversion and storage [J]. Science, 2015, 347: 261 – 271.

[101] LU H, LIPATOV A, RYU S, et al. Ferroelectric tunnel junctions with graphene electrodes [J]. Nat commun, 2014, 518: 1038 – 1045.

[102] HU S, LOZADA – HIDALGO M, WANG F C, et al. Proton transport through one – atom – thick crystals [J]. Nature, 2014, 117 – 125 .

[103] LEE J H, LEE E K, JOO W J, et al. Wafer – scale growth of single – crystal monolayer graphene on reusable hydrogen – terminated germanium [J]. Science, 2014, 347: 122 – 128.

[104] CUMMINGS A W, DUONG D L, NGUYEN V L, et al. Charge transport in polycrystalline graphene: challenges and opportunities [J]. Adv Mater, 2014, 138: 91 – 107.

[105] KIM H J, LEE S M , OH Y S, et al. Unoxidized graphene/alumina nanocomposite: fracture – and wear – resistance effects of graphene on alumina matrix [J]. Sci rep, 2014, 4: 5176 – 5186.

[106] GAN L, CUI C H, HEGGEN M, et al. Element – specific anisotropic growth of shaped platinum alloy nanocrystal [J]. Science, 2014, 346: 1502 – 1508.